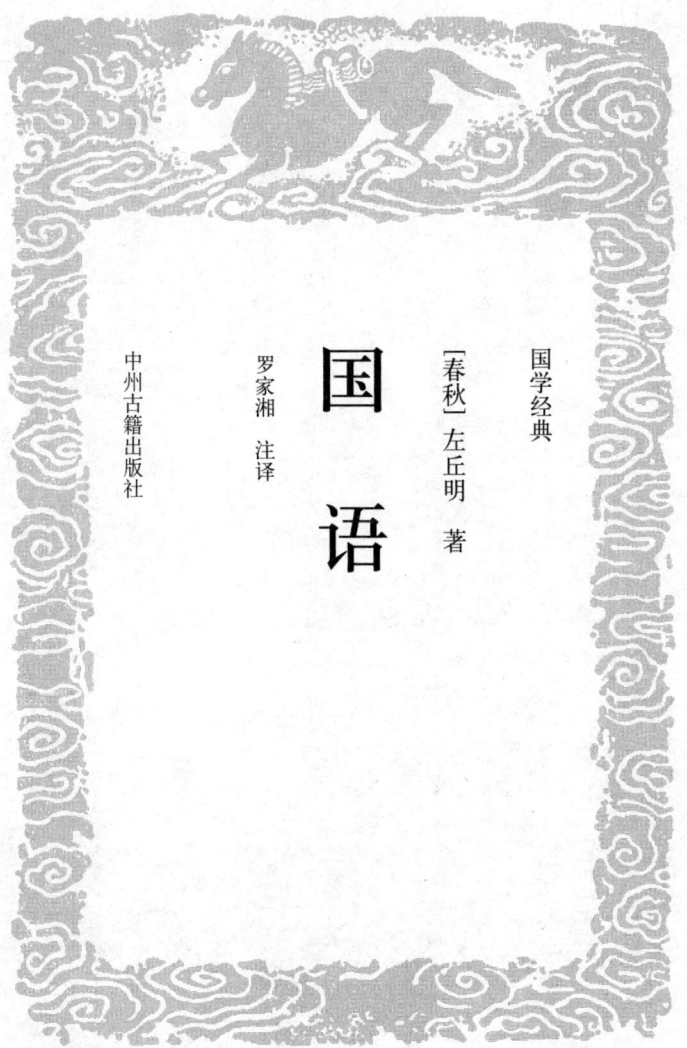

国学经典

国语

[春秋] 左丘明 著

罗家湘 注译

中州古籍出版社

国语

乱国

前　言

《国语》，春秋左丘明著，以记录春秋时代周、鲁、齐、晋、郑、楚、吴、越八国事迹为主的国别体史书，又称《春秋外传》。

在这本书中，我们选择《国语》中有关道德建设的篇章进行了简注和翻译。

《国语》243章，本书选138章，占原书近百分之六十。没有选入的篇章，有的所讲的道德与当代社会差距太大。如《鲁语下·公父文伯之母别于男女之礼》讲男女之别，矫情到祖孙之间也授受不亲；《晋语八·叔向母谓羊舌氏必灭》讲叔鱼生下来时相貌难看，他的母亲就不愿意喂奶，还诅咒他必以贿死；杨食我生下来时哭声难听，他的祖母就不去看护他，还预言他会使宗族覆灭，这简直是逼着孩子走上不归路。有的为避免重复而不选。如《周语中·阳人不服晋侯》与《晋语四·文公出阳人》基本相同，因后者更全面，故不选前者；《吴语·勾践灭吴夫差自杀》与《越语上·勾践灭吴》内容多同，亦不选前章。有的为突出主干而不选旁枝。如《晋语二》主干是记述晋国从申生之难到惠公之立的历史，中间《虢将亡舟之侨以其族适晋》、《宫之奇知虞将亡》等为旁枝，故不选；《晋语四》主干是记述重耳的逃亡经历，中间《卫文公不礼重耳》讲宁庄子进谏，《曹共公不礼重耳而观其骈胁》讲僖负羁进谏，《宋襄公赐重耳以马二十乘》

讲公孙固进谏,《郑文公不礼重耳》讲叔詹进谏,虽都与重耳有关,毕竟偏离主干,故不选。

选入的篇章都与道德建设有关。《国语》是按国别汇集的一部以明德为宗旨的语体教材。《楚语上·申叔时论傅太子之道》称:"教之《语》,使明其德,而知先王之务用明德于民也。"《国语》正属于这类明德的教材,从文类上可与《论语》、《世说新语》等一起归类为语体。语体可分言类之语和事类之语,粗略分析,《国语》中的周语、鲁语、齐语、郑语、楚语属于言类之语,记载古人的嘉言善语,进行直接的道德教诲;晋语、吴语、越语属于事类之语,记述有关兴衰成败的历史故事,实行道德感化。在各种道德规范中,《国语》所明之德以君德与臣德为主。《周语中·刘康公论鲁大夫俭与侈》中刘康公归纳说:"臣闻之:为臣必臣,为君必君,宽肃宣惠,君也;敬恪恭俭,臣也。"《晋语四·寺人勃鞮求见文公》中寺人勃鞮作出最简练的概括:"事君不贰是谓臣,好恶不易是谓君。君君臣臣,是谓明训。明训能终,民之主也。"《晋语八·阳毕教平公灭栾氏》中将这种君臣之道称作是"国伦"。国家政治秩序主要靠君臣之道来维持,《国语》是政治教科书,讲的是君德与臣德。

君德指君主在处理各种社会关系时应该具备的道德。春秋时代的君主是很有权力的,《晋语一·史苏论献公伐骊戎胜而不吉》中晋献公说"口在寡人",显示出君主对话语权的绝对控制力。《晋语八·阳毕教平公灭栾氏》中阳毕说"威权在君",表明君主对臣民持有生杀予夺的大权。在这个君权膨胀的时代,以道德来约束君主的行为成为《国语》的选择。

第一,君主要听政纳谏,建立起与臣民之间顺畅的沟通渠道。《周语上·邵公谏厉王弭谤》所论天子听政之术,要求君主要广泛听取各个阶层人民的意见,以改进政治统治,这是君德的核心内容。《国语》中一再重申听政的重要性,《晋语六·赵文子冠》中,范文子把"政德既成,又听于民"看做是自古相传的王者之道;《楚语上·左史倚相儆申公子亹》中,左史倚相所讲述的卫武公向国人求警诫、求训导,年老而不糊涂的故事,对于年长而居高位的人具有极大的教育意义。

第二,君主不能与民争利,而要开发利源,施惠于民。《周语上·芮良夫论荣夷公专利》中芮良夫云:"夫王人者,将导利而布之上下者也。"若君主垄断财利,就会被民众抛弃,周厉王是历史上第一个因专利而被流放的君主。《鲁语上·曹刿问战》中鲁庄公"中心图民",曹刿就认为可以一战。

第三,君主要勤政爱民,以德服人。《周语上·祭公谏穆王征犬戎》论及周朝的兴起,认为是由于先王"勤恤民隐而除其害也"。《周语下·太子晋谏灵王壅谷水》总结古代国族历史,认为是兴于立功,废于败业,"其兴者,必有夏、吕之功焉;其废者,必有共、鲧之败焉"。《周语下·刘文公与苌弘欲城周》亦以勤与乱概括周人的兴衰史:"后稷勤周,十有五世而兴;幽王乱之,十有四世矣,守府之谓多,胡可兴也?"《鲁语上·展禽论祭爰居非政之宜》中提到圣王制祀的原则是以建立的功劳为准,"法施于民则祀之,以死勤事则祀之,以劳定国则祀之,能御大灾则祀之,能捍大患则祀之。非是族也,不在祀典"。《鲁语下·公父文伯之母对季康子问》、《鲁语下·公父文伯之母论劳逸》两章强调了勤劳的重要性,"君子劳心,小人劳力,先王之训也"。君子的朝、昼、夕、夜各有其事,"君子能劳,后世有继"。勤于民事,必能得民拥护。若只考虑个人的逸豫玩乐,则动辄获咎,给国家带来灾难。周穆王观兵征犬戎,周族的衰落由此开始。鲁庄公如齐观社,大臣谴责。陈灵公淫于夏氏,废教弃制,蔑官犯令,单襄公以为陈必亡。《晋语四·齐姜劝重耳勿怀安》中重耳欲苟且偷安,身边的人知道"怀与安,实疚大事",都劝说他甚至绑架他奔走列国。

第四，君主治国，要重人而轻物。在人才与宝货、名马、美女之间，君主要做出明智的选择。以德致物者，方能长享物利；若无德而求福，适足以招祸。《晋语六》所载范文子的思想最为典型。《范文子不欲伐郑》章中，范文子说："夫王者成其德，而远人以其方贿归之，故无忧。今我寡德而求王者之功，故多忧。"《范文子论胜楚必有内忧》章中，范文子说："吾闻之，唯厚德者能受多福，无德而服者众，必自伤也。"《范文子论德为福之基》章中，范文子说："夫德，福之基也，无德而福隆，犹无基而厚墉也，其坏也无日矣。"而《周语上·密康公母论小丑备物终必亡》、《鲁语上·季文子论妾马》、《楚语上·伍举论台美而楚殆》、《楚语下·子常问蓄货聚马斗且论其必亡》、《楚语下·王孙圉论国之宝》等证明美女、名马、高台、财宝等玩好之物并不能带来荣耀，反而是灾难之源，追逐玩物正是君主无德的体现。

臣德指臣子侍奉君主、对待同僚应该具备的道德。

第一，臣子要主动为君分忧，为国亡身。《鲁语上·臧文仲如齐告籴》中，当鲁国发生饥荒时，臧文仲主动请缨，赴齐求助，体现出"居官者当事不避难"的自觉承当精神。《鲁语下·叔孙穆子不以货私免》及《晋语八·赵文子请免叔孙穆子》记的是同一件事，表彰叔孙穆子为国忘己的精神。《晋语八·叔向论忠信而本固》中，叔向鼓励晋卿赵文子："子何爱于死，死而可以固晋国之盟主，何惧焉？"

第二，臣子要以其智、仁、勇三达德侍奉君主。《晋语》集中讨论了臣子的三德，智、仁、勇是选拔官员的标准，《晋语七·悼公使韩穆子掌公族大夫》中，晋悼公欲任命韩无忌为卿，无忌以自己不具备智、仁、勇三德坚决推辞，改任公族大夫。《晋语七·悼公使魏绛佐新军》中，张老推荐魏绛为卿，夸说魏绛具备智、仁、勇三德。臣子谨守三德，即使在生死之际亦不放弃。《晋语二·骊姬潜杀太子申生》中，在逃走与等死之间，申生为了成就三达德而选择等死，他说："吾闻之：'仁不怨君，智不重困，勇不逃死。'若罪不释，去而必重。去而罪重，不智。逃死而怨君，不仁。有罪不死，无勇。"《晋语三·惠公杀丕郑》中，晋大夫共华劝丕郑入朝复命，丕郑被杀后，晋大夫共赐劝共华逃走以避难，共华不肯走，他在家等死也是为实现智、仁、勇。《晋语六·栾书发郤至之罪》中，晋厉公欲灭郤氏，郤锜将反，郤至说：《不可。至闻之，武人不乱，智人不诈，仁人不党。夫利君之富，富以聚党，利党以危君，君之杀我也后矣。且众何罪，钧之死也，不若听君之命。》"虽面临灭族大祸，还坚持臣子的智、仁、勇三德而不改。

第三，臣子要懂得谦让。面对高官、大功，懂得谦让就能构造一个团结的集体。《晋语四·文公任贤与赵衰举贤》中晋文公使赵衰为卿，赵衰三次让贤，先后推荐郤縠、栾枝、先轸、胥臣、狐偃、先且居、箕郑、胥婴、先都为卿，晋文公为赵衰三让所感动，"以赵衰之故，蒐于清原，作五军"，安排赵衰佐新上军。《晋语五·郤献子等各推功于下》载，鞌笄之役，晋胜齐，晋卿郤献子、范文子、栾武子皆让功于三军将士。若争夺功劳、自夸功劳，则会破坏团结，给个人带来灾祸。《周语中·单襄公论郤至佻天之功》中晋楚鄢陵之战后，郤至告庆于周王室，自夸"吾有三伐"，"战而胜，是吾力也"，欲邀誉王室以相晋国。单襄公却说他是上陵七卿，"佻天之功"，"以吾观之，兵在其颈"。在做人方面，也要多给他人表现的机会，特别是在长者面前要谦逊。《晋语八·訾祐死范宣子勉范献子》中范献子有谦退之志，"私志虽衷，不敢谓是也，必长者之由"。其父范宣子因此认为他"可以免身"，放下心来。

第四，臣子要知进退，能做到功成身退。《晋语一·献公将黜太子申生而立奚齐》讲了三种事君之道，一是荀息说的"竭力以役事，不闻违命"，完全顺从君命，知进而不知退。二是丕郑说的"从其义，不阿其惑"，具有主见，对君命的执行有所选择，有进有退。三是里克说的"吾其静也",不执行君命,但也不反对,可说是不进不退。以丕郑的方式事君则为良臣。良臣还需要主动引导君主治国,不能则退。《晋语九·史黯论良臣》中,史黯说:"夫事君者,谏过而赏善,荐可而替否,献能而进贤,择材而荐之,朝夕诵善败而纳之。道之以文,行之以顺,勤之以力,致之以死。听则进,否则退。"楚国的白公子张就是这样的良臣,他多次进谏楚灵王,当灵王表明不能用其言,却仍然允许他进谏后,他愤怒地说:"赖君用之也,故言。不然,巴浦之犀、牦、兕、象,其可尽乎,其又以规为瑱也?"并退归家园,杜门不出(《楚语上·白公子张讽灵王宜纳谏》)。《国语》最后一章是《越语下·范蠡乘轻舟以浮于五湖》,把范蠡塑造成为一个功成身退的典型,对后世中国人的思想产生了巨大影响。

  本书以上海师范大学古籍整理组校点、上海古籍出版社 1978 年出版的《国语》为底本。各章标题与所用底本目录保持一致,并置于每章之前,以方便翻阅。章下分节,由正文、注释、译文三部分组成。正文一律不改动底本原文,凡遇底本某字有异文需要采用,则在注释中说明,注译时以异文为准。

  本书《晋语》一至三的注译是由王冬梅完成的,《晋语》四至六的注译是由李晓瑞完成的,《晋语》七至九的注译是由马晓玲完成的,其他部分注译及最后修改由我负责。由于出版字数限制、完成时间仓促、个人水平制约,注译者虽已尽力,但选篇是否得当、注释是否到位、翻译是否准确,定有不少可议之处,恳望方家赐教,以便改正。

罗家湘
2009 年 10 月 7 日谨识于郑州大学

目 录

周语上

祭公谏穆王征犬戎 —— 17

密康公母论小丑备物终必亡 —— 22

邵公谏厉王弭谤 —— 23

芮良夫论荣夷公专利 —— 25

虢文公谏宣王不籍千亩 —— 26

仲山父谏宣王立戏 —— 31

仲山父谏宣王料民 —— 32

西周三川皆震伯阳父论周将亡 —— 33

郑厉公与虢叔杀子颓纳惠王 —— 34

内史过论神 —— 35

内史过论晋惠公必无后 —— 39

内史兴论晋文公必霸 —— 43

周语中

富辰谏襄王以狄伐郑及以狄女为后 —— 47

襄王拒晋文公请隧 —— 52

襄王拒杀卫成公 ———————————————— 54
王孙满观秦师 ———————————————— 55
定王论不用全烝之故 ———————————————— 56
单襄公论陈必亡 ———————————————— 59
刘康公论鲁大夫俭与侈 ———————————————— 64
王孙说请勿赐叔孙侨如 ———————————————— 67
单襄公论郤至佻天之功 ———————————————— 68

周语下
单襄公论晋将有乱 ———————————————— 74
单襄公论晋周将得晋国 ———————————————— 77
太子晋谏灵王壅谷水 ———————————————— 82
单穆公谏景王铸大钱 ———————————————— 90
单穆公谏景王铸大钟 ———————————————— 92
刘文公与苌弘欲城周 ———————————————— 99

鲁语上
曹刿问战 ———————————————— 103
曹刿谏庄公如齐观社 ———————————————— 104
臧文仲如齐告籴 ———————————————— 106
展禽使乙喜以膏沐犒师 ———————————————— 108
臧文仲说僖公请免卫成公 ———————————————— 110
展禽论祭爰居非政之宜 ———————————————— 112
里革更书逐莒太子仆 ———————————————— 115
里革断宣公罟而弃之 ———————————————— 117
子叔声伯辞邑 ———————————————— 118
里革论君之过 ———————————————— 119

季文子论妾马 120

鲁语下
诸侯伐秦鲁人以莒人先济 123
叔孙穆子不以货私免 124
公父文伯之母对季康子问 126
公父文伯之母论劳逸 126
孔丘论大骨 129
闵马父笑子服景伯 131

齐语
管仲对桓公以霸术 133

晋语一
武公伐翼止栾共子无死 144
史苏论献公伐骊戎胜而不吉 145
献公将黜太子申生而立奚齐 151
优施教骊姬远太子 153
优施教骊姬谮申生 155

晋语二
骊姬谮杀太子申生 160
里克杀奚齐而秦立惠公 168

晋语三
惠公杀丕郑 179
秦侵晋止惠公于秦 182

吕甥逆惠公于秦 —— 186

晋语四
重耳自狄适齐 —— 190
齐姜劝重耳勿怀安 —— 192
齐姜与子犯谋遣重耳 —— 195
楚成王以周礼享重耳 —— 196
秦伯享重耳以国君之礼 —— 198
寺人勃鞮求见文公 —— 201
文公遽见竖头须 —— 203
文公修内政纳襄王 —— 204
文公出阳人 —— 206
文公伐原 —— 208
文公救宋败楚于城濮 —— 208
箕郑对文公问 —— 211
文公任贤与赵衰举贤 —— 212
文公学读书于臼季 —— 214
郭偃论治国之难易 —— 214
胥臣论教诲之力 —— 215
文公称霸 —— 217

晋语五
臼季举冀缺 —— 219
赵宣子论比与党 —— 220
灵公使鉏麑杀赵宣子 —— 221
张侯御郤献子 —— 222
郤献子等各推功于下 —— 223

车者论梁山崩 224

晋语六
赵文子冠 226
范文子不欲伐郑 230
范文子论胜楚必有内忧 231
范文子论德为福之基 234
范文子论私难必作 235
栾书发郤至之罪 235
韩献子不从栾中行召 237

晋语七
栾武子立悼公 239
悼公即位 241
悼公始合诸侯 245
祁奚荐子午以自代 247
魏绛谏悼公伐诸戎 248
悼公使韩穆子掌公族大夫 249
悼公使魏绛佐新军 250
悼公赐魏绛女乐歌钟 251
司马侯荐叔向 252

晋语八
阳毕教平公灭栾氏 253
辛俞从栾氏出奔 257
叔孙穆子论死而不朽 258
范宣子与和大夫争田 259

訾祐死范宣子勉范献子 262
叔向谏杀竖襄 263
叔向论比而不别 264
叔向与子朱不心竞而力争 265
叔向论忠信而本固 266
叔向论务德无争先 267
赵文子请免叔孙穆子 268
赵文子为室张老谓应从礼 270
赵文子称贤随武子 271
秦后子谓赵孟将死 272
医和视平公疾 273
叔向均秦楚二公子之禄 275
叔向论忧德不忧贫 277

晋语九

中行穆子帅师伐狄围鼓 279
董叔欲为系援 281
赵简子欲有斗臣 282
阎没叔宽谏魏献子无受贿 283
赵简子以晋阳为保障 284
邮无正谏赵简子无杀尹铎 285
少室周知贤而让 287
史黯论良臣 287
赵简子问贤于壮驰兹 289
窦犨谓君子哀无人 289
赵襄子使新稺穆子伐狄 290
智果论智瑶必灭宗 291

士茁谓土木胜惧其不安人 —————————— 292
晋阳之围 ————————————————— 293

郑语
史伯为桓公论兴衰 ————————————— 295

楚语上
申叔时论傅太子之道 ———————————— 306
蔡声子论楚材晋用 ————————————— 309
伍举论台美而楚殆 ————————————— 315
左史倚相儆申公子亹 ———————————— 319
白公子张讽灵王宜纳谏 ——————————— 321

楚语下
观射父论绝地天通 ————————————— 325
子常问蓄货聚马斗且论其必亡 ———————— 329
王孙圉论国之宝 —————————————— 332

吴语
夫差伐齐不听申胥之谏 ——————————— 335

越语上
句践灭吴 ————————————————— 339

越语下
范蠡进谏句践持盈定倾节事 ————————— 347
范蠡乘轻舟以浮于五湖 ——————————— 352

主要参考书目 ——————————————— 354

周语上

祭公谏穆王征犬戎

穆王将征犬戎①,祭公谋父②谏曰:"不可。先王耀德不观兵③。夫兵戢而时动,动则威,观则玩,玩则无震。④是故周文公⑤之《颂》曰:'载戢干戈,载櫜弓矢。我求懿德,肆于时夏,允王保之。'⑥先王之于民也,懋正其德而厚其性⑦,阜其财求而利其器用⑧,明利害之乡⑨,以文⑩修之,使务利而避害,怀德而畏威,故能保世以滋大⑪。

[注释]

①穆王:周穆王姬满,公元前976年至前922年在位。犬戎:西戎的一支。②祭(zhài)公谋父:封在祭地的公爵谋父,为第二代祭公。第一代祭公为周公姬旦之子,西周初受封,通说以为其地在今河南郑州附近,今郑州东北有祭城。一说初封于今河南长垣,后迁移到今郑州。③耀德:明德,宣明教化,以德业感化他人。观兵:示之以兵,以武力威胁他人。④戢:聚拢敛藏。时动:按时节行动,三时务农,一时讲武。玩:黩,不郑重。⑤周文公:周公姬旦,谥文公。⑥"载戢"五句:语出《诗经·周颂·时迈》。櫜(gāo),

韬,装弓矢的袋子。肆,施行。时,这。夏,大。⑦懋:勉,尽力。正其德:使其道德端正。厚其性:使其性情敦厚。⑧阜:本义为山陵,此处用为动词,有增加义。财求:财富,"求"同"赇"。利:本义为锋利,此处用为动词,有增多义。器用:又称器实,本指盛放在簠簋中用于祭祀的黍稷等,这里指生活用品。⑨乡:方向,标准。⑩文:礼法。⑪保世:保持世代绵延。滋大:发展壮大。

[译文]

周穆王将要征讨犬戎,祭公谋父劝阻他说:"不可攻打。先王治国是修明教化,靠德治感化他人,而不是凭武力威胁他人。兵器在平时收藏起来,需要的时候才动用,一旦动用就具有威慑力;如果炫耀武力,随便动用武器,军队就没有了威严。因此周文公创作的颂诗《时迈》就说:'把干戈捆扎在一起,把弓矢装进口袋中。我们追求美德,在这广大的土地上施行美政,周王世代保有中国。'先王们对于庶民,努力使其道德端正,使其性情敦厚,增加他们的财富,增多他们的生活用品,教他们知道好坏的区分标准,用礼法来约束他们,使他们趋利避害,感戴官府的恩德而害怕惩罚,因此先王们能保持世代绵延,事业壮大。

"昔我先王世后稷①,以服事虞、夏。及夏之衰也,弃稷不务②,我先王不窋③用失其官,而自窜于戎、狄之间,不敢怠业,时序其德,纂修其绪,修其训典,朝夕恪勤,④守以敦笃,奉以忠信,奕世载德,不忝前人。⑤至于武王,昭⑥前之光明而加之以慈和,事神保民,莫弗欣喜。商王帝辛⑦,大恶于民。庶民不忍,欣戴武王,以致戎于商牧⑧。是先王非务武也,勤恤民隐⑨而除其害也。

[注释]

①世:世袭。后:主管。稷:农官。②弃稷不务:废弃农官职位,不再

致力于农业。③不窋（zhú）：周先王，后稷弃之子，当夏太康时，自邰迁邠。④怠业：荒废农业。怠，懈怠。序：续，保持。纂：继续。绪：事，农官之职责。训典：教法。恪（kè）勤：谨慎勤劳。⑤奕世：累世，世世代代。载德：成就德业。忝：辱没。⑥昭：彰显。⑦帝辛：商末代君主纣。⑧致戎：召集军队。商牧：商郊牧野，今河南淇县南。⑨恤民隐：怜悯庶民的痛苦。

[译文]

"从前我们先王世代担任农官，服侍虞、夏两朝。在夏朝太康中衰的时候，曾废弃农官职位，不再致力于农业生产，我先王不窋因此丢了官职，便退隐于戎、狄之中，却不敢荒废了农业生产，时常保持祖先的勤劳品德，继续从事祖先管理农业的工作，修治先王教化庶民的法典，从早到晚都谨慎勤奋地工作，诚恳忠厚地继承祖业，忠贞不渝地敬奉传统，世世代代成就德业，不敢辱没先人的名声。到了周武王，更彰显祖先的光辉业绩，并且采取慈爱和善的态度来侍奉神明，安抚人民，神与人没有不高兴的。商纣王帝辛却倒行逆施，人民特别厌恶他。大家不能忍受他的残暴统治，都诚心拥护周武王。周武王吊民伐罪，出兵打到商郊牧野。由此可见，先王并不好战，动用武力只是为了替民除害，解民倒悬之苦。

"夫先王之制：邦内甸服①，邦外侯服②，侯、卫宾服③，蛮、夷要服④，戎、狄荒服⑤。甸服者祭，侯服者祀，宾服者享，要服者贡，荒服者王。日祭、月祀、时享、岁贡、终王，⑥先王之训也。有不祭则修意，有不祀则修言，有不享则修文，有不贡则修名，有不王则修德，序成而有不至则修刑。⑦于是乎有刑不祭，伐不祀，征不享，让⑧不贡，告不王。于是乎有刑罚之辟⑨，有攻伐之兵，有征讨之备，有威让之令，有文告之辞。布令陈辞而又不至，则增修于德而无勤⑩民于远，是以近无不听，远无不服。

[注释]

①邦内：千里王畿之内。甸服：承担耕种王田缴纳谷物的职责。甸，王田。②侯服：担任侦察敌情保卫天子的职责。侯，通"候"，斥候。③侯、卫：从侯到卫各庶邦诸侯。《尚书·酒诰》："越在外服：侯、甸、男、卫、邦伯"；《顾命》："庶邦：侯、甸、男、卫"。宾服：以服贡宾见于王。④要服：遵守盟约以服侍天子。⑤荒服：地处远裔，因俗而治，保持与中央政府的联系。⑥日祭：供应天子每天祭祀祖考的祭品。月祀：供应天子每月祭祀曾祖、高祖的祭品。时享：供应天子每季度祭祀二祧庙的祭品。岁贡：供应天子年终大祭天地的祭品。终王：嗣王即位，以其贵宝为赘朝见天子，一世一见。⑦修意：修整志意，自我反省。修言：检查号令的传布情况。修文：检查典法的执行情况。修名：检查名号尊卑与实际贡赋的对应情况。修德：检查礼乐教化的推行情况。序成：依意、言、文、名、德的次第检查完毕。修刑：施行惩罚。⑧让：谴责。⑨辟：法令。⑩勤：烦劳。

[译文]

"先王的制度是：居住在王畿之内的人承担耕种王田缴纳谷物的甸服职责，居住在王畿之外的人承担侦察敌情保卫天子的侯服职责，从侯到卫各庶邦诸侯以服贡宾见于王，蛮夷遵守盟约以服侍天子，戎狄地处远裔，因俗而治，保持与中央政府的联系。甸服者供应天子每天祭祀祖考的祭品，侯服者供应天子每月祭祀曾祖、高祖的祭品，宾服者供应天子每季度祭祀二祧庙的祭品，要服者供应天子年终大祭天地的祭品，荒服者在嗣王即位时，以其贵宝为赘朝见天子，一世一见。由各服提供日祭、月祀、时享、岁贡、终王的贡品，这是先王的训令。如果日祭不供，天子就要修整志意，自我反省；月祀不供，就要检查号令的传布情况；时享不供，就要检查典法的执行情况；岁贡不供，就要检查名号尊卑与实际贡赋的对应情况；该来朝觐的嗣子不至，就要检查礼乐教化的推行情况。依意、言、文、名、德的次第检查整顿完毕，却还有诸侯不来，就要对他们施行惩罚。于是，依法惩办不供日祭者，公开讨伐不供月祀者，对不供时享者兴师问罪,对不纳岁贡者派使谴责,对不来朝见的嗣子以文书晓谕。于是产生了惩罚罪犯的律令、讨伐敌人的军队、兴师问罪的武备、谴责不恭的训令、晓谕诸侯的文书。如果训令已出、文书已行而诸侯仍不来朝见,就要进一步讲求礼乐教化,尽量不要烦劳民众远征。这样做,近处的诸侯就都会听从召唤,而远方的诸侯也没有不归顺的。

"今自大毕、伯士①之终也,犬戎氏以其职来王。天子曰:'予必以不享征之,且观之兵。'其无乃废先王之训而王几顿②乎!吾闻夫犬戎树惇③,帅旧德而守终纯固④,其有以御我矣!"

王不听,遂征之,得四白狼,四白鹿以归。自是荒服者不至。

[注释]

①大毕、伯士:犬戎族的两位先君。②王几顿:荒服者王的规定大概废弃了。几,其。顿,废弃。③树惇:犬戎君主名。④帅旧德:遵循传统的荒服规范。守终纯固:守固、终纯,稳保美德,始终如一。

[译文]

"自从两位先君大毕、伯士去世后,犬戎族就以荒服者的职分来朝见天子。现在,天子却说:'我一定要用宾服者不供时享的罪名征讨犬戎族,扬我兵威。'这岂不是背弃了先王的训示而使荒服者王的规定废弃了吗?我听说犬戎的君主树惇,能遵循传统的荒服规范,专一坚定地遵守'终王'之制。若进攻犬戎,他们抵抗我们就有充分说辞了。"

周穆王不听从劝谏,仍然去征讨犬戎,猎获四头白狼、四头白鹿就收兵回朝了。从此以后,荒服诸侯再也不来朝贡了。

密康公母论小丑备物终必亡

恭王游于泾上①,密康公②从,有三女奔之。其母曰:"必致之于王。夫兽三为群,人三为众,女三为粲③。王田④不取群,公行下众⑤,王御不参一族⑥。夫粲,美之物也。众以美物归女,而何德以堪⑦之?王犹不堪,况尔小丑⑧乎?小丑备物,终必亡。"康公不献。一年,王灭密。

[注释]

①恭王:周恭王姬繄扈,公元前922年至前900年在位。泾:泾水,发源于今宁夏六盘山东麓,流经甘肃泾川,至陕西高陵汇入渭河。②密康公:密国之君康公,姬姓。密,商代有姞姓密须国,封在今甘肃泾川、灵台一带,周文王灭之以封姬姓密国。③粲:美。④田:打猎。⑤公行下众:从大庭广众经过要下车以示对众人有礼。⑥王御:嫔妃。参:三。⑦堪:承受。⑧小丑:小人物。

[译文]

周恭王巡行到泾水之上,密康公陪着他出游。有三个女子私奔密康公。密康公的母亲说:"你一定要把这三个女子进献给天子。三只兽聚成群,三个人合成众,三个女子在一起为粲。天子狩猎时都留有余地,不把禽兽一网打尽,经过大庭广众时还要下车,以示对众人有礼,迎娶嫔妃时也不会把同父所生的三姐妹一起娶过来。粲代表着十全十美的东西,三个女子一起把自己奉献给你,你有什么德行来承受她们的奉献呢?天子尚且不能承受这样的奉献,何况是你这样的小人物呢?小人物妄想占有十全十美的东西,最终必然自取灭亡。"密康公不献出美女。一年以后,周恭王灭掉密国。

邵公谏厉王弭谤

厉王①虐，国人谤王②。邵公③告曰："民不堪命矣！"王怒，得卫巫④，使监谤者，以告，则杀之。国人莫敢言，道路以目。王喜，告邵公曰："吾能弭谤⑤矣，乃不敢言。"邵公曰："是障⑥之也，防民之口，甚于防川。川壅而溃⑦，伤人必多，民亦如之。是故为川者决之使导，为民者宣之使言。⑧故天子听政，使公卿至于列士献诗，瞽献曲，史献书，师箴，瞍赋，矇诵，百工谏，庶人传语，近臣尽规，亲戚补察，瞽、史教诲，耆、艾修之，而后王斟酌焉，是以事行而不悖。⑨民之有口，犹土之有山川也，财用于是乎出，犹其原隰之有衍沃也⑩，衣食于是乎生。口之宣言也，善败于是乎兴，行善而备败⑪，其所以阜财用、衣食者也。夫民虑之于心而宣之于口，成而行之，胡可壅也？若壅其口，其与⑫能几何？"王不听，于是国莫敢出言，三年，乃流王于彘⑬。

[注释]

①厉王：周厉王姬胡，公元前877年至前841年在位。②国人：居住在国都的人。谤：指责。③邵公：邵穆公虎，王室卿士。④卫巫：卫国的巫师。⑤弭谤：消除谤言。⑥障：用堤坝堵水。⑦壅：壅塞不通。溃：溃决泛滥。⑧为川者：治水的人。决：开通。导：疏通。宣：开导。⑨列士：上士、中士、下士等官员。瞽：盲人。曲：采自民间的乐曲。师箴：乐师规诫。瞍：有目无眼珠的盲人。赋：以雅言唱诗。矇：有目有瞳的失明者。诵：绘声绘影地徒歌。百工：各种工匠。传语：经各级官吏把嘉言善语上传。尽规：进献规谏。尽，通"进"。补察：补其过失，察其不足。耆、艾修之：年老为太傅者警诫天子。斟酌：取舍。悖：逆反。⑩原隰：高地与低地。衍沃：平整的土地

和可以引水灌溉的良田。⑪行善而备败：推行人们认可的善政，警惕人们指责的坏事。⑫与：表反诘语气的副词。⑬彘：今山西霍州东北彘城。

[译文]

　　周厉王行事暴虐，住在国都的人都在指责他。邵穆公提醒厉王说："人们再也不能忍受您的政令了！"厉王很生气，找到一个卫国的巫师，要他监视指责王的人并上报，厉王就将被告发的人杀掉。人们再也不敢聚在一起议论国事，在路上遇到熟人，只能以目光交流。厉王很高兴，告诉邵穆公说："我能够消除人们的指责了，他们已经不敢胡说了。"邵穆公说："您这是在堵他们的口啊。堵住人们的口不准提意见，其严重的后果比堵住江河还厉害。在河道中筑堤坝堵拦洪水，必然使河流壅塞不通，一旦溃决泛滥，对人们造成的伤害反而比听任洪水泛滥更加严重。人们提意见的嘴巴被堵住，也会造成巨大的政治危险。因此，治水的人应该疏浚水道使水流通畅，治民的人应该开导人们使他们畅所欲言。所以天子听政，要让三公九卿及各个等级的士进献抒情言志的诗歌，要盲瞽进献通于伦理的乐曲，要史官进献可资借鉴的史书；在朝堂之上乐师吟诵攻疾防患的规诫之辞，瞍以雅言唱诗，矇绘声绘影地徒歌；各种工匠在天子巡视时进谏，庶民把他们的嘉言善语通过各级官吏上达天子，常在天子身边的小臣随时进献规谏，宗室姻亲大臣及时弥补监督，瞽史以前代圣君德业委婉教导，元老们对政治得失直言批评，然后天子斟酌取舍以制定政策，因此政令通行不违背情理。人们长着嘴巴，就好比大地之上有高山大河一样，高山大河是出产财富的地方；人们长着嘴巴，就好比大地之上有高地有低地一样，那些平整的土地和可以引水灌溉的良田正是产生衣食的地方。让人们张口提意见，国家政令的好坏才能由此反映出来，推行人们认可的善政，警惕人们指责的坏事，这就是增多国家财富、丰足人们衣食的方法。人们把心里思虑的念头用嘴巴说出来，治民的人应该成全他们的思虑，施行他们好的意见，怎么可以堵塞呢？如果堵住人们的嘴巴，这样做国家能够维持多久呢？"厉王不听从邵穆公的劝谏，从此国人不敢议论国事。过了三年，人们把周厉王流放到彘。

芮良夫论荣夷公专利

厉王说荣夷公①，芮良夫②曰："王室其将卑乎！夫荣公好专利③而不知大难。夫利，百物之所生也，天地之所载④也，而或专之，其害多矣。天地百物，皆将取焉，胡可专也？所怒甚多，而不备大难，以是教王，王能久乎？夫王人者，将导利而布之上下⑤者也，使神人百物无不得其极⑥，犹日怵惕⑦，惧怨之来也。故《颂》曰：'思文后稷，克配彼天。立我烝民，莫匪尔极。'⑧《大雅》曰：'陈锡载周。'⑨是不布利而惧难乎？故能载周，以至于今。今王学专利，其可乎？匹夫专利，犹谓之盗，王而行之，其归鲜⑩矣。荣公若用，周必败。"既⑪，荣公为卿士，诸侯不享，王流于彘。

[注释]

①说：通"悦"，喜欢，宠爱。荣夷公：荣国伯爵姬终，死谥夷。荣，今河南巩义。②芮（ruì）良夫：芮国伯爵姬良夫。芮，今山西芮城。③专利：独占利益。④载：成。⑤导利：开发利源。布：赋，给予。上下：天神与人民。⑥极：《说文解字》云："极，栋也。"指房脊下的中梁。引申义有正中间、最高处、标准等，此处指正中、适中。⑦怵惕：恐惧。⑧"思文"四句：语出《诗经·周颂·思文》。思，发语词。文，文德。后稷，周始祖弃，开创农业生活。克，能。立，通"粒"，养育。烝，众。极，中，标准，榜样。⑨陈锡载周：语出《诗经·大雅·文王》。原诗的意思是上帝赐福于周朝，这里指文王施恩于民而建成周朝基业。陈，布。锡，赐。载，原作"哉"。

⑩鲜：少。⑪既：以后。

[译文]

　　周厉王宠爱荣夷公，芮良夫说："王室大概要衰微了！荣夷公喜欢垄断财利，却不知道将酿成大难。利是由百物产生、由天地生成的，如果有人独占百物之利，对国家的危害太多了。天地生百物，人人都有取用的权利，怎么能让一个人垄断呢？垄断所引起的愤怒已经很多，却不防备将由此产生的大难，只是教唆天子独占财利，王的统治能长久吗？统治人民的人，应该开发利源并将利益献给神灵、分给人民享用，以使神明得其供奉，人民得其财货，百物亦各得其用。这样做还天天害怕，担心招来怨恨。所以《周颂》说：'有文德的后稷，能够凭开创农业的功劳配祀上帝，他种出粮食养育万民，人们的耕作没有不以他为榜样的。'《大雅》说：'文王施恩于民，成就了周朝的基业。'这不就是布施财利还担心大难发生吗？所以先王能够成就周朝王业，靠着施恩一直延续到现在。现在大王学习垄断财利，那能行吗？匹夫垄断财利还被称为强盗，天子如果垄断财利，归附于国家的人民就会减少了。荣夷公如果受到重用，周朝的王业一定会衰败。"其后，荣夷公担任了卿士，诸侯不再来朝献，厉王被驱逐到彘地。

虢文公谏宣王不籍千亩

　　宣王即位，不籍千亩。①虢文公②谏曰："不可。夫民之大事在农，上帝之粢盛③于是乎出，民之蕃庶④于是乎生，事之供给于是乎在，和协辑睦于是乎兴，财用蕃殖于是乎始，敦庞纯固⑤于是乎成，是故稷为大官。古者，太史顺时覛⑥土，阳瘅愤盈，土气震发，⑦农祥晨正⑧，日月底于天庙⑨，土乃脉发⑩。

[注释]

①宣王：周宣王姬靖，公元前827年至前782年在位。籍：籍田。籍，借，借民力助天子耕种。②虢文公：周文王同母弟虢仲后裔，虢仲封地本在今陕西宝鸡一带，西周后期东迁河南陕县一带。③粢盛：祭饭。粢，又作秶、粢、齍，用于祭祀的稷谷。盛，放置在器皿中。④蕃庶：繁衍生息。蕃，生长。庶，众多。⑤敦厖（máng）纯固：敦厚大气纯正坚定。⑥觋（mì）：观察。⑦"阳瘅"二句：日照增多，阳气升腾，冻土回暖，地气震动。瘅，厚。愤盈，盛满。⑧农祥：苍龙七宿中的房宿。晨正：早晨出现在南方天空正中。⑨底：至。天庙：玄武七宿中的室宿。⑩脉发：地脉搏动。

[译文]

周宣王登上王位后，不举行亲耕天子千亩籍田的礼仪，虢文公劝谏说："不可废弃礼仪。民众的大事是务农，供奉给上帝的祭饭从这里产出，人类繁衍生息的资源在这里生长，各项政府事业的开支由这里供给，协调和睦的关系在这里兴起，财富增长从这里开始，敦厚大气纯正坚定的性情在这里养成，因此管理农业的后稷是个重要的职官。古时候，太史按时节观察土壤的变化，当日照增多，阳气升腾时节，冻土回暖，地气震动；当房宿早晨出现在南方天空正中，日月交会于室宿时节，土壤地脉搏动。

"先时九日，太史告稷曰：'自今至于初吉①，阳气俱蒸，土膏②其动。弗震弗渝，脉其满眚③，谷乃不殖。'稷以告王曰：'史帅阳官④以命我司事曰："距今九日，土其俱动。"王其祗祓⑤，监农不易⑥。'王乃使司徒咸戒公卿、百吏、庶民，司空除坛⑦于籍，命农大夫咸戒农用⑧。

[注释]

①初吉：立春。②膏：滋润。③眚：灾。④阳官：春官。⑤祗（zhī）：恭敬。祓（fú）：斋戒。⑥易：轻忽。⑦除坛：修筑祭坛。⑧戒：准备。农用：农具。

[译文]

"在立春之前九天,太史报告农官说:'从今天到立春这段时间,天空中将会阳气蒸腾,大地上将是土壤滋润充满生机。如果不及时翻动土壤疏泄地气,地脉将会堵塞,地气不畅,种子会霉烂,庄稼不能生长。'农官报告天子说:'太史带领春官来通告农官司事说:"从今天算起的未来九天,土壤将全面解冻。"天子该为立春日举行的籍田礼恭敬地斋戒了,监察农事不能轻忽。'天子于是让司徒全面通告公卿、百官和庶民做好开耕准备,要司空主持在籍田上修筑祭坛,要农大夫准备好籍田需要的农具。

"先时五日,瞽告有协风①至,王即②斋宫,百官御事,各即其斋三日。王乃淳濯飨醴③。及期,郁人荐鬯,牺人荐醴,王裸鬯,飨醴乃行,百吏、庶民毕从。④及籍,后稷监之,膳夫、农正陈籍礼,⑤太史赞王,王敬从之。王耕一墢⑥,班三之⑦,庶民终于千亩,其后稷省功,太史监之;司徒省民,太师监之;毕,宰夫陈飨,膳宰监之。膳夫赞王,王歆大牢,班尝之,庶人终食。

[注释]

①协风:和风。②即:就,进入。③淳濯:沐浴。飨醴:饮酒。醴,汁滓未分的甜酒。④郁人:官名,掌裸器。荐:进献。鬯:以郁金香汁与黑黍合酿的酒。牺人:官名,掌酒器。裸鬯:以郁鬯酒灌地祭神。⑤膳夫:官名,掌天子饮食。农正:官名,掌农耕之事。⑥一墢:一耜之土。⑦班三之:天子之下的公卿、大夫、士按照地位的尊卑次序各自比上级多翻三倍的土。

[译文]

"在立春前五天,盲乐官报告有和风吹来,天子就住进斋宫开始斋戒,百官处理完公务后,也各自在自家的斋室斋戒三天。天子在斋期每天沐浴,饮用甜酒。到了立春日,郁人进献郁鬯酒,牺人进献甜酒，天子用郁鬯酒浇地祭神，又饮用了甜酒后就到籍田去，百官与庶民都跟在天子的后面走。来到籍田后，农官后稷担任籍礼督导，膳夫、农正布置籍礼祭坛，太史引导天子，天子遵从太史的引导恭敬地行礼。天子亲耕翻土一耜，公卿、大夫、士按照地位的尊卑次序各自比上级多翻三倍的土，最后由庶人耕完千亩籍田。此后，农官检查翻土的效果，太史担任监督；司徒清查庶民的人数，太师担任监督。检查完毕，宰夫摆开宴席，膳宰作监督，膳夫引导天子举行飨礼，然后天子先享用太牢祭品牛、羊、豕三牲，接着公卿、大夫、士按照地位的尊卑次序依次品尝，最后由庶人吃完它。

"是日也，瞽帅音官以风土①。廪于籍东南，钟而藏之，而时布之于农。②稷则遍诫百姓，纪农协功③，曰：'阴阳分布，震雷出滞。土不备垦，辟在司寇④。'乃命其旅⑤曰：'徇⑥，农师一之，农正再之，后稷三之，司空四之，司徒五之，太保六之，太师七之，太史八之，宗伯九之，王则大徇，耨获亦如之。'民用莫不震动，恪恭于农，修其疆畔，日服其镈⑦，不解⑧于时，财用不乏，民用和同。

[注释]

①音官：乐官。风土：用定音的律管来测定天风地气。②廪：粮仓。钟：聚集。布：赋予。③纪农协功：组织农民协同农事。④辟：法令。在：察问。司寇：主管刑狱的职官。⑤旅：众人。⑥徇：巡视、检查。⑦镈：锄类农具。⑧解：通"懈"，懈怠。

[译文]

"这一天，盲乐师带领着乐官们用定音的律管来测定天风地气。粮仓在籍田的东南部，这里保藏着籍田上收获的粮食，而播种时节就从这里拿出种子来交给农夫。农官就遍告各家族长，组织农民协同农事以完成春耕，通告说：'阴阳二气遍布，春雷震响使沉滞的气息流动。不能抓紧把土地全部耕种,就由司寇依法治罪。'于是告诉众人说:'春耕检查开始了。首先是农师来检查,其次是农正,第三是后稷,第四是司空,第五是司徒,第六是太保,第七是太师,第八是太史,第九是宗伯,最后是天子大检查。除草、收获时节也像这样检查。'因此众人莫不震动,谨慎恭敬地从事农耕,修整井田边界,每天拿着农具到田间劳作,不敢在农忙时节懈怠,国家财政因此不匮乏,人民因此安定团结。

"是时也,王事唯农是务,无有求利于其官,以干①农功,三时务农而一时讲武,故征则有威,守则有财。若是,乃能媚②于神而和于民矣,则享祀时至而布施优裕③也。今天子欲修先王之绪而弃其大功④,匮神乏祀而困民之财,将何以求福用民?"

王不听。三十九年,战于千亩⑤,王师败绩于姜氏之戎。

[注释]

①干:干扰,妨碍。②媚:取悦。③优裕:富饶充足。④绪:事业。大功:农事。⑤千亩:地名,在今山西介休。

[译文]

"这个时节,天子政务只有农业生产,不再向官府要求其他获利,以免妨碍农业生产。春、夏、秋三季从事农业生产而冬季练兵习武,因此发兵讨敌则军威显扬,守卫国土则财富充裕。像这样做,就能得到神的欢心,得到民的拥护,祭神用品能按时献上,布施给人民的物品也很丰富。现在,天子想继承先王的事业却废弃了籍田重农的政策,这将会造成神灵祭品匮乏,人民财用困难,还怎么去祈求神灵的福佑和使唤民众服劳役呢?"

周宣王不听从虢文公的劝谏。宣王三十九年,周师与姜戎在千亩开战,王师大败。

仲山父谏宣王立戏

鲁武公①以括与戏见王，王立戏，樊仲山父②谏曰："不可立也！不顺必犯，犯王命必诛，故出令不可不顺也。令之不行，政之不立。行而不顺，民将弃上。夫下事上，少事长，所以为顺也。今天子立诸侯而建其少，是教逆也。若鲁从之而诸侯效之，王命将有所壅，若不从而诛之，是自诛王命也。是事也，诛亦失，不诛亦失，天子其图之！"王卒立之。鲁侯归而卒，及鲁人杀懿公而立伯御③。三十二年春，宣王伐鲁，立孝公④，诸侯从是而不睦。

[注释]

①鲁武公：鲁公伯禽五世孙姬敖。②樊仲山父：周太王之子虞仲支孙，字山父，谥穆，封于樊，又称樊穆仲、仲山父。樊，今河南济源。③懿公：鲁武公少子姬戏。伯御：姬括之子。④孝公：鲁懿公的弟弟姬称，公元前806年至前769年在位。

[译文]

鲁武公带着两个儿子括与戏去朝见周宣王，宣王立少子戏为鲁太子。樊仲山父劝谏说："不可立少。弃长立少为不顺，鲁人必违抗王命。有违抗王命者，天子必讨伐，因此，天子发布命令不能不顺从事理。命令不被执行，王政就不能树立。官府勉强执行不合事理的王命，民众一定会抛弃官府。卑贱者侍奉尊贵者，年轻人侍奉年长者，这叫做顺从事理。现在天子封诸侯却立那年少者为后，这是教人行事悖逆啊！如果鲁国人听从您的命令，而且诸侯效法鲁国的做法，那么先王立嫡长为后的制度将废弃。如果鲁国人不听从您的命令，您去征讨，这是您自己与先王之命作对。这样的事情，征讨固然不对，不征讨也不行，天子要慎重考虑。"天子最终立少子戏为鲁太子。鲁武公回国后死去，等到鲁国人杀死鲁懿公戏后，就拥立括的儿子伯御为国君。周宣王三十二年的春天，天子讨伐鲁国，立鲁孝公为国君，诸侯从此之后不与天子亲近。

仲山父谏宣王料民

宣王既丧南国之师，乃料民于太原①。仲山父谏曰："民不可料也！夫古者不料民而知其少多，司民协②孤终，司商③协民姓，司徒协旅，司寇协奸，牧协职，工协革④，场协入，廪协出，是则少多、死生、出入、往来者皆可知也，于是乎又审之以事，王治农于籍，蒐⑤于农隙，耨获亦于籍，狝于既烝⑥，狩于毕时⑦，是皆习民数者也，又何料焉？不谓其少而大料之，是示少而恶事也。临政示少，诸侯避之。治民恶事，无以赋令。且无故而料民，天之所恶也，害于政而妨于后嗣。"王卒料之，及幽王⑧乃废灭。

[注释]

①料民：核查人口数据。太原：今宁夏固原一带。②协：合，对照档案数据清查实际人口。③司商：官名，掌赐族授姓。④革：变化，锻造金属使之按照人的要求改变形状。⑤蒐：春天打猎。⑥狝：秋天打猎。烝：登，秋谷登场。⑦狩：冬天打猎。毕时：农事完毕时节。⑧幽王：周幽王姬宫涅，公元前781年至前771年在位。

[译文]

周宣王丧失了从南方诸侯国征召的军队后，就要在太原清查户口。仲山父劝谏说："民众多少是不可核查的。古时候不用清查户口也了解人数多少。司民统计救助过的孤儿和死者人数，司商统计受奖赏的人员和族氏，司徒统计服役的人数，司寇统计获刑的人数，牧人上报牲口饲养的多少，百工上报金属锻造的多少，场人上报物资入藏的多少，廪人上报钱粮支出的多少，这样做，则一国人口的增多减少、生死存亡以及钱物交易的出入往来等都能把握住。在此基础上，又通过具体事务来审核人口与财物数量，天子在籍田上以籍礼管理春耕，在农闲时节以蒐礼训练军队，除草和收获的季节也到籍田上检查生产，秋收之后、冬闲时节也以狝礼、狩礼检阅部队，在这些礼仪中都要统计人口，又哪里需要专门清查户口呢？不承认人口减少却又要全面清查户口，这正表明自己担心人口减少却又讨厌政务繁多。治理天下而担心人口寡少，诸侯将离心远避。管理民众而讨厌政务，就无从及时颁布正确的政令。况且无缘无故清查户口，这种扰民行径是上天所厌恶的，将败坏为政之道，祸害后世子孙。"天子不听劝谏，最终清查了户口，到周幽王的时候，西周王朝就灭亡了。

西周三川皆震伯阳父论周将亡

幽王二年，西周三川①皆震。伯阳父曰："周将亡矣！夫天地之气，不失其序；若过②其序，民乱之也。阳伏而不能出，阴迫而不能烝，于是有地震。今三川实震，是阳失其所而镇阴③也。阳失而在阴，川源必塞；源塞，国必亡。夫水土演④而民用也。水土无所演，民乏财用，不亡何待？昔伊、洛竭而夏亡，河竭而商亡。今周德若二代之季矣，其川源又塞，塞必竭。夫国必依山川，山崩川竭，亡之征也。川竭，山必崩。若国亡不过十年，数之纪⑤也。夫天之所弃，不过其纪。"是岁也，三川竭，岐山崩。十一年，幽王乃灭，周乃东迁。

[注释]

①三川：泾水、渭水、洛水。②过：错。③镇阴：为阴气所镇伏。④演：滋润。⑤数之纪：数字进位，十进位则逢十必变。纪，极限。

[译文]

周幽王二年，西周都城附近的泾水、渭水、洛水流域都发生了地震。伯阳父说："周朝将要灭亡了呀！天地之间阴阳之气的变化，不能失去其固有的次序。如果乱了次序，那一定是有人扰乱了气流的运行。阳气滞伏在地底不能出来，阴气压制它使阳气不能升腾，于是发生地震。现在三川地震，实际上这正是阳气失去其升腾之处，而被阴气压制于地底所造成的。阳气失所而处于阴气压制之下，泉源必定堵塞；泉源堵塞，国家必定灭亡。水土滋润才有民众所享用的财用生出。水土不滋润，民众就会缺乏财用，这样的国家不灭亡还等什么呢？从前伊水、洛水干涸而夏朝灭亡，黄河断流而商朝灭亡。现在，周朝的政治如同夏、商两朝的末期一样，那三川的泉源又堵塞了，泉源堵塞必然导致河道枯涸。国都建立一定依山傍水，山崩川竭，这是灭亡的征兆啊。河水枯竭，山必定崩塌。至于国家灭亡，也不会超过十年，这是数字进位的极限啊。上天抛弃的东西，其灭亡不会超过十年的极限。"这一年，泾水、渭水、洛水全都干涸，岐山崩塌。到周幽王十一年，周王被杀死，王室于是东迁洛邑。

郑厉公与虢叔杀子颓纳惠王

惠王①三年，边伯、石速、芮国出王而立子颓②。王处于郑三年。王子颓饮三大夫酒，子国为客，乐及遍舞③。郑厉公见虢叔④，曰："吾闻之，司寇行戮，君为之不举，而况敢乐祸乎！

今吾闻子颓歌舞不息，乐祸也。夫出王而代其位，祸孰大焉！临祸忘忧，是谓乐祸，祸必及之，盍纳王乎？"虢叔许诺。郑伯将王自圉门⑤入，虢叔自北门入，杀子颓及三大夫，王乃入也。

[注释]

①惠王：周惠王姬阆，公元前676年至前652年在位。②边伯、石速、蒍国：三人皆为周王朝的大夫，蒍国做过王子颓的老师。子颓：周庄王少子。③遍舞：六代乐舞。《周礼·大司乐》："以乐舞教国子舞《云门》、《大卷》、《大咸》、《大韶》、《大夏》、《大濩》、《大武》。"④郑厉公：郑庄公之子姬突，公元前700年至前697年、前679年至前673年在位。虢叔：王室卿士虢公林父。⑤圉门：王城南门。

[译文]

周惠王三年，边伯、石速、蒍国赶走惠王而立王子颓为王。惠王在郑地居住了三年。王子颓请三位大夫饮酒，以蒍国为主宾，乐舞表演遍及六代舞曲。郑厉公见到虢叔，说："我听说，司寇对罪犯行刑，国君都要为此撤乐罢舞，哪里敢在自家遭遇灾祸时举乐呢？现在，我听说王子颓歌舞不息，这就是以灾祸为乐了。赶走天子，篡夺王位，还有比这更大的灾祸吗？大祸临头而不知忧虑，这就叫做以灾祸为乐，这样的人必有灾祸及身。我们何不送天子回王宫呢？"虢叔同意合作。郑厉公护送惠王从圉门冲进洛邑，虢叔从北门杀入，杀死王子颓和边伯、石速、蒍国等作乱的大夫，惠王进入王宫复位。

内史过论神

十五年，有神降于莘①，王问于内史②过，曰："是何故？固有之乎？"对曰："有之。国之将兴，其君齐明、衷正、精洁、惠和，其德足以昭其馨香，其惠足以同其民人。神飨而民听，民神无怨，故明神降之，观其政德而均布福焉。国之将亡，其君贪冒、辟邪、淫佚、荒怠、粗秽、暴虐；其政腥臊，馨香不登；其刑矫诬，百姓携贰③。明神不蠲而民有远志，民神怨痛，无所依怀，故神亦往焉，观其苛慝而降之祸。是以或见神以兴，亦或以亡。昔夏之兴也，融降于崇山④；其亡也，回禄信于聆隧⑤。商之兴也，梼杌次于丕山⑥；其亡也，夷羊在牧⑦。周之兴也，鸑鷟鸣于岐山⑧；其衰也，杜伯射王于鄗⑨。是皆明神之志者也。"

[注释]

①莘：虢地，今河南陕县硖石镇莘原。②内史：周大夫，掌爵禄废置与策命诸侯及公卿大夫。③携贰：叛离。④融：祝融，火官之神。崇山：嵩山。⑤回禄：火神名。信：再宿为信。聆隧：古地名。⑥梼杌：凶兽名。丕山：大山，今河南浚县有大伾山。⑦夷羊：神兽名。牧：牧野，在今河南淇县西南。⑧鸑鷟（yuè zhuó）：凤凰。岐山：山名，在今陕西岐山东北。⑨杜伯：祁姓，周宣王时大夫，无辜被杀，化为厉鬼，射杀宣王。鄗：西周王都镐京。

[译文]

周惠王十五年，神灵降临到莘地。惠王向内史过咨询，问："这是怎么回事？从前有过这样的事吗？"回答说："有过先例。国家将要兴起，国君必然聪明、正直、纯洁、仁爱、宽和，他的德行足以使祭品的芳香升闻于天庭，他的仁爱足以团结人民。神灵享受祭品，人民听从政令，人民和神灵都没有怨恨，所以神灵降临大地，来观看君主的美政并普遍地赐福于人民。国家将要灭亡，国君必然贪婪、古怪、荒淫、懒惰、粗恶、凶暴；国政腐败，臭气熏天，祭品不香，无法升闻于天；刑罚无度，冤案众多，民众离心。神灵以其祭品为不洁，人民心怀叛离之志，天怒民怨，神灵无所依归，所以神灵也降临人间，来观察君主的烦政恶德并降下灾祸。因此，有的国家出现神灵因而兴起，有的却因此灭亡。从前夏朝兴起时，祝融神降临嵩山；它灭亡时，回禄神在聆隧住了两晚。商朝兴起时，梼杌好几天停留在丕山；它灭亡时，夷羊在牧野徘徊。周朝兴起时，凤凰在岐山上鸣叫；它衰微时，杜伯化为厉鬼在镐京射死了周宣王。这些都是史书中记录的神灵降临的故事。"

王曰："今是何神也？"对曰："昔昭王娶于房①，曰房后，实有爽德，协于丹朱②，丹朱凭身以仪之，生穆王焉。是实临照周之子孙而祸福之。夫神壹不远徙迁，若由是观之，其丹朱之神乎？"王曰："其谁受之？"对曰："在虢土。"王曰："然则何为？"对曰："臣闻之：道而得神，是谓逢福；淫而得神，是谓贪祸。今虢少荒，其亡乎？"王曰："吾其若之何？"对曰："使太宰以祝、史帅狸姓③，奉牺牲、粢盛、玉帛往献焉，无有祈也。"

[注释]

①昭王：周昭王姬瑕，公元前995年至前977年在位。房：房国，位于今河南遂平。②协：合。丹朱：尧之子。③狸姓：丹朱之后。

[译文]

惠王问："现在降临的这个是什么神呢？"回答说："从前周昭王从房国娶了个女子，号为房后。她实在品德差，性情与不肖的丹朱相似，丹朱的灵魂便凭依在她的身上而与之匹配，生下了周穆王。丹朱神因此会降临照看周之子孙，能降福赐祸。神灵一心凭依于人，不会走远，由此看来，这大概是丹朱神吧。"王问："谁会承受神降临的后果？"回答说："由虢地。"王问："那么丹朱神会干什么呢？"回答说："我听说：治国有道而神明降临，这是迎来福祥；淫乱放纵而神明降临，这是以贪取祸。现在虢君有些昏乱，大概要灭亡了吧？"王问："我对这件事该怎么办？"回答说："派太宰带着祝官、史官，领着丹朱的后代狸姓，去向神灵献上牛羊、黍稷、玉帛等祭品，不要向神祈求什么。"

王曰："虢其几何？"对曰："昔尧临民以五①，今其胄见，神之见也，不过其物②。若由是观之，不过五年。"王使太宰忌父帅傅氏及祝、史奉牺牲、玉鬯往献焉。③内史过从至虢，虢公亦使祝、史请土焉。内史过归，以告王曰："虢必亡矣，不禋于神而求福焉，神必祸之；不亲于民而求用焉，人必违之。精意以享，禋也；慈保庶民，亲也。今虢公动匮百姓以逞其违，离民怒神而求利焉，不亦难乎！"十九年，晋取虢。

[注释]

①临民以五：以五年一巡狩的办法治理民众。②物：常数。③忌父：周公忌父，周太宰。傅氏：狸姓之后封于傅地者。玉鬯：玉器盛放的鬯酒。

[译文]

惠王问："虢国还能存在多久？"回答说："从前尧治民，五年一巡狩。现在他的后代出现，丹朱神降临，距离下一次降临的时间不会超过五年一见的常数。由此看来，虢亡不会超过五年。"惠王派太宰周公忌父率领丹朱的后代傅氏以及祝官、史官，带着牺牲、玉鬯酒前往莘原奉献给神灵，内史过跟着他们也到了虢国。虢君姬丑也派出祝官、史官向神灵祈求赐予国土。内史过回朝后，将所看到的事情报告惠王说："虢国必定要灭亡了。虢君不是诚心祭神而是要向神祈福，神一定会降祸于虢；虢君不惠爱亲民，却想发动民众以战求地，人们一定会背叛他。诚心祭神叫做禋，惠爱养民叫做亲。现在虢君动辄损害百官的利益来满足他不正当的欲望，民众离心，神明发怒，还想获利，这不是很困难吗？"惠王十九年，晋国攻取了虢国。

内史过论晋惠公必无后

襄王使邵公过及内史过赐晋惠公命①,吕甥、郤芮相晋侯不敬②,晋侯执玉卑,拜不稽首。

[注释]

①襄王:周襄王姬郑,公元前651年至前619年在位。邵公过:王室卿士邵武公姬过。晋惠公:晋君姬夷吾,公元前650年至前637年在位。②吕甥:晋大夫,字子金,封于瑕,亦称瑕甥。郤芮:晋大夫,字子公,封于冀,亦称冀芮。相:赞礼。

[译文]

周襄王派邵公过与内史过去晋国,以策命赐晋惠公为晋君。吕甥、郤芮为晋惠公赞礼而态度不恭敬,晋惠公觐见天子使者时执玉圭的位置低,行拜见礼时没有稽首至地。

内史过归,以告王曰:"晋不亡,其君必无后。且吕、郤将不免。"王曰:"何故?"对曰:"《夏书》有之曰:'众非元后,何戴?后非众,无与守邦。'①在《汤誓》曰:'余一人有罪,无以万夫;万夫有罪,在余一人。'②在《盘庚》曰:'国之臧,则惟女众。国之不臧,则惟余一人,是有逸罚。'③如是则长众使民,不可不慎也。民之所急在大事,先王知大事之必以众济也,是故袚除④其心,以和惠民。考中度衷⑤以莅之,昭明物则以训之⑥,制义庶孚以行之⑦。袚除其心,精也;考中度衷,忠也;昭明物则,礼也;制义庶孚,信也。然则长众使民之道,非精不和,非忠不立,非礼不顺,非信不行。今晋侯即位而背外内之赂⑧,虐其处者⑨,弃其信也;不敬王命,弃其礼也;施其所恶,弃其忠也；以恶实心，弃其精也。四者皆弃，则远不至而近不和矣，将何以守国？

[注释]

①"众非"四句：语出原本《大禹谟》。伪古文《尚书》作"众非元后何戴，后非众罔与守邦"。元后，元首。②"余一人"四句：语出原本《汤誓》，今本《尚书》无。余一人，天子自称。③"国之臧"五句：语出《尚书·盘庚上》，原作"邦之臧，惟汝众；邦之不臧，惟予一人有佚罚"。臧，善。逸，同"佚"，过失。④拔除：除恶去秽。⑤考中度衷：考查测度民众内心的真实想法。⑥昭明物则：阐明各种事物的使用规定。训：顺。⑦制义：制定与民心物理事情相适宜的政策。义，宜。庶孚：让人放心。庶，众人。孚，信服。⑧背外内之赂：夷吾要做晋侯，为寻求支持，预先答应把河西之地割让给秦国，把汾阳之田百万步封给里克，把负蔡之田七十万步封给丕郑，即位后，却违背了当初的诺言。⑨处者：在国内的大夫里克、丕郑等。

[译文]

内史过回朝后，将所看到的事情报告周襄王说："晋国即使不灭亡，晋惠公也必定没有能继位的后嗣。并且吕甥、郤芮也将不免于难。"王问："原因何在？"回答说："《夏书》有这样的话：'民众没有了君主，就不知道该拥戴谁；君主没有了民众，就没有人保卫国土。'《汤誓》说：'我一个人有罪，不要降灾祸于万民；万民有罪，把处罚加在我一个人身上。'《盘庚》说：'国政美好，是你们众臣的功劳；国政不善，是我一个人有过失当受惩罚。'照这样看来，君主领导众人、役使庶民，不能不慎重。民众最关心的是战争和祭祀等国家大事，古代的君主们懂得，只有依靠广大人民才能成就大事，因此清除其私心邪念，以纯洁的仁爱之心去团结民众、施惠民众。君主行政，要考查民众内心的真实想法以治理他们，要阐明各种事物的使用规定并按规定办事，要制定合宜的政策，让人放心，然后才推行它。清除私心邪念会变得纯洁，考查民众想法是忠于事业，阐明事物的使用规定合乎礼仪，制定合宜的政策让人放心是守信用。既然如此，领导众人、役使庶民的原则是：心地不纯不能团结众人，办事不忠不能统治人民，用度不讲礼数就不符合规定，说话不守信用就无法遵行。现在晋惠公即位为君就背弃对国内大臣和秦国君主许下的酬谢，虐杀国内大臣，违背了信义；对天子的策命不恭敬，违背了礼数；把自己都讨厌的傲慢态度施加于人，违背了忠恕之道；以邪恶念头充塞心胸，违背了纯洁无私准则。四项为君原则都违背了，一定使远者不来亲附，近者不团结和睦，他靠什么来保卫国家呢？

"古者，先王既有天下，又崇立上帝、明神而敬事之，于是乎有朝日、夕月①以教民事君。诸侯春秋受职于王以临其民，大夫、士日恪位著②以儆其官，庶人、工、商各守其业以共其上。犹恐其有坠失也，故为车服、旗章以旌之，为贽币、瑞节以镇之③，为班爵、贵贱以列之，为令闻嘉誉以声之。犹有散、迁、懈慢而著在刑辟，流在裔土④，于是乎有蛮、夷之国，有斧钺、刀墨之民，而况可以淫纵其身乎？

[注释]

①朝日：清晨迎祭日神。夕月：傍晚拜祭月神。②位著：朝位所在。中庭左右曰位，门屏之间曰著。③贽币：礼品，有六贽六币。《周礼·大宗伯》："以禽作六挚，以等诸臣：孤执皮帛，卿执羔，大夫执雁，士执雉，庶人执鹜，工商执鸡。"《周礼·小行人》："合六币：圭以马，璋以皮，璧以帛，琮以锦，琥以绣，璜以黼；此六物者，以和诸侯之好故。"瑞节：证明身份的信物，有六瑞六节。《周礼·小行人》："达天下之六节：山国用虎节，土国用人节，泽国用龙节，皆以金为之。道路用旌节，门关用符节，都鄙用管节，皆以竹为之。成六瑞：王用镇圭，公用桓圭，侯用信圭，伯用躬圭，子用谷璧，男用蒲璧。"④裔土：边疆。

[译文]

"古时候，先王在据有天下之后，又尊崇上帝、明神，设立灵位，并恭敬地侍奉他们。因此有清晨至东门迎祭太阳神、傍晚至西门迎祭月亮神的礼仪，以此教导民众如何侍奉君主。诸侯春秋两季到京城朝见君王并述职受命以治理国民，大夫、士每天在朝中坚守岗位，小心工作以尽其职，庶人、百工、商人各安本业以供应官方需要。还担心出现差错，所以规定车驾形制装饰、旌旗颜色图案以显示等级差别，规定所持交际礼物的不同等级、所用表明身份物品的不同形制以表示慎重相见，规定朝班爵位、贵贱等次以分别先后次序，规定各种荣誉封号以褒扬功德。还有散漫放任、不安本业、懈怠懒惰的人，就以刑律规定加以惩处，流放到边远地区，于是边疆有蛮夷之国，有身受大刑颜面刺字的罪犯，何况邪恶放纵自身的人，可以不加惩处吗？

"夫晋侯非嗣也，而得其位，亹亹①怵惕，保任戒惧，犹曰未也。若将广其心而远其邻，陵其民而卑其上，将何以固守？

[注释]

①亹亹：勤勉。

[译文]

"晋惠公不是嫡长子，却窃得君位，即使勤勉警惕，为保住职位，日日戒惧，还是不够。如果放纵心中情欲、疏远邻国、欺凌臣民、轻视天子，将靠什么来巩固自己的君位呢？

"夫执玉卑，替其贽也；拜不稽首，诬其王也。替贽无镇，诬王无民。夫天事恒象①，任重享大者必速及，故晋侯诬王，人亦将诬之；欲替其镇，人亦将替之。大臣享其禄，弗谏而阿之，亦必及焉。"

[注释]

①天事：上天行事。恒：常常。象：本指天上的星辰，这里意为征兆。

[译文]

"执信圭的位置低,等于废弃了贽见礼;拜见时没有稽首至地,这是欺侮天子。废弃贽见礼无以自重身份,欺侮天子失去人民拥护。上天行事常常利用征兆,责任重大爵位尊显,报应一定来得快。所以,晋惠公欺侮天子,别人也会欺侮他;想废弃自重身份的礼仪,别人也会废弃他。享受国家俸禄的大臣不劝谏君主的过失,反而附和他,也一定有灾祸加身。"

襄王三年而立晋侯,八年而陨于韩,十六年而晋人杀怀公①。怀公无胄,秦人杀子金、子公。

[注释]

①怀公:晋惠公之子子圉。

[译文]

周襄王三年,夷吾立为晋侯;八年,夷吾在韩原被秦军俘虏;十六年,晋人杀死夷吾之子晋怀公。怀公没有后嗣,秦人还诱杀了晋国大夫吕甥和郤芮。

内史兴论晋文公必霸

襄王使太宰文公及内史兴赐晋文公命①,上卿逆于境,晋侯郊劳,馆诸宗庙,馈九牢②,设庭燎③。及期,命于武宫④,设桑主⑤,布几筵,太宰莅之,晋侯端委以入⑥。太宰以王命命冕服⑦,内史赞之,三命而后即冕服。既毕,宾、飨、赠、饯如公命侯伯之礼,而加之以宴好。内史兴归,以告王曰:"晋,不可不善也。其君必霸,逆王命敬,奉礼义成⑧。敬王命,顺之道也;成礼义,德之则也。则德以导诸侯,诸侯必归之。且礼所以观忠、信、仁、义也,忠所以分也,仁所以行也,信所以守也,义所以节也。忠分则均,仁行则报,信守则固,义节则度。分均无怨,行报无匮,守固不偷⑨,节度不携⑩。若民不怨而财不匮,令不偷而动不携,其何事不济!中能应外,忠也;施三⑪服义,仁也;守节不淫,信也;行礼不疚,义也。臣入晋境,四者不失,臣故曰:'晋侯其能礼矣,王其善之!'树于有礼,艾⑫人必丰。"

[注释]

①太宰文公:卿士王子虎。内史兴:内史叔兴父。晋文公:晋国国君重耳,公元前636年至前628年在位。②九牢:九份太牢。牛、羊、猪各一为一太牢。③庭燎:庭院中照明的火炬。④武宫:晋武公之庙。⑤桑主:桑木制作的晋献公的牌位。⑥端:玄端,黑布礼服。委:委貌,黑色礼帽。⑦冕服:贵族在吉礼场合穿戴的礼服。冕,大冠。服,鷩衣。⑧成:通"诚"。⑨偷:苟且。⑩携:背离。⑪施三:施加恩惠多次。⑫艾:回报。

[译文]

周襄王派太宰文公和内史兴去策命晋文公重耳为晋侯。晋国上卿到国境迎接,晋文公到城郊慰劳,将天子的使者安排在晋国的宗庙中居住,进献九份太牢,在庭院中设置照明的火炬。到策命的日子,安排在祖父晋武公庙中举行典礼,还设置父亲晋献公的神主,摆开雕几与祭席。太宰王子虎莅临,晋文公头戴礼帽身穿礼服进入庙堂,太宰以天子之命赐予重耳冕服,内史兴宣读策命书,太宰三次以王命命文公,文公受命后换上了冕服。策命礼结束后,晋文公以诸侯招待赐命公爵的礼节为太宰一行举行了迎宾礼、飨食礼、赠贿礼、郊饯礼,在宴会中都增加了献礼劝饮的内容。内史兴回朝后,将所看到的事情报告周襄王说:"晋国,不能不好好对待,晋文公一定会称霸诸侯。他迎接天子的策命态度恭敬,举行各项礼仪态度诚恳,对王命恭敬,这是顺上之道。对礼仪诚心,这是德治的准则。以德治为准则来训导诸侯，诸侯必定归服晋文公。而且从礼仪中可以观察一个人的忠、信、仁、义，忠是分配利益与责任所需的道德，仁是施加恩惠所需的道德，信是遵守诺言所需的道德，义是节制用度所需的道德。以忠心分配利益与责任则均平，以仁心施加恩惠则有回报，以信用守护诺言则坚定，以合宜节制用度则有分寸。分配平均，人们就无怨恨；施恩有回报，财政就不匮乏；坚守诺言，执行命令就不苟且；用度有节制，在行动中就不会有背叛。如果人们无怨恨，财政不匮乏，执行命令不苟且，在行动中不背叛，还有什么事情干不成呢？内心忠诚能够应对好外事叫做忠，施恩多次都服从义叫做仁，遵守礼节不放纵叫做信，依礼行事内心无遗憾叫做义。我进入晋国境内，看到晋侯忠、信、仁、义四德不失，所以我敢说：'晋侯是个能依礼行事的人，天子要好好对待他。'对守礼的人加以培植，得到的回报一定丰厚。"

王从之，使于晋者，道相逮也。及惠后之难①，王出在郑，晋侯纳之。

[注释]

①惠后之难：惠后指周襄王的继母惠王之后陈妫，惠王宠陈妫，欲更立其幼子带为太子，未果而卒，襄王十六年，王子带被大夫颓叔、桃子拥立为王，勾结狄师赶走襄王，襄王奔郑。

[译文]

襄王接受了内史兴的建议，派往晋国的使者，在路上一个接着一个。到惠后之难发生，王子带篡位，襄王出奔到郑国，晋文公护送襄王回朝复位。

襄王十六年，立晋文公。二十一年，以诸侯朝王于衡雍①，且献楚捷，遂为践土之盟②，于是乎始霸。

[注释]

①衡雍：郑地，今河南温县。②践土之盟：城濮之战后，晋文公在践土举行的诸侯会盟。践土，今河南原阳西南。

[译文]

周襄王十六年，立重耳为晋君。襄王二十一年，晋文公率领诸侯到衡雍朝见襄王，并献上在战场上俘获的楚兵与装备，于是大家就在践土订立盟约，从此以后，晋文公就开始称霸诸侯。

周语中

富辰谏襄王以狄伐郑及以狄女为后

襄王十三年，郑人伐滑①。王使游孙伯②请滑，郑人执之。王怒，将以狄③伐郑。富辰④谏曰："不可。古人有言曰：'兄弟谗阋⑤、侮人百里。'周文公之诗曰：'兄弟阋于墙，外御其侮。'⑥若是则阋乃内侮，而虽阋不败亲也。郑在天子，兄弟也。郑武、庄有大勋力于平、桓；⑦我周之东迁，晋、郑是依；⑧子颓之乱⑨，又郑之繇定。今以小忿弃之，是以小怨置大德也，无乃不可乎！且夫兄弟之怨，不征于他，征于他，利乃外矣。章怨外利，不义；弃亲即狄，不祥；以怨报德，不仁。夫义所以生利也，祥所以事神也，仁所以保民也。不义则利不阜，不祥则福不降，不仁则民不至。古之明王不失此三德者，故能光有天下，而和宁百姓，令闻不忘。王其不可以弃之。"王不听。十七年，王降⑩狄师以伐郑。

[注释]

①滑：姬姓国，在今河南偃师缑氏镇。②游孙伯：周大夫。③狄：赤狄，

商时称鬼方,位于中国北部,隗姓。④富辰:周大夫。⑤谇阋(xì):流言毁谤,互相争斗。阋,争斗。⑥"兄弟"二句:语出《诗经·小雅·棠棣》。⑦"郑武、庄"句:指郑武公护送周平王东迁洛邑和郑庄公担任周桓王卿士,奉王命讨伐宋国,都为周王室的稳定立下大功。⑧"我周"二句:指周平王东迁洛邑,主要依靠晋国与郑国的帮助。⑨子颓之乱:王子颓赶走周惠王篡夺王位引发的混乱。⑩降:下命令。

[译文]

周襄王十三年,郑人攻打滑国。襄王派大夫游孙伯到郑国去为滑请命,郑人扣押了天子的使者。襄王大怒,准备以狄师攻打郑国。富辰劝谏说:"不可。古人有句名言说:'兄弟之间平时互相争吵斗殴,面对外侮则共拒于百里之外。'周文公的诗说:'兄弟在家中争斗,对外侮共同抵御。'如果这样做,兄弟之间的争斗就只是内部矛盾,即使争斗也不会伤害血缘亲情。郑君与天子是兄弟关系。郑武公、郑庄公对周平王、周桓王有出力拥戴辅佐之大功;我周室东迁洛邑,主要依靠晋国、郑国出力;王子颓之乱,又由郑厉公帮助平定。现在因为眼前小小怨愤就想抛开别人的前功,这是因小怨而忘大德,恐怕不可如此吧!况且兄弟之间的怨愤,是不能召唤外人插手的,一旦外人插手,利益就落入外人之手。天子公开内部矛盾使外人从中渔利,这是不义;抛弃亲情依靠狄师,这是不祥;以怨报德,这是不仁。行事合乎道义,这是带来利益的方法;团结亲人,这是侍奉祖宗神灵的方法;施恩于人,这是保有人民的方法。行事不义则获利不丰,亲人不团结则祖神不降福,不施恩则人民不归附。古代贤明的君主不丧失这三种好德行,所以能广有天下,使百官和谐安定,自己的好声誉不被后人遗忘。天子还是不要抛弃郑国。"周襄王不听。襄王十七年,天子下令要狄师攻打郑国。

王德①狄人,将以其女为后。富辰谏曰:"不可。夫婚姻,祸福之阶也。由之利内则福，利外则取祸。今王外利矣，其无乃阶祸乎？昔挚、畴之国也由大任②，杞、缯由大姒③，齐、许、申、吕由大姜④，陈由大姬⑤，是皆能内利亲亲者也。昔鄢⑥之亡也由仲任，密须由伯姞⑦，郐⑧由叔妘，聃由郑姬⑨，息由陈妫⑩，邓由楚曼⑪，罗⑫由季姬，卢由荆妫⑬，是皆外利离亲者也。"

[注释]

①德：感激。②挚、畴：任姓的挚国、畴国，奚仲、仲虺之后。挚，在今河南汝南东南。畴，济、洛、河、颍四水间小国。大任：挚国之女，王季之妃，文王之母。③杞（qǐ）、缯（zēng）：姒姓的杞国、缯国，夏禹之后，周武王封夏禹之后东楼公于杞，夏少康封其少子曲烈于缯。杞，在今河南杞县。缯，又作"鄫"，在今山东峄县鄫城。大姒：有莘氏之女，周文王之妻，周武王之母。④齐、许、申、吕：姜姓国，四岳之后。齐，在今山东北部。许，在今河南许昌。申，在今河南南阳北。吕，在今河南南阳西。大姜：太王之妃，王季之母。⑤陈：妫姓国，周武王封舜后胡公于陈，在今河南淮阳一带。大姬：周武王长女。⑥鄢：妘姓国，在今河南鄢陵。⑦密须：姞姓国，在今甘肃泾川、灵台一带。伯姞：密须之女。⑧郐（kuài）：妘姓国，在今河南新密东。⑨聃（dān）：周文王少子季载的封国。郑姬：郑国姬姓女。⑩息：姬姓国，在今河南息县。陈妫（guī）：陈国女子，息侯夫人。息侯因陈妫过蔡受辱，导楚攻蔡，蔡哀侯怨息，向楚文王盛称陈妫之美，楚灭息取陈妫而归。⑪邓：曼姓国，在今河南邓州。楚曼：邓国女子，嫁为楚武王夫人，生楚文王。楚文王十二年灭邓。⑫罗：熊姓国，在今湖北宜城西，后迁湖南平江，亡于楚。⑬卢：妫姓国，在今湖北南漳东北。荆妫：卢国女，嫁为荆楚夫人。

[译文]

周襄王感激狄人，准备迎娶狄君之女为王后。富辰劝谏说："不可。婚姻是取祸与获福的阶梯。因婚姻关系而有利于内部团结就是福，若有利于外人壮大则是祸。现在天子的婚姻只给外人带来利益，恐怕会导致祸患吧。从前挚国、畴国因大任嫁给王季而兴起，杞国、缯国因大姒嫁给文王而兴起，齐国、许国、申国、吕国因大姜嫁给太王而兴起，陈国因娶了大姬而兴起，这些都是能够有利于内部团结亲人友爱的婚姻。从前鄩国由仲任而亡，密须由伯姞而亡，郐国由叔妘而亡，聃国由郑姬而亡，息国由陈妫而亡，邓国由楚曼而亡，罗国由季姬而亡，卢国由荆妫而亡，这些都是对外人有利使亲人离心的婚姻。"

王曰："利何如而内，何如而外？"对曰："尊贵、明贤、庸勋、长老、爱亲、礼新、亲旧。然则民莫不审固其心力①以役上令，官不易方，而财不匮竭，求无不至，动无不济。百姓兆民，夫人奉利而归诸上，是利之内也，若七德离判，民乃携贰，各以利退，上求不暨，是其外利也。夫狄无列于王室，郑伯南②也，王而卑之，是不尊贵也。狄，豺狼之德也，郑未失周典，王而蔑之，是不明贤也。平、桓、庄、惠皆受郑劳，王而弃之，是不庸勋也。郑伯捷之齿长矣，王而弱之，是不长老也。狄，隗姓也，郑出自宣王，王而虐之，是不爱亲也。夫礼，新不间旧，王以狄女间姜、任，非礼且弃旧也。王一举而弃七德，臣故曰利外矣。《书》有之曰：'必有忍也，若能有济也。'③王不忍小忿而弃郑，又登叔隗以阶狄。狄，封豕豺狼也，不可厌也。"王不听。

[注释]

①审固其心力：审其心，固其力。审，谨慎。固，通"涸"，竭尽。②伯南：伯爵男爵。南，通"男"。郑为伯爵，男为连类而及。③"必有忍"二句：语出《尚书》，已佚。类似文句见伪古文《君陈》："必有忍，其乃有济。"

[译文]

周襄王问："怎样做利在内，怎样做利在外？"回答说："尊重地位高贵的人、表彰德行贤明的人、任用建立功勋的人、敬重长者、关爱亲族、礼待新人、亲近故旧。按照这七德做则人们无不谨慎其心、竭尽其力以奉行上级命令。官府不用多方改换统治方法，财富也不会匮乏枯竭，所求无不如意，行动无不成功。百官庶民，人人奉献利益归于君主，这是利在内。如果七德都违背了，人民就会离心，各自因有利而来亦因无利而往，即使君主访求也不到来，这就是利在外。北狄在王室中没有位次，而郑国有伯男之爵位，天子如果轻视郑，这是不尊重地位高贵的人。狄人的德行像豺狼一样贪婪，郑国朝贡王室从没有违背周朝的典章制度，天子如果蔑视郑，这是不表彰德行贤明的人。平、桓、庄、惠四代天子都受过郑国的拥戴，天子如果抛弃郑，这是不任用建立功勋的人。郑伯姬捷年岁大了，天子如果像打发小孩子一样对待他，这是不敬重长者。狄君为妫姓，郑伯一支人则是从周宣王分出的支系，天子如果亏待他，这是不关爱亲族。礼法规定，新人不能取代旧人的地位，天子以狄女为王后，取代了世代通婚的姜姓、任姓女子占据的地位，这种做法违背礼制，并且弃置旧情。天子一举而背弃七德，我因此说这是利在外。《书》中有这样的话：'必须有所忍耐，才能有所成就。'现在，天子不能忍耐小怨而抛弃郑国，又提升叔隗为王后而引进狄人。狄人如同大猪、豺狼一样凶暴贪婪，不可能使他们完全满足。"天子不听劝谏。

十八年，王黜狄后。狄人来诛杀谭伯①。富辰曰："昔吾骤②谏王，王弗从，以及此难。若我不出，王其以我为慭③乎！"乃以其属死之。

初，惠后欲立王子带④，故以其党启⑤狄人。狄人遂入，周王乃出居于郑，晋文公纳之。

[注释]
①谭伯：周大夫。②骤：数，多次。③慭：怨恨。④惠后：陈女，妫姓，

公元前676年为周惠王之王后,周襄王、王子带之母。王子带:周惠王幼子,封于甘,称甘昭公。⑤启:开,前锋。《逸周书·武顺》:"一卒居前曰开,一卒居后曰敦。"孔晁注:"开谓启,敦谓服。"

[译文]

周襄王十八年,天子废黜狄后。狄人兴师问罪,杀了大夫谭伯。富辰说:"从前我多次劝谏天子,天子不听,而遭遇这场大难。如果我不出战,天子会认为我心怀怨恨吧!"于是带着他的部属战死。

当初,惠后想立王子带为天子,所以以她的私党做了狄师的先锋。狄师攻入京城,周襄王于是出奔,寄居在郑国,晋文公以武力平叛,送襄王回京。

襄王拒晋文公请隧

晋文公既定襄王于郑①,王劳之以地,辞,请隧②焉。王不许,曰:"昔我先王之有天下也,规方千里以为甸服③,以供上帝山川百神之祀,以备百姓兆民之用,以待不庭不虞之患④。其余以均分公侯伯子男,使各有宁宇,以顺及天地,无逢其灾害,先王岂有赖⑤焉。内官不过九御,外官不过九品,足以供给神祇而已,岂敢厌纵其耳目心腹以乱百度?亦唯是死生之服物采章,以临长百姓而轻重布之,王何异之有?今天降祸灾于周室,余一人仅亦守府,又不佞⑥以勤叔父,而班⑦先王之大物以赏私德,其叔父实应且憎⑧,以非余一人,余一人岂敢有爱⑨?先民有言曰:'改玉改行。'叔父若能光裕大德,更姓改物,以创制天下,自显庸也,而缩取备物以镇抚百姓,余一人其流辟⑩旅于裔土,何辞之有与?若由是姬姓也,尚将列为公侯,以复⑪先王之职,大物其未可改也。叔父其懋⑫昭明德，物将自至，余何敢以私劳变前之大章，以忝天下，其若先王与百姓何？何政令之为也？若不然，叔父有地而隧焉，余安能知之？"文公遂不敢请，受地而还。

[注释]

①郏（jiá）：今洛阳市西周王城之地。②隧：打通隧道下葬，属于天子专用葬仪。③规方：方圆。甸服：承担耕种王田缴纳谷物的职责。④不庭：不来王庭朝贡。不虞：没有预料到。⑤赖：利。⑥不佞：不才，没出息，不争气。⑦班：分配，颁赐。⑧实：语助词。应：承受。且：通"诅"，诅咒。⑨爱：吝啬。⑩流辟：流亡。辟，通"避"。⑪复：通"履"。⑫懋：勉，努力。

[译文]

晋文公在郏地稳定了周襄王的君位后，襄王用增加封地来犒劳他。晋文公拒绝土地，而请求赐予穿隧而葬的权力。天子不答应，说："从前我们的先王据有天下后，以方圆千里的土地为甸服之地，天子把甸服的职贡用来供奉对上帝、山川百神的祭祀，用来预备对百官与庶民的赏赐用度，用来预防叛乱和意外灾难的发生。其余的土地则按公、侯、伯、子、男的爵位均分给诸侯，使他们各自有安宁的居所，从而顺利地交接天神地祇，不至于遭遇无妄之灾。先王难道是独擅其利吗？天子的内官不过九嫔，外官不过九卿，内、外职官的设置只足以供奉天神地祇罢了，哪里敢为了放纵声色、满足嗜欲而扰乱各种法度呢？天子之尊也只是体现在他生前死后所用的服饰、器物、旌旗、车舆特殊一些，靠这些东西来统领百官，分别贵贱，此外，天子还有什么与他人不一样的呢？现在，上天给王室降下灾祸，我是一个只会守护府库的天子，又不争气，要劳驾叔父保护，如果颁赐先王穿隧而葬的大礼给对我有私恩的你作为酬谢，可能叔父你会承受人们的诅咒和憎恨。若这样做只责难我一个人，我哪里会吝啬不答应呢？前贤说过这样的话：'身上的玉佩改变了，人的行为方式就要随之改变。'叔父如果能使大德广大丰富，变更姬姓王朝改换礼仪，为天下创设新制度，自然可以公开采用天子礼仪，择取各种服物采章，用来镇抚百官，我个人即使流亡跑到边疆，又有什么话好说呢？如果还是姬姓为王，叔父还是位列公侯之爵，以履行先王规定的职贡，则君臣大礼还是不可轻易改动。叔父还是努力使明德昭彰吧，穿隧而葬之类的礼仪或许会自行降临，我怎么敢因酬谢私恩而改变先王定下的大规矩，从而抱愧于天下，那样做，我死去后将如何面对先王，活着时将如何面对百官呢？又如何推行政令于庶民呢？若不然，叔父自有封地，私下里穿隧而葬，我怎么能知情呢？"晋文公于是不敢再请求穿隧而葬，接受赏赐的土地后就回国了。

襄王拒杀卫成公

温①之会，晋人执卫成公②归之于周。晋侯请杀之，王曰："不可。夫政自上下者也，上作政，而下行之不逆，故上下无怨。今叔父作政而不行③，无乃不可乎？夫君臣无狱，今元咺④虽直，不可听也。君臣皆狱，父子将狱，是无上下也。而叔父听之，一逆矣。又为臣杀其君，其安庸刑⑤？布刑而不庸，再逆矣。一合诸侯，而有再逆政，余惧其无后。不然，余何私⑥于卫侯？"晋人乃归卫侯。

[注释]

①温：今河南温县西南。②卫成公：卫成公姬郑，公元前634年至前600年在位。③不行：不顺。④元咺（xuǎn）：卫大夫。卫成公四年，晋败楚师于城濮，成公惧晋之罚而奔楚，使元咺奉其弟叔武守国。晋文公复封卫，卫

成公归国后杀死叔武,元咺奔晋并告发了卫成公。温之会,元咺与卫成公对质,卫成公理屈被拘。⑤其安庸刑:其庸安刑,用的是哪家的刑法。⑥私:偏袒。

[译文]

在温地盟会期间,晋人把卫成公抓起来并押送到周王城。晋文公请周襄王杀掉卫成公,襄王说:"不可。政令是由上往下推行的,上级制定政令,下级执行政令而不违背,这样做上级、下级都没有怨言。现在叔父处理卫国内乱,制定政令却不顺上作下行的礼法,恐怕不可如此吧?君臣之间不应兴起诉讼,现在元咺虽有理,却不可接受他的诉讼请求。如果君臣之间打官司,父子之间也会打官司,这样做社会就没有尊卑贵贱的秩序了。叔父立案处理卫国的君臣之狱,这是第一次违背礼法;又想因为元咺的投诉而杀掉卫国的国君,你所用的是哪家的刑法呀?王室颁布有法令你却不用,这是第二次违背礼法。一次诸侯会盟,却有两次违背礼法的事发生,我担心将来无以合诸侯。不为此,我哪会偏袒卫侯啊?"晋人于是释放了卫成公。

王孙满观秦师

二十四年,秦师将袭郑,过周北门。左右皆免胄而下拜,超乘①者三百乘。王孙满②观之,言于王曰:"秦师必有谪③。"王曰:"何故?"对曰:"师轻而骄,轻则寡谋,骄则无礼。无礼则脱④,寡谋自陷。入险而脱,能无败乎?秦师无谪,是道废也。"是行也,秦师还,晋人败诸崤⑤,获其三帅丙、术、视⑥。

[注释]

①超乘:跃而登车。②王孙满:周恭王之裔孙,周大夫。③谪:灾厄。

④脱：随便。⑤崤：崤山，在今河南洛宁西北，东接渑池，西接陕县。⑥丙、术、视：白乙丙、西乞术、孟明视。

[译文]

周襄王二十四年，秦军将要偷袭郑国，借道周都北门通过。每辆战车上左右的武士都脱了头盔并下车向王都行拜礼，但随即跃而登车的有三百辆车的武士。王孙满看到这种情况，对襄王说："秦军一定有祸灾降临。"襄王问："原因是什么？"回答说："秦军举止轻浮傲慢，轻浮就缺少谋略，傲慢就缺乏礼仪。缺乏礼仪会行事随便不遵守纪律，缺少谋略会自己陷入困境。进入险地却随便无纪律，能不失败吗？若秦军不遭祸患，就没有天理了。"这次出征，秦军回国时，晋军在崤山大败秦军，俘虏了三位元帅：白乙丙、西乞术、孟明视。

定王论不用全烝之故

晋侯使随会聘于周①，定王享之肴烝②，原公相礼③。范子私于原公，曰："吾闻王室之礼无毁折，今此何礼也？"王见其语，召原公而问之，原公以告。

[注释]

①晋侯：晋景公姬獳（rú），公元前599年至前581年在位。随会：晋卿，又称士会、士季、季武子、范子。士本官名，其祖父士𫇭为士，故以官为氏。随、范为封地，是以地为氏。会为名，季为排行，武子为谥号。②定王：周定王姬渝，公元前606年至前586年在位。肴烝：又名折俎，节解牲体，连肉带骨置于俎上。肉有骨曰肴，升之于俎曰烝。③原公：王室卿士原襄公，食采于原，地在今河南济源之原乡。相礼：赞礼，引导成礼。

[译文]

晋景公派随会出使周王室，周定王用肴烝招待他。原襄公赞礼。随会私下问原襄公："我听说王室待客没有割肉折骨置于俎上的礼仪，今天这个宴会用的是什么礼仪？"定王发现二人私语，就召唤原襄公过来问他们在谈什么，原襄公把随会的问题告诉了定王。

王召士季，曰："子弗闻乎，禘郊①之事，则有全烝②；王公立饫③，则有房烝④；亲戚宴飨，则有肴烝。今女非他也，而叔父使士季实来修旧德，以奖王室。唯是先王之宴礼欲以贻女。余一人敢设饫、禘焉，忠⑤非亲礼，而干旧职，以乱前好？且唯戎、狄则有体荐。夫戎、狄，冒没轻儳⑥，贪而不让。其血气不治⑦，若禽兽焉。其适来班贡⑧，不俟馨香嘉味，故坐诸门外，而使舌人体委与之⑨。女今我王室之一二兄弟，以时相见，将和协典礼，以示民训则，无亦择其柔嘉，选其馨香，洁其酒醴，品其百笾，修其簠簋，奉其牺象，出其樽彝，陈其鼎俎，净其巾幂，敬其被除，体解节折而共饮食之。于是乎有折俎加豆，酬币宴货，以示容合好，胡有孑然其郊戎、狄也？

[注释]

①禘（dì）郊：国都南郊祭天。②全烝：将整个没有煮熟的牲体置于俎上。③立饫（yù）：站立举行的享礼。④房烝：又称体荐，将半个牲体置于俎上。⑤忠：丰厚、隆重。⑥冒没：蒙昧。轻儳：轻狂。⑦治：驯化。⑧适来：偏义复词，往来，取"来"义。班贡：偏义复词，颁赐朝贡，取"贡"义。⑨舌人：翻译官。体：牲体。委与：送给。

[译文]

周定王把随会召过来，对他说："你没有听说过这种礼仪吗？天子南郊祭天的礼仪，就有将整个没有煮熟的牲体置于俎上的全烝；天子、诸侯在宗庙站立举行的享礼，就有将半个牲体置于俎上的房烝；天子与内外亲属在堂上举行宴会，就有割肉折骨置于俎上的肴烝。现在你随会在此不比外人，而是叔父派来重修旧好、扶助王室的使者，因此想用这先王私宴亲戚的肴烝礼仪招待你。我哪敢为你设站立成礼的房烝或祭天的全烝礼仪呢？丰厚的全烝、房烝并不是招待亲戚的礼仪，而且使用这些礼仪会违背惯例，损害昔日情谊。况且只有戎、狄来朝才有房烝礼仪，戎、狄蒙昧野蛮，轻狂无礼，贪婪成性，不知礼让。他们野性未驯，如同禽兽。他们来朝贡，等不及宴会的牲肉香熟就要吃，所以让他们坐在庙门外，派翻译官把没有切开的牲肉拿给他们。你现在是我们王室的亲密兄弟，经常往来，接待应当合乎典礼规定，以此向人民宣扬规则。应该选取美味的精肉，挑选芳香的食品，过滤清纯的酒醴，陈列开盛放干果的竹笾，准备好装有黍稷的簠簋，捧出装酒的牺尊、象尊，搬出贵重的樽器、彝器，布置下放肉的鼎俎，盖上干净的巾幂，谨慎地清扫厅堂，割肉折骨，然后一起享用。于是有折骨的俎和添加佐食的豆，有献酒酬酢，有赠送礼品，以此表示礼仪，结交情谊，哪里有拿出整块牲肉来招待如同对待戎、狄那样简单呢？

"夫王公诸侯之有饫也，将以讲事成章，建大德、昭大物①也，故立成礼烝而已。饫以显物，宴以合好，故岁饫不倦，时宴不淫，月会、旬修，日完不忘。服物昭庸②，采饰显明，文章比象，周旋序顺，容貌有崇③，威仪有则，五味实气，五色精④心，五声昭德，五义纪宜，饮食可飨，和同⑤可观，财用⑥可嘉，则顺而德建。古之善礼者，将焉用全烝？"

[注释]

①大德：指前文"和协典礼"、"示民训则"、"示容合好"等德行。大物：指前文百笾、簠簋、牺象、樽彝、鼎俎等礼器。②庸：功劳。③崇：修饰。④精：通"旌"，旌表。⑤和同：献替可否曰和，一心不二曰同。⑥财用：宴会中赠送的礼物。

[译文]

"天子、三公、诸侯站着举行享礼,将以此讲军旅,议大事,订章程,建立敦亲睦族的大德,昭显贵贱有别的礼器,所以站立行礼,奉献祭品。站立行礼用来昭显王室重器,宴会饮酒则用来加深兄弟情谊,所以一年一次的享礼不会让人倦怠,每个季节宴饮也不觉得频繁,每个月计算经费开支,每旬总结十天内完成的工作,每天的行为都不忘遵循礼仪。冕服旗章表明功劳大小,五彩装饰昭显道德高低,礼服织绣的不同花纹比叙等级差别,容止遵循礼仪,容貌修饰齐整,仪态庄重有规矩,五味使人血气充盈,五色旌表人心良善,五声昭明政治清明,五义纲纪家庭和睦。肴烝饮食有五味可享,言语和同有德义可观,赠送财用含盛情可嘉,遵循外在的礼法,建立起内在的道德。古代精通礼仪的人,哪里会用全烝来招待亲戚呢?"

武子遂不敢对而退。归乃讲聚三代之典礼,于是乎修执秩①以为晋法。

[注释]

①执秩:主管典法的官员。

[译文]

随会于是不敢对答就退下来。回国后就讨究搜集夏、商、周三代的典礼,就此修明晋国的法度。

单襄公论陈必亡

定王使单襄公①聘于宋。遂假道于陈,以聘于楚。火朝觌矣②,道茀③不可行,候④不在疆,司空不视途,泽不陂,川不梁，野有庾积⑤，场功未毕，道无列树，垦田若艺，膳宰不致饩⑥，司里不授馆，国无寄寓，县无施舍⑦，民将筑台于夏氏。及陈，陈灵公与孔宁、仪行父南冠以如夏氏⑧，留宾不见。

[注释]

①单襄公：王室卿士单朝，单为封地，在今河南孟津。②火：大火星，属心宿，是古代的授时星。觌（dí）：出现。③茀（fú）：野草塞路。④候：王朝职官候人，掌迎送宾客。⑤庾积：露天堆积的粮食。⑥饩：活的牲口。⑦施舍：馆社。⑧陈灵公：陈国国君妫平国，公元前613年至前599年在位。孔宁、仪行父：陈国二卿。南冠：楚冠。夏氏：陈大夫夏征舒。

[译文]

周定王派单襄公聘问宋国，然后又借道陈国，去聘问楚国。已经是大火星晨现东方的夏历十月了，道路上还野草塞路无法通行，迎送宾客的候人不在边境上，主管路政的司空不巡视驿道，湖泽不修防洪堤坝，河川不架交通桥梁，田野里有露天堆积的粮食，晒场上谷物脱粒归仓的事情还没有干完，驿道边没有养护成排的树木作为标志，耕过的田地里长满杂草，膳宰没有送来牲口宰杀，司里没有安排宾馆住宿，在国都找不到宾馆，各县也没有馆舍，因为庶民都被征召到夏氏家为国君构筑高台了。单襄公进入陈国都，陈灵公与孔宁、仪行父都头戴楚冠到夏氏家去了，使宾客滞留，不加接见。

单子归，告王曰："陈侯不有大咎，国必亡。"王曰："何故？"对曰："夫辰角见而雨毕①，天根②见而水涸，本③见而草木节解，驷④见而陨霜，火见而清风戒寒⑤。故先王之教曰：'雨毕而除道，水涸而成梁，草木节解而备藏，陨霜而冬裘具，清风至而修城郭宫室。'故《夏令》曰：'九月除道，十月成梁。'其时儆曰：'收而场功，待而畚梮⑥，营室⑦之中，土功其始，火之初见，期于司里。'此先王所以不用财贿，而广施德于天下者也。今陈国火朝觌矣，而道路若塞，野场若弃，泽不陂障，川无舟梁，是废先王之教也。

[注释]

①辰：星辰。角：角宿。②天根：指亢宿。③本：氐宿。④驷：房宿。⑤火：心宿。清风：冷风。⑥待（zhì）：预备。畚挶（běn jú）：装运土石的器具。⑦营室：室宿，亦名定星。

[译文]

单襄公聘问归来，报告定王说："陈侯不遭大难的话，陈国就一定亡国。"定王问："为什么呢？"回答说："天空的星辰，角宿晨现东方时节，雨季就结束了；亢宿晨现，河水就干涸了；氐宿晨现，草木就枝叶凋零；房宿晨现，地上就下霜了；心宿晨现，冷风唤来寒冬。所以先王的教令说：'雨季结束就修路，河水干涸就架桥，草木凋零就预备储粮，下霜就准备皮裘过冬，寒风吹来就修建城郭房屋。'所以《夏令》讲：'九月修路，十月架桥。'这个时节对民众的告诫是：'干完晒场上谷物脱粒归仓的事情，准备好装运土石的器具，黄昏时定星爬上正南天空，国家的土木工程就要开始了，心宿晨现东方，就该到司里那儿领取工程任务。'这就是先王不用财物交换，却能够治理天下广施恩德的原因。现在，心宿已经晨现东方，陈国的驿道仍阻塞不通，田地里、晒场上的农活没人干，湖泽不修防洪堤坝，河川不架交通桥梁，这是废弃了先王的教令啊！

"周制有之曰：'列树以表道，立鄙食①以守路，国有郊牧，疆有寓望②，薮有圃草，囿有林池，所以御灾也。其余无非谷土，民无悬耜，野无奥草。不夺民时，不蔑民功。有优无匮，有逸无罢。国有班事，县有序民。'今陈国道路不可知，田在草间，功成而不收，民罢于逸乐，是弃先王之法制也。

[注释]

①鄘食：供应食宿的庐馆。②寓：客舍。望：望楼。

[译文]

"周朝的法制有规定说：'驿道边养护成排的树木作为标志，隔一定的距离设立供应食宿的庐馆以守护驿路，国都郊外有牧地，边境有客舍和望楼，沼地有茂草，园囿有林木和池塘，这些用地可以用来防备灾害发生。其余地方都可以开辟为农田，农民没有闲置的农具，田地里不长野草。政府不妨碍农民生产，不浪费农民劳力。国家财物充裕而不匮乏，人民生活安逸而不疲惫。城里有按部就班的官员，乡下有依时令作息的农民。'现在陈国的驿道不能辨识，农田在荒草之中，成熟的庄稼无人收割，人们忙于为君主提供安逸享乐，非常疲惫。这是废弃了先王的法制啊！

"周之《秩官》有之曰：'敌国①宾至，关尹以告，行理以节逆之，候人为导，卿出郊劳，门尹除门，宗祝执祀，司里授馆，司徒具徒，司空视途，司寇诘奸，虞人入材，甸人积薪，火师监燎，水师监濯，膳宰致飨，廪人献饩，司马陈刍，工人展②车，百官以物至，宾入如归。是故小大莫不怀爱。其贵国之宾至，则以班③加一等，益虔。至于王吏，则皆官正④莅事，上卿监之。若王巡守，则君亲监之。'今虽朝也不才，有分族于周，承王命以为过宾于陈，而司事莫至，是蔑先王之官也。

[注释]

①敌国：地位匹敌的国家。②展：检查。③班：班次、等第。④官正：正职官员。

[译文]

"周朝的《秩官》有规定说：'地位相当的国家的使者到来，守关官员要向上报告，小行人手持符节前往迎接，候人担任向导，卿到近郊慰劳，守卫城门的官员清扫城门道路，宗人、太祝主持接待礼仪，司里安排宾馆，司徒分派服务人员，司空巡视驿道，司寇盘查坏人，虞人供应器用，甸人准备柴火，火师负责照明的火烛，水师负责洗涤用水，膳夫送来熟食，廪人献上谷米，司马摆出草料，工匠检修车辆，百官都按职责来处理接待事务，宾客入境像回到自己国家一样。因此，使团上下人员无不感怀盛情。那些大国贵宾到来，则接待官员的品级要按班次加高一等，接待态度也更加恭敬。至于天子的使者到来，则需各职司之长莅临接待，正卿亲自督察。如果是天子巡守降临，则由国君亲自主持接待。'现在，我单朝虽然无才，却也是从周王室分出的亲族，奉天子之命出使，作为过宾从陈国经过，然而陈国的主管官员没有一个来迎接，这是蔑弃先王的官制啊！

"先王之令有之曰：'天道赏善而罚淫，故凡我造国①，无从非彝，无即慆淫②，各守尔典，以承天休。'今陈侯不念胤续之常③，弃其伉俪妃嫔，而帅其卿佐以淫于夏氏，不亦渎姓④矣乎？陈，我大姬之后也。弃衮冕而南冠以出，不亦简彝⑤乎？是又犯先王之令也。

[注释]

①造国：分封国家。②慆淫：怠惰纵乐。③胤续之常：血统延续的伦常。④渎姓：亵渎姓氏。⑤简彝：简易，轻率。

[译文]

"先王政令有规定说：'上天的法则是奖赏良善惩罚邪恶。所以，凡是我周朝分封的国家，不要做非法的事，不要怠惰纵乐，各自奉行赐予你们的法典，以承受上天赐予的吉祥。'现在，陈侯不考虑继嗣的伦常道德，抛开他的夫人、妃嫔，却带着他的大臣去夏氏家中淫乱，这不是使整个妫姓蒙受耻辱吗？陈国是周武王长女大姬的后代，陈侯抛弃周的礼服、礼帽却戴上楚国的帽子出行，这不也是行为轻率吗？这又违反了先王的政令啊！

"昔先王之教，懋①帅其德也，犹恐殒越。若废其教而弃其制，蔑其官而犯其令，将何以守国？居大国之间，而无此四者，其能久乎？"

六年，单子如楚。八年，陈侯杀于夏氏。九年，楚子入陈。

[注释]

①懋：努力。

[译文]

"从前有先王的教令，努力遵从他们的德行，还担心国家灭亡。今天如果废弃先王的教令，抛弃先王的制度，蔑弃先王的官制，违反先王的政令，将靠什么来守护封国呢？陈国夹在晋、楚两大国之间，却不遵守先王的教令、法制、官制、政令四种，难道还能长久维持吗？"

周定王六年，单襄公出使楚国。八年，陈灵公被夏征舒杀死。九年，楚庄王挥师灭陈。

刘康公论鲁大夫俭与侈

定王八年，使刘康公①聘于鲁，发币②于大夫。季文子、孟献子皆俭③，叔孙宣子、东门子家皆侈④。

归，王问鲁大夫孰贤？对曰："季、孟其长处鲁乎！叔孙、东门其亡乎！若家不亡，身必不免。"王曰："何故？"对曰："臣闻之：为臣必臣，为君必君，宽肃宣惠⑤，君也；敬恪恭俭⑥，臣也。宽所以保本也，肃所以济时也，宣所以教施也，惠所以和民也。本有保则必固，时动而济则无败功，教施而宣则遍，惠以和民则阜。若本固而功成，施遍而民阜，乃可以长保民矣，其何事不彻？敬所以承命也，恪所以守业也，恭所以给事也，俭所以足用也。以敬承命则不违，以恪守业则不懈，以恭给事则宽于死，以俭足用则远于忧。若承命不违，守业不懈，宽于死而远于忧，则可以上下无隙矣，其何任不堪？上任事而彻，下能堪其任，所以为令闻长世也。今夫二子者俭，其能足用矣，用足则族可以庇。二子者侈，侈则不恤匮，匮而不恤，忧必及之，若是则必广⑦其身。且夫人臣而侈，国家弗堪，亡之道也。"王曰："几何？"对曰："东门之位不若叔孙，而泰侈焉，不可以事二君。叔孙之位不若季、孟，而亦泰侈焉，不可以事三君。若皆蚤世⑧犹可，若登年⑨以载其毒，必亡。"

[注释]

①刘康公：王室卿士，刘为封地，在今河南偃师境内。②发币：分送礼品。③季文子：鲁国上卿季孙行父。孟献子：鲁国上卿仲孙蔑。④叔孙宣子：鲁国下卿叔孙侨如，又称叔孙宣伯。东门子家：鲁国大夫公孙归父。⑤宽肃宣惠：待人宽厚、为人严整、明察是非、惠爱庶民。⑥敬恪恭俭：忠诚、谨慎、谦恭、俭朴。⑦广：大。⑧蚤世：早离人世。⑨登年：多历年岁。

[译文]

周定王八年，刘康公受王室派遣到鲁国聘问，向鲁大夫赠送礼品。见到季文子、孟献子都很俭朴，而叔孙宣子、东门子家却很奢侈。

回到王都后，定王问刘康公："鲁大夫谁最有才德？"回答说："季孙氏、孟孙氏大概会长期在鲁国延续下去吧！叔孙氏、东门氏大概会灭亡吧！如果不是整个家族灭亡，两个当家人自身将不免于难。"定王问："为什么呢？"回答说："我听说：做臣的一定要守臣德，做君的一定要守君道。宽厚、严整、明察、惠爱，这是君道；忠诚、谨慎、谦恭、俭朴，这是臣德。宽厚用来保养根本，严整用来把握成功时机,明察用来推行教化,惠爱用来亲睦民众。根本得到保养君位就一定稳固,及时成就事业就不会做无用功,教化推行是非明察则文明周遍,惠爱而亲睦民众则财富增加。如果达到根本稳固而事业成功,教化周遍而人民富足,就可以长久地保有人民了,还有什么事情完不成呢?忠诚用来听从君命,谨慎用来守护家业,谦恭用来供事朝廷,俭朴用来充实用度。以忠诚的心态听从命令就不会违背,以谨慎的心态守护家业就不会懈怠,以谦恭的心态办事就远离死罪,以俭朴的方式充实用度就没有忧虑。如果忠诚命令而不违背,守护家业而不懈怠,远离死罪而没有忧虑,就可以做到君臣之间亲密无间,还有什么重担不能挑起呢?这样的臣子,上能承担事情并顺利完成,下能胜任其职务,这大概就是成为声誉好历世长的家族的原因吧。现在,季孙、孟孙两家都很俭朴,大概能充实他们的用度吧,用度充实则家族可以获得庇护。叔孙、东门两家都很奢侈,奢侈就不会救助穷人,穷人得不到救助,忧患必然降临到他们头上。像这样奢侈,一定会自大骄狂。人臣如果奢侈,国家就负担不起,这是自取灭亡啊!"定王问:"还有多久呢?"回答说:"东门氏的职位比不上叔孙氏,却过分奢侈,他不可能侍奉下一位鲁君了。叔孙氏的地位比不上季孙、孟孙,却也非常奢侈,他不可能连事三君。如果他们两人早逝,还可以保全其家族,如果他们高寿,长久地危害国家,则两家必定灭亡。"

十六年,鲁宣公[①]卒。赴者未及,东门氏来告乱,子家奔齐。简王[②]十一年,鲁叔孙宣伯亦奔齐,成公[③]未殁二年。

[注释]

①鲁宣公:鲁国国君姬倭,公元前608年至前591年在位。②简王:周简王姬夷,公元前585年至前572年在位。③成公:鲁成公姬黑肱,公元前590年至前573年在位。

[译文]

周定王十六年，鲁宣公去世。报丧的人还没有到，东门氏就派人来向王室报告鲁国内乱，子家逃亡到齐国。周简王十一年，鲁国的叔孙宣伯也逃奔到齐国，时为鲁成公死前两年。

王孙说请勿赐叔孙侨如

简王八年，鲁成公来朝，使叔孙侨如先聘且告。见王孙说①，与之语。说言于王曰："鲁叔孙之来也，必有异焉。其享觐之币薄而言谄，殆请之也，若请之，必欲赐也。鲁执政唯强，故不欢焉而后遣之，且其状方上而锐下，宜触冒②人。王其勿赐。若贪陵之人来而盈其愿，是不赏善③也，且财不给。故圣人之施舍也议④之，其喜怒取与亦议之。是以不主宽惠，亦不主猛毅，主德义而已。"王曰："诺。"使私问诸鲁，请之也。王遂不赐，礼如行人。及鲁侯至，仲孙蔑为介⑤，王孙说与之语，说让⑥。说以语王，王厚贿之。

[注释]

①王孙说：周大夫。②触冒：冲撞冒犯。③不赏善：《经义述闻》卷二十"不赏善"条引王念孙说，以为当作"赏不善"，可从。④议：选择。⑤介：宾介。⑥说让：喜欢其谦让。

[译文]

周简王八年，鲁成公要来王都朝见天子，事先派出下卿叔孙侨如来聘问并报告来朝事。叔孙会见了王孙说，并与他展开会谈。王孙说报告周简王说："鲁国叔孙侨如来聘问，一定有别的原因。他进献给天子的礼品菲薄而言辞谄谀，大概是自请来聘。如果是自请来聘，一定是想获得王室的赏赐。鲁执政之人势力强大，所以鲁侯虽不喜欢,也时常派他们出使。而且叔孙的面相上额方广而下颌尖削,应该是为人刻薄,常常冲撞冒犯他人。请天子不要赏赐他。如果贪婪骄横之人来朝就满足他的欲望,这是奖赏不良之辈,并且王室的财政也无法满足。所以圣人施恩于人是有选择的,圣人对他人的喜怒取与也是有选择的。因此,圣人对他人不崇尚宽厚惠爱,也不崇尚威严残酷,只不过坚持道德仁义而已。"简王说:"好吧。"派人私下里向鲁使随从打听,了解到叔孙真是自请来聘。简王于是不以聘礼赐予,而是像对待普通外交使节一样接待他。等到鲁侯来朝时,仲孙蔑担任宾介,王孙说与仲孙蔑会谈,喜欢仲孙蔑的谦让,王孙说把会谈情况报告给周简王,简王对仲孙蔑厚加赐予。

单襄公论郤至佻天之功

晋既克楚于鄢①,使郤至②告庆于周。未将事,王叔简公③饮之酒,交酬好货皆厚,饮酒宴语相说也。

[注释]

①鄢:鄢陵,今河南鄢陵县。②郤(xì)至:又称温季,晋卿,担任新军之佐,食邑于温。③王叔简公:周大夫王叔陈生,又称王叔子。

[译文]

晋军在鄢陵打败楚军后,派郤至向周天子报告喜讯。在举行告庆礼之前,王叔简公设酒宴招待郤至,宴席之上,揖让周旋一切如仪,互相赠送的礼品都很丰厚,大家边饮边谈相处融洽。

明日,王叔子誉诸朝,郤至见邵桓公①,与之语。邵公以告单襄公曰:"王叔子誉温季,以为必相晋国,相晋国,必大得诸侯,劝二三君子必先导②焉,可以树。今夫子见我,以晋国之克也,为己实谋之,曰:'微我,晋不战矣!楚有五败③,晋不知乘,我则强之。背宋之盟④,一也;德薄而以地赂诸侯⑤,二也;弃壮之良而用幼弱,三也;建立卿士而不用其言,四也;夷、郑从之,三陈而不整,五也。罪不由晋,晋得其民,四军之帅⑥,旅力⑦方刚;卒伍治整,诸侯与之。是有五胜也:有辞,一也;得民,二也;军帅强御,三也;行列治整,四也;诸侯辑睦,五也。有一胜犹足用也,有五胜以伐五败,而避之者,非人也。不可以不战。栾、范⑧不欲,我则强之。战而胜,是吾力也。且夫战也微谋,吾有三伐:勇而有礼,反之以仁。吾三逐楚君之卒,勇也;见其君必下而趋,礼也;能获郑伯而赦之,仁也。若是而知晋国之政,楚、越必朝。'

[注释]

①邵桓公:王室卿士。②先导:在前面开路。③楚有五败:在《国语·晋语六·晋败楚师于鄢陵》中,郤至分析的楚师五败与此处的记录不同,它们是:"夫阵不讳忌,一间也;夫南夷与楚来而不与阵,二间也;夫楚与郑阵而不与整,三间也;且其士卒在阵而哗,四间也;夫众闻哗必惧,五间也。"译为白话即楚军列阵而不避忌月底的晦日,这是第一个可乘之机。南方的夷人与楚军一起来,而不列阵作战,这是第二个可乘之机。楚军与郑军虽然摆出阵势,却很不整齐,是第三个可乘之机。而且他们的士兵在阵地上大声喧哗,是第四个可乘之机。众人听到喧哗必然恐惧,这是第五个可乘之机。④宋之盟:公元前579年,晋楚在宋订立弭兵之盟。⑤以地赂诸侯:公元前575年,楚共王派公子成把汝阴的土地还给郑国,以此引诱郑国叛晋从楚。⑥四军之帅:晋厉公立四军,中军以栾书为帅,范燮为佐;上军以郤锜为帅,荀偃为佐;下军以韩厥为帅,智䓨为佐;新军以赵旃为帅,郤至为佐。⑦旅力:体力。旅,通"膂"。⑧栾、范:中军正、副统帅栾书、范燮。

[译文]

第二天,王叔子在朝堂上为郤至延誉。这一天,郤至拜见邵桓公,与他晤谈。邵桓公把晤谈情况告诉单襄公说:"王叔简公称赞郤至，认为他一定会成为晋国卿相。他担任晋国卿相，一定大得诸侯拥护。王叔劝勉在朝公卿一定要为郤至奔走，以为这样做可以为王室培植力量。今天郤至来见我，认为晋国打胜仗，实在是出于他一个人的谋划。他说：'没有我，晋国不会打这一仗。楚军有五种致败之因，而晋军不懂得利用，我便坚持晋军打这一仗。背弃在宋国定下的弭兵之盟，这是楚军的第一条罪；不能以德服人，而以赠送土地引诱诸侯服从，这是第二罪；不任用正当盛年的才智之士，反而用年轻少谋之辈，这是第三罪；设置了执政的卿士却拒绝采纳其谏言，这是第四罪；东夷与郑国的军队协从楚军作战，但三军各自为阵，阵势不严整统一，这是第五罪。发动战争的罪责不在晋国一方，晋国为守护弭兵之盟而战，深得民心。晋国四军的统帅，都是体力强盛、血气方刚的人，晋军部伍严整，许多诸侯支持晋军。晋军有五种获胜条件：师出有名，这是第一种；深得民心，这是第二种；将帅强盛，这是第三种；部伍严整，这是第四种；诸侯协力同心，这是第五种。有其中的一种都值得一战，何况晋军有五种获胜条件，去讨伐有五种致败之因的楚军，还避敌不战，这不是人干的。晋楚之战不能不打！中军统帅栾书、范燮不想打，我则坚持要打。一战而胜，这是我的功劳啊。即使不算我在这场战争中的谋划之功，我另外还有三大功劳：作战勇敢、遵守礼节、对敌仁慈。我多次追杀楚军，这是勇敢；看到楚君我就下车快走表示恭敬，这是遵守君臣相见之礼；本来能够俘虏郑国国君，我却故意放走他，这是仁慈。像我这样的人执掌晋国政权，楚国、越国一定会来朝晋君。'

"吾曰：'子则贤矣。抑晋国之举①也，不失其次②，吾惧政之未及子也。'谓我曰：'夫何次之有？昔先大夫荀伯③自下军之佐以政，赵宣子④未有军行而以政，今栾伯⑤自下军往。是三子也，吾又过于四之无不及。⑥若佐新军而升为政，不亦可乎？将必求之。'是其言也,君以为奚若?"

[注释]

①举:提拔官员。②次:班次。③荀伯:荀林父,晋景公时由下军之佐升任正卿。④赵宣子:赵盾,晋襄公时升任正卿。⑤栾伯:栾书,晋厉公时由下军之帅升任正卿。⑥"是三"二句:语序当为"吾又过于是三子也,四之无不及"。

[译文]

"我说:'你确实很能干。不过晋国提拔官员,从来都是依照按级递进的次序,我担心执政还轮不到你呀。'他对我说:'哪里有什么按级递进的次序?从前我的祖先晋大夫荀林父从下军副帅直升为执政,赵宣子没有立下军功就担任了执政,现在的执政栾书也是由下军统帅直升为正卿的。现在,我的功劳又超过这三人,与他们并列为四人,没有哪一点赶不上他们,假如由新军副帅提升为执政正卿,不也可行吗?我一定要追求这个职务。'这就是他说的话,你认为如何?"

襄公曰:"人有言曰:'兵在其颈。'其郤至之谓乎!君子不自称也,非以让也,恶其盖人也。夫人性,陵上者也,不可盖也。①求盖人,其抑下滋甚,故圣人贵让。且谚曰:'兽恶其网,民恶其上。'《书》曰:'民可近也,而不可上也。'②《诗》曰:'恺悌君子,求福不回。'③在礼,敌必三让,是则圣人知民之不可加也。故王天下者必先诸民④,然后庇焉,则能长利。今郤至在七人之下而欲上之,是求盖七人也,其亦有七怨。怨在小丑,犹不可堪,而况在侈卿乎?其何以待之?

[注释]

①"夫人性"三句:人的天性都是想超过居于自己上面的人,这种本性是不可掩盖的。②"民可"二句:语出《尚书》,伪《古文尚书·五子之歌》有类似句子:"民可近,不可下。"③"恺悌(kǎi tì)"二句:语出《诗经·大雅·旱麓》,意为和乐平易的君子,他追求幸福,却不用邪僻的手段。④先

诸民：以诸民为先。

[译文]

单襄公说："人们有句俗话叫：'刀搁在了脖子上。'这说的大概就是郤至现在的情形吧！君子不自夸，这并不是出于谦让，而是讨厌这样做会掩盖别人的长处。人的天性都是想超过居于自己上面的人，这种本性是不可掩盖的。如果企图以掩盖他人来突出自己，将被他人压制而地位更加低下，所以圣人看重谦让。并且谚语说：'野兽痛恨网罟，庶民痛恨官府。'《尚书》说：'庶民可以亲近，却不可以凌驾其上。'《诗》说：'和乐平易的君子，他追求幸福，却不用邪僻的手段。'按照礼节，二人地位相当，必对他再三礼让。如此，则圣人懂得不可凌驾于民众之上。所以称王天下的人必须把民众的需要放在前，然后用自己的力量庇护民众，则能长有福利。现在郤至位在栾书等七人之下，却妄想凌驾在他们之上，这是企图掩盖七人的功劳，必定会招致七人的怨恨。结怨于小人，尚且不能忍受，何况是与地位高的卿士结怨呢？他将如何来应付这些怨恨呢？

"晋之克也，天有恶于楚也，故儆之以晋。而郤至佻①天之功以为己力，不亦难乎？佻天不祥，乘人不义，不祥则天弃之，不义则民叛之。且郤至何三伐之有？夫仁、礼、勇，皆民 [义]② 之为也。以义死用谓之勇，奉义顺则谓之礼，畜义丰功谓之仁。奸仁为佻，奸礼为羞，奸勇为贼。夫战，尽敌为上，守和同顺义为上。故制戎以果毅，制朝以序成。叛战③而擅舍郑君，贼也；弃毅行容④，羞也；叛国即雠，佻也。有三奸以求替其上，远于得政矣。以吾观之，兵在其颈，不可久也。虽吾王叔，未能违难。在《太誓》曰：'民之所欲，天必从之。'⑤王叔欲郤至，能勿从乎？"

[注释]

①佻(tiāo)：偷。②民：俞樾校为"义"，可以。③叛战：违背战争原

则。④行容：修饰仪容。⑤"民之"二句：语出《尚书·泰誓》，今本伪《古文尚书·泰誓》无此语。

[译文]

"晋国获胜，是由于上天讨厌楚国，所以借晋人的手来警戒他们。郤至却想偷天之功，把获胜看做是自己的功劳，这不是很困难的吗？偷天之功是不祥，凌人之上为不义，不祥则上天抛弃他，不义则民众背离他。况且郤至哪里有他宣称的三大功劳呀，仁慈、礼节、勇敢，都是以义为本的。为正义而拼死效力称为勇敢，奉行正义遵从法则称为礼节，胸怀正义建立大功称为仁慈。装出来的仁慈叫做佻，装出来的礼节叫做羞，装出来的勇敢叫做贼。战争以全歼敌人为上，以维护和平顺从正义为上。所以，带兵打仗需要果敢坚毅，临朝执政则需要按部就班。违背全歼敌人的战争原则而擅自放走郑国国君，这是贼；违背果敢坚毅的战争要求而修饰君臣相见的仪容，这是羞；背叛国家，讨好敌人，这是佻。有这三种虚伪行为还想取代晋国正卿，只会离执政越来越远了。在我看来，刀已经搁在他的脖子上，死期不远了。即使我们的王叔，恐怕也不能躲开灾难。《泰誓》说：'民心所向，上天必定会从其所愿。'王叔想利用郤至，能不受郤至的牵连吗？"

郤至归，明年死难。及伯舆①之狱，王叔陈生奔晋。

[注释]

①伯舆：周大夫。公元前563年伯舆与王叔陈生为争任王室卿士而兴起诉讼，王叔子败诉。

[译文]

郤至回国后，第二年遭难而死。等到周大夫伯舆为争权兴讼，王叔陈生败诉逃亡晋国。

周语下

单襄公论晋将有乱

柯陵之会①,单襄公见晋厉公视远步高。晋郤锜②见,其语犯。郤犨③见,其语迂。郤至见,其语伐。齐国佐④见,其语尽。鲁成公见,言及晋难及郤犨之谮⑤。

[注释]

①柯陵之会:公元前574年,晋楚鄢陵之战后,晋厉公与王室卿士单襄公、尹武公及鲁侯、齐侯、宋公、卫侯、曹伯、邾人会于柯陵,谋划伐郑。柯陵,在今河南内黄境。②郤锜(qí):晋卿郤驹伯,郤克之子,郤缺之孙。③郤犨(chōu):晋卿苦成叔,郤缺之侄,郤至之兄。④国佐:齐卿国武子。⑤谮(zèn):诬陷。

[译文]

在柯陵的诸侯盟会中,单襄公看到晋厉公眼睛只看远处,走路把脚抬得高高的。晋卿郤锜来见单襄公,说话盛气凌人。郤犨来见,说话尽绕弯子。郤至来见,说话全是自夸功劳。齐卿国佐来见,说话直言无讳。鲁成公来见,说到晋国可能会惩罚鲁国不出兵助晋参加鄢陵之战的罪过以及郤犫对自己的诬陷。

单子曰："君何患焉！晋将有乱，其君与三郤其当之乎！"鲁侯曰："寡人惧不免于晋，今君曰'将有乱'，敢问天道①乎，抑人故也？"对曰："吾非瞽、史②，焉知天道？吾见晋君之容，而听三郤之语矣，殆必祸者也。夫君子目以定体，足以从之，是以观其容而知其心矣。目以处义③，足以步目，今晋侯视远而足高，目不在体，而足不步目，其心必异矣。目体不相从，何以能久？夫合诸侯，民之大事也，于是乎观存亡。故国将无咎，其君在会，步言视听，必皆无谪④，则可以知德矣。视远，日绝其义；足高，日弃其德；言爽⑤，日反其信；听淫，日离其名。夫目以处义，足以践德，口以庇信，耳以听名者也，故不可不慎也。偏⑥丧有咎，既丧则国从之。晋侯爽二，吾是以云。

[注释]

①天道：天意。②瞽：盲乐师。史：史官。③义：通"宜"，合适的位置。④谪：指责、挑剔。⑤爽：差错。⑥偏：半。

[译文]

单襄公说："您担心什么呢！晋国将要发生大乱，晋君与三郤大概会遭难了。"鲁侯问："我本来害怕自己要受到晋人的处罚，现在您却说'晋国将要发生大乱'，敢问这是出自天意，还是人为呢？"单襄公回答说："我并非瞽、史，哪里懂得天意啊？我只是观察晋君的仪容，听过三郤的话语，推测晋国大概会发生灾祸罢了。对君子而言，眼睛所视，就决定身体所趋，两脚服从身体的需要，因此观察人的仪容就能了解他的心思。眼睛看是为了找到合宜的位置，双脚走是为了把身体带到那个眼睛找到的位置。现在晋侯眼睛只看远处，走路把脚抬得高高的，眼睛看的地方与身体在的地方无关，双脚走向的地方不是眼睛看准的地方，可见他的心思一定在别的地方。眼睛所视与身体所往不相适从，怎么能够活得长久呢？会盟诸侯是国家大事，人们由此可以看出一个国家存亡的征兆。所以，没有灾祸的国家，他的君主在盟会中，视听言动必然无可挑剔，由此也可知其为有德之君。如果君主眼睛只看远处，就会一天天找不到自己的合适位置；走路把脚抬得高高的，就会一天天远离仁德的君道；说话多出差错，就会一天天违背许下的诺言；听到的话言过其实，就会一天天失去君临臣民的名分。眼睛是用来寻找合适的位置的，双脚是用来践履德行的，口说是要保证前后行为一贯，耳听是为做到名实相符，所以君主的视听言动不可不慎。如果其中两种出现差错，就会发生祸患，四种全部出错，国家就会灭亡。晋侯的视与行已经出现差错，我因此说他将有灾祸。

"夫郤氏，晋之宠人也，三卿①而五大夫，可以戒惧矣。高位寔疾颠②，厚味寔腊③毒。今郤伯之语犯，叔迂，季伐，犯则陵人，迂则诬人，伐则掩人。有是宠也，而益之以三怨，其谁能忍之！虽齐国子亦将与焉。立于淫乱之国，而好尽言，以招④人过，怨之本也，唯善人能受尽言，齐其有乎？吾闻之，国德而邻于不修，必受其福。今君逼⑤于晋，而邻于齐，齐、晋有祸，可以取伯⑥，无德之患，何忧于晋？且夫长翟之人⑦利而不义，其利淫矣，流⑧之若何？"

[注释]

①三卿：郤锜、郤犨、郤至皆为晋卿。②疾颠：快速坠落。③腊（xī）：久，极，很。④招：通"昭"，昭示。⑤逼：近。⑥伯：霸主。⑦长翟之人：指叔孙侨如。公元前616年，鲁叔孙得臣败翟于咸，俘其君长翟侨如，因以侨如作为自己儿子的名字来纪念这次胜利。⑧流：流放。

[译文]

"郤氏家族是晋国最得宠的家族，一家同时出了三位卿、五位大夫，这可以引起他们的警惕了。位置越高，垮塌越快；味道越浓，毒性越强。现在郤锜说话盛气凌人，郤犨说话尽绕弯子，郤至说话全是自夸功劳。盛气凌人会得罪人，绕弯子会误导人，自夸功劳会掩盖他人的长处。有国君的宠幸，再加上这三种招人怨恨的行径，谁能够忍受他们呢？即使是齐卿国佐也将遭难。他立身于淫乱之国，说话却直言无讳，宣示他人过失，这是招人怨恨的根源。只有善人才能接受直言，齐国还有这样的善人吗？我听说，施行德政的国家与不修德政的国家为邻，一定会得到福佑。现在您的国家靠近晋国，接邻齐国，齐国、晋国有灾祸，您可以趁机取得诸侯霸主的位置。您何必为无德的晋国所带来的忧患发愁呢？况且叔孙侨如这个人见利忘义，只会以淫乱谋取私利，把他流放到国外，怎么样呢？"

鲁侯归，乃逐叔孙侨如。简王①十一年，诸侯会于柯陵。十二年，晋杀三郤。十三年，晋侯弑，于翼②东门葬，以车一乘。齐人杀国武子。

[注释]

①简王：周简王姬夷，公元前585年至前572年在位。②翼：今山西翼城东南。

[译文]

鲁侯回国后，就将叔孙侨如驱逐出国。诸侯柯陵盟会在周简王十一年。到了十二年，晋厉公就杀了三郤。十三年，晋厉公也被人杀掉，葬在翼城东门外，只有一乘车随葬。同年，齐人杀死国佐。

单襄公论晋周将得晋国

晋孙谈之子周①适周，事单襄公，立无跛，视无还②，听无耸③，言无远④；言敬必及天，言忠必及意，言信必及身，言仁必及人，言义必及利，言智必及事，言勇必及制，言教必及辩⑤，言孝必及神，言惠必及和，言让必及敌⑥；晋国有忧未尝不戚，有庆未尝不怡。

[注释]

①孙谈：惠伯谈，晋襄公之孙。周：孙谈之子，即位为晋悼公，公元前572年至前558年在位。②还：转动眼睛四处看。③耸：引起注意，使人吃惊。④远：迂阔，不切实际。⑤辩：通"辨"，明辨是非。⑥敌：匹敌的对手。

[译文]

晋国孙谈的儿子周到东周王朝，侍奉单襄公。晋周正立时身体不倾斜，直视时眼睛不乱瞄，听话时不装怪，说话时不瞎扯。谈到恭敬一定是对上天一样的恭敬，谈到忠诚一定是发自内心的忠诚，谈到信用一定是要求自己，谈到仁爱一定是爱护他人，谈到正义一定是大利所在，谈到智慧一定是处事稳妥，谈到勇敢一定是遵守法制，谈到教化一定是明辨是非，谈到孝顺一定是不忘祖先，谈到施恩一定是追求和睦，谈到谦让一定是尊重对手。晋国有忧患，他从没有不伤心的；晋国有喜庆，他从没有不快乐的。

襄公有疾，召顷公而告之，曰："必善晋周，将得晋国。其行也文，能文则得天地，天地所胙，小而后国。夫敬，文之恭也；忠，文之实也；信，文之孚也；仁，文之爱也；义，文之制也；智，文之舆也；勇，文之帅也；教，文之施也；孝，文之本也；惠，文之慈也；让，文之材①也。象天能敬，帅意能忠，思身能信，爱人能仁，利制能义；事建能智，帅义能勇，施辩能教，昭神能孝，慈和能惠，推敌能让。此十一者，夫子皆有焉。

[注释]

①材：通"裁"，裁量、裁断。

[译文]

单襄公有重病，唤来儿子顷公，告诉他说："一定要善待晋周，他将入主晋国。他的行为体现出美德。能身备美德则能得到天地赐福，天地赐福的人，最少也会在最后成为一国之君。敬是一种恭顺上天的美德，忠是一种内在实诚的美德，信是一种遵守诺言的美德，仁是一种爱护他人的美德，义是一种制断事宜的美德，智是一种承担重任的美德，勇是一种敢为先导的美德，教是一种施布德化的美德，孝是一种守护根本的美德，惠是一种关爱贫穷的美德，让是一种裁量对手的美德。取法上天能恭敬，发自内心能忠诚，反躬自省能守信，爱护他人能仁爱，以利为制能持义，立事建功能用智，遵守道义能勇敢，明辨是非能施教，尊显鬼神能孝顺，慈善和睦能施恩，尊重对手能谦让。这十一个方面，晋周都具备了。

"天六地五①，数之常也。经之以天，纬之以地。经纬不爽②，文之象也。文王质文，故天胙之以天下。夫子被之矣，其昭穆又近，可以得国。且夫立无跛，正也；视无还，端也；听无耸，成也；言无远，慎也。夫正，德之道也；端，德之信也；成，德之终也；慎，德之守也。守终纯固③，道正事信，明令德矣。慎成端正，德之相也。为晋休戚，不背本也。被文相德，非国何取！

[注释]

①天六：天有阴、阳、风、雨、晦、明六气。地五：地有金、木、水、火、土五行。②爽：差错。③守终纯固：守固、终纯，稳保美德，始终如一。

[译文]

"天有六气，地有五行，这是天地的常数。以天的六气为经，以地的五行为纬,来织成一个人的精神特质,经线、纬线不乱,这是身具美德的表现。周文王禀赋美德特质,因此上天赐福他获得天下。晋周具备文王一样的美德,他的血统又与晋君最亲近,可以入主晋国。并且站立时身体不倾斜,这是正派。直视时眼睛不乱瞄,这是端悫。听话时不装怪,这是镇定。说话时不瞎扯,这是谨慎。正派则走正道,端悫则守诺言,镇定则始终如一,谨慎则稳保美德。稳保美德,始终如一,走正道,守诺言,这将使其美善的特质昭明。谨慎、镇定、端悫、正派,这是助成美德的特质。晋周与晋国休戚与共,这是不背弃根本。又禀赋美德和实现美德的特质,他不获取晋国君位还获取什么呢?

"成公①之归也,吾闻晋之筮之也,遇乾之否②,曰:'配而不终,君三出焉。'一既往矣,后之不知,其次必此。且吾闻成公之生也,其母梦神规③其臀以墨,曰:'使有晋国,三而畀骊之孙。'故名之曰'黑臀',于今再矣。襄公④曰骊,此其孙也。而令德孝恭,非此其谁?且其梦曰:'必骊之孙,实有晋国。'其卦曰:'必三取君于周。'其德又可以君国,三袭焉。吾闻之《大誓故》曰'朕梦协朕卜,袭于休祥,戎商必克。以三袭也。'⑤晋仍无道而鲜胄,其将失之矣。必早善晋子,其当之也。"

[注释]

①成公:晋成公黑臀,晋文公少子,公元前606年至前600年在位。②乾之否:本卦乾卦变为之卦否卦。筮三变得爻,十八变而成卦。爻有老阴、老阳、少阴、少阳四种,若得少阴少阳,仍记本爻,若得老阴老阳,则阴阳互变。未变之前的卦为本卦,变化之后为之卦。占断以本卦的变爻为据。③规:涂画。④襄公:晋襄公骊,晋文公之子,公元前627年至前621年在位。⑤《大誓故》:解释《泰誓》的书。《泰誓》、《尚书》篇章、伪古文《尚书》有《泰誓》上、中、下三篇,"朕梦协朕卜,袭于休祥,戎商必克"数语在中

篇。"以三袭也"应为《大誓故》中之语。

[译文]

"晋成公黑臀自周归晋的时候,我听说晋国曾占筮立之为君的吉凶,得到乾卦变为否卦,占断说:'他可以上配先君,但其后嗣不会一直做晋君,将有三位晋君是从周室返回的。'第一位成公已成既往,最后的一位是谁还不知道,第二位一定是晋周。而且我听说成公出生的时候,他的母亲梦到神灵用墨在他的臀部涂画,边画边说:'让他统治晋国,三代以后转给骓的后代。'所以给他取名叫黑臀,到现在他的后人也已两代为君了。晋襄公名叫骓,这个晋周正是他的曾孙。而且晋周具有孝顺恭敬的美德,第二位回国继位的晋君不是他还是谁呢?况且梦中神启是:'一定是骓的后代最终得到晋国。'筮卦之辞是:'一定三次从周室迎回晋君。'晋周的德行又可以君临一国,梦兆、卦象、德行三者在晋周身上完全重合。我看到《大誓故》说:'我的梦境与我的占卜相合,又与美好的祥瑞相合,以兵伐商,一定获胜。周武王的成功也是因为梦、占、祥三者吉凶吻合。'现在晋厉公屡行无道,晋国公室的后裔又少,大概要失去晋国了。一定要趁早善待晋周,他将会应验那个梦兆与卦象。"

顷公许诺。及厉公^①之乱,召周子而立之,是为悼公。

[注释]

①厉公:晋成公之孙,晋景公之子,公元前580年至前573年在位。

[译文]

单顷公答应了父亲的嘱托。等到晋厉公被杀,晋国就召回晋周并立为国君,这就是晋悼公。

太子晋谏灵王壅谷水

灵王①二十二年，谷、洛斗②，将毁王宫。王欲壅之，太子晋谏曰："不可。晋闻古之长民者，不堕山，不崇薮，不防川，不窦泽。夫山，土之聚也；薮，物之归也；川，气之导也；泽，水之钟③也。夫天地成而聚于高，归物于下。疏为川谷，以导其气；陂塘污庳，以钟其美。是故聚不阤崩④，而物有所归；气不沉滞，而亦不散越。是以民生有财用，而死有所葬。然则无夭、昏、札、瘥⑤之忧，而无饥、寒、乏、匮之患，故上下能相固，以待不虞，古之圣王唯此之慎。

[注释]

①灵王：周灵王大心，公元前571年至前545年在位。②谷：谷水，源出河南渑池，在洛阳汇入洛河。周灵王时谷水经洛阳北，于偃师境内汇入洛水。洛：洛水，源出陕西洛南，东流入河南境，经洛阳南，于巩义入黄河。③钟：聚集。④阤（zhì）崩：崩塌。大曰崩，小曰阤。⑤札、瘥：疾病。大曰札，小曰瘥。

[译文]

周灵王二十二年，谷水泛滥，从王城西向南溢入洛水，与洛水争抢水道，可能冲毁王宫。灵王打算筑堤堵水，保护王宫不受侵害。太子晋劝阻说："不可。我听说古代那些统领民众的人，不毁坏山陵，不垫高沼泽，不堵塞河道，不掘开湖泽。山陵是土壤堆积的地方，沼泽是万物归往的地方，河流是地气畅通的地方，湖泽是水潦蓄积的地方。自开天辟地以来，土壤就堆积在高亢的山陵，万物就归养在低湿的沼泽。疏通山泽成为川道河谷，以引导地气；池塘湖泽，以蓄积清水。如此，土壤堆成的山陵不崩塌，万物归依的沼泽不干涸，地气畅通不沉滞，沿河流动不泛滥。因此民众活着有财物用度养生，死去有葬身之所。这样，人们就没有短命、发疯、大小病痛的忧虑，也没有饥饿、寒冷、物资匮乏的担心，所以君臣上下能相互团结，以防备意外事件发生，古代的圣王对此很慎重。

"昔共工①弃此道也，虞②于湛乐，淫失③其身，欲壅防百川，堕高堙庳④，以害天下。皇天弗福，庶民弗助，祸乱并兴，共工用灭。其在有虞，有崇伯鲧⑤，播其淫心，称遂⑥共工之过，尧用殛之于羽山⑦。其后伯禹⑧念前之非度，厘改制量，象物天地，比类百则，仪之于民，而度之于群生，共之从孙四岳⑨佐之，高高下下，疏川导滞，钟水丰物，封崇九山，决汩九川，陂鄣九泽，丰殖九薮，汨越⑩九原，宅居九隩，合通四海。故天无伏阴，地无散阳，水无沉气，火无灾燀，神无间行，民无淫心，时无逆数，物无害生。帅象⑪禹之功，度之于轨仪，莫非嘉绩，克厌帝心。皇天嘉之，祚以天下，赐姓曰'姒'、氏曰'有夏'，谓其能以嘉祉殷富生物也。祚四岳国，命以侯伯，赐姓曰'姜'、氏曰'有吕'，谓其能为禹股肱心膂，以养物丰民人也。

[注释]

①共工：炎帝之后，姜姓部族，居于太行山南麓，善治水。②虞：通"娱"。③淫失：即淫佚、放荡。④堕高：毁坏高山。堙庳：堵塞河道。庳，低下的河道。⑤有崇：崇国，鲧的封国，在今河南嵩山一带。伯鲧：伯爵鲧，姒姓。⑥称：举措。遂：通"坠"，陷入。⑦殛：诛杀。羽山：山名，位于今江苏东海，一说在山东蓬莱。⑧伯禹：鲧之子，又称大禹、夏禹、戎禹，治水有功，建立夏朝。⑨四岳：主持东、西、南、北四岳祭祀的职官名，也是四方诸侯之长。⑩汨越：扩展。⑪帅象：考察。

[译文]

"从前，共工氏违背天地之道，沉溺于过度享乐，放浪形骸，企图毁高山建大坝，堵住大小河道，积水成湖，自己享有渔猎之利，却给天下带来洪水危害。对这种做法，老天爷不保佑，老百姓不帮助，天灾人祸一起出现，共工氏因此而灭亡。在虞舜时期，有崇国伯爵鲧，放纵自己的淫佚之心，其治水举措又重复了共工氏堵塞河道的错误，尧帝因此把他诛杀于羽山。此后伯禹认识到从前的堵法治水有违天地之道，便改变措施，取法天象地理，类比万物之法则，取准于民众的赞同，不破坏各种生物的生存环境。共工氏的从孙四岳辅助他，按照地形高下，疏通河道排泄洪水，使九州的河流更畅通；起土堆山，使九州的山脉更高大。蓄水湖泽使物产丰富，九州的湖泊都筑起堤坝，九州的沼泽都生殖繁茂。在九州扩展原田，建造住房，修筑通向四方的大道。因此，大禹治水之后，夏天没有了霜雪冰雹等寒潮天气，冬天没有了梅李开花结果的地热现象，水中没有沼气积存，火灾不会从天而降，神有所归，不出邪神厉鬼，民有所养，不生贪婪之心，四时顺行，寒暑不反常，五谷生长，没有病虫害。考察大禹治水的功劳，以天地之道、万物之法衡量，无不是助成天功的美好业绩，能够满足上帝的要求。上天嘉美他的功绩，把天下赠给他，赐姓为'姒'，赐氏为'有夏'，赞赏他能把对个人的美好赐福转化成为促进一切有生之物殷盛丰饶的福佑。赠给四岳封国，任命他为侯伯，赐姓为'姜'，赐氏为'有吕'，赞赏他能担任大禹的强力辅佐，在治水事业中能养育万物使人民生活富裕。

"此一王四伯[①]，岂繁多宠？皆亡王之后也。唯能厘举嘉义，以有胤在下，守祀不替其典。有夏虽衰，杞、鄫犹在[②]；申、吕虽衰[③]，齐、许犹在[④]。唯有嘉功，以命姓受祀[⑤]，迄于天下。及其失之也，必有慆淫之心间之。故亡其氏姓，踣毙[⑥]不振；绝后无主，湮替隶圉。夫亡者岂繁无宠？皆黄、炎之后也。唯不帅天地之度，不顺四时之序，不度民神之义，不仪生物之则，以殄灭无胤，至于今不祀。及其得之也，必有忠信之心间之。度于天地而顺于时动，和于民神而仪于物则，故高朗令终，显融昭明，命姓受氏，而附之以令名。若启先王之遗训，省其典图刑法，而观其废兴者，皆可知也。其兴者，必有夏、吕之功⑦焉；其废者，必有共、鲧之败⑧焉。今吾执政无乃实有所避，而滑⑨夫二川之神，使至于争明，以妨王宫，王而饰之，无乃不可乎！

[注释]

①一王四伯：大禹和四岳。②杞：姒姓封国，始封于商丘，后迁于雍丘，位于今河南杞县。鄫：姒姓封国，在今山东枣庄之东。③申：姜姓国，在今河南南阳北。吕：姜姓国，在今河南南阳。④齐：周初姜太公封国，建都于今山东临淄。许：周初封四岳之后文叔于许，在今河南许昌。⑤祀：《经义述闻》卷二十"命姓受祀"条引王念孙校"祀"作"氏"，当从。⑥踣（bó）毙：僵死。⑦夏、吕之功：大禹、四岳的治水功劳。⑧共、鲧之败：共工氏、伯鲧的败政。⑨滑：扰乱。

[译文]

"这一王四伯的建立，哪里是出于上天的特殊垂爱呢？他们都不过是亡国之君的后代而已。只因他们能够改用美好适宜的办法来治理洪水，因此后嗣绵延，封国长守，祭祀不绝，不废典常。夏朝虽已衰亡，姒姓的杞国、鄫国仍在；申国、吕国虽已衰亡，姜姓的齐国、许国仍在。唯有立下伟大功劳，才得以赐予姓氏，封为诸侯，直至享有天下。等到其后嗣败亡之时，一定是过度享乐的意愿代替了建功立业的意志，所以家族衰微，姓氏不保，僵死无救，甚至后嗣断绝，宗庙无祭主奉祀，或者寂灭无闻，沦为奴仆。这些败亡的姓氏哪里是因为得不到上天的眷顾呢？他们都是炎黄子孙啊！只是因为他们不遵循天地之道，不顺从四季轮替的次序，不考虑民众与神灵的需求，不遵照万物生息的法则，从而灭绝无后，到现在没有了主祭的人。至于那些得到天下的，一定是有忠信之心代替了追逐享乐的意愿，他们观天象察地理，布政顺从时令变动，治民从民所欲，事神从神之意，遵照万物生息法则，所以他们做事措施高明善始善终，功业显著长久伟大光明，上天赐予姓氏，随之拥有美好的名声。如果我们打开先王的遗训，查看他们留下的典礼、图像、刑律、法则，研究各个姓氏的兴亡，其中包含的道理就都明白了。那兴盛的姓氏，一定有夏姒、吕姜般的功劳；那衰颓的姓氏，一定有共工、伯鲧般的败政。现在我姬周执政恐怕有邪僻之事，因而扰乱了谷水、洛水之神的出行，使得他们争抢水道，以至于危及王宫安全。天子如果筑坝保护王宫，恐怕不可吧！

"人有言曰：'无过乱人之门。'又曰：'佐饔者尝焉，佐斗者伤焉。'又曰：'祸不好①，不能为祸。'《诗》曰：'四牡骙骙，旟旐有翩，乱生不夷，靡国不泯。'②又曰：'民之贪乱，宁为荼毒。'③夫见乱而不惕，所残必多，其饰弥章。民有怨乱，犹不可遏，而况神乎？王将防斗川以饰宫，是饰乱而佐斗也，其无乃章祸且遇伤乎？自我先王厉、宣、幽、平而贪天祸，至于今未弭。我又章之，惧长及子孙，王室其愈卑乎？其若之何？

[注释]

①好：喜好。②"四牡"四句：语出《诗经·大雅·桑柔》第二章。旟旐，绘有鹰隼龟蛇的旗帜。夷，平。泯，灭。③"民之"二句：语出《诗经·大雅·桑柔》第十一章。贪乱，习惯于祸乱。宁，安。

[译文]

"人们常说：'不要经过狂悖怨乱人家的门口。'又说：'帮厨的人先尝到美味，帮拳的人先受到伤害。'又说：'不喜好祸乱，就不会成为祸乱的牺牲品。'《诗》说：'拉着战车的四马健壮威武，画着鹰隼龟蛇的战旗不停飘扬。战乱发生就不容易平定，没有哪个国家不怀有亡国之忧。'又说:'民众若习惯于祸乱,就会对残害生命麻木不仁。'发现祸端而不警惕,产生的伤害一定很严重,出了丑事却想遮掩,只会使丑事更显眼。民众怀恨作乱,尚且无法阻止,何况是神灵作乱呢?天子打算修堤坝防堵河水抢道并防护修整王宫,这正是在遮掩水患并助长二水抢道,这恐怕只会使水患更严重并使王宫遭受损害吧!从我们先王厉、宣、幽、平以来不断发生天灾,到今天还没有停止。现在我们又来加重这场水患,只怕祸灾绵延累及子孙,王室将更加衰颓,对此该怎么办啊?

"自后稷以来宁乱,及文、武、成、康而仅克安民。自后稷之始基①靖民,十五王②而文始平之,十八王而康克安之,其难也如是。厉始革典,十四王③矣,基德十五而始平,基祸十五其不济乎!吾朝夕儆惧,曰:'其何德之修,而少光王室,以逆天休?'王又章辅祸乱,将何以堪之?王无亦鉴于黎、苗之王④,下及夏、商之季,上不象天,而下不仪地,中不和民,而方不顺时,不共神祇,而蔑弃五则。是以人夷其宗庙,而火焚其彝器,子孙为隶,下夷于民,而亦未观夫前哲令德之则。则此五者而受天之丰福,飨民之勋力,子孙丰厚,令闻不忘,是皆天子之所知也。

[注释]

①基:谋求。②十五王:指周人先君,包括后稷、不窋、鞠、公刘、庆节、皇仆、差弗、毁隃、公非、高圉、亚圉、公叔祖类、古公亶父、王季、文王。③十四王:指厉王以来的周天子,包括厉、宣、幽、平、桓、庄、僖、惠、襄、顷、匡、定、简、灵十四代天子。④黎、苗之王:九黎三苗之君。

[译文]

"自从始祖后稷以来,周人一直以救灾定乱为任,到文王、武王、成王、康王时代方才使民众过上安宁的生活。从后稷开始谋求安民，经过十五位先君努力，到周文王才平定了民心，到第十八位先王周康王才使民众得以安居乐业，安民创业，其难如此。周厉王开始变改先王旧制，到现在已经过了十四代天子。以十五位先君的德政为基础，周人才赢得民心，如果累积十五代天子的乱政，周朝大概就没救了！我时刻警惕担心，常常自问：'该修治什么德政，才能光大王室，重新迎接上天赐福呢？'天子再公开助长祸乱，王室将怎么承受得了？天子何不以九黎三苗之君的乱政、下及夏桀商纣的昏虐为鉴戒，他们行事，上不观象于天，下不察法于地，中不和睦于民，四方政令不应时节，不供奉天神地祇，完全抛弃了行事的五条规矩。因此被人铲平宗庙，焚毁祭器，子孙沦为奴仆，或者下降为平民，这是由于他们没有借鉴前贤施行美政的法则。遵守这五条规矩行事就能上蒙天赐洪福，下享民众支持，子孙多福永享，自己美名传扬，这些道理都是天子应该懂得的。

"天所崇之子孙，或在畎亩，由欲乱民也。畎亩之人，或在社稷，由欲靖民也。无有异焉！《诗》云：'殷鉴不远，在夏后之世。'①将焉用饰宫②？其以徼乱也。度之天神，则非祥也。比之地物，则非义也。类之民则，则非仁也。方之时动，则非顺也。咨之前训，则非正也。观之诗书，与民之宪言，则皆亡王之为也。上下议之，无所比度，王其图之！夫事大不从象，小不从文。上非天刑，下非地德，中非民则，方非时动而作之者，必不节矣。作又不节，害之道也。"

[注释]

①"殷鉴"二句：语出《诗经·大雅·荡》第八章，意为殷商能看到的鉴戒不远，就在夏桀的时代。②饰宫：修整王宫，这里指修筑防洪堤坝保护王宫。

[译文]

"上天看重的子孙,有的降为耕于垄亩的庶民,因为他一心祸害人民。农家子弟,有的登上了朝堂,因为他一心安定人民。这没有什么奇怪的。《诗》说:'殷商能看到的鉴戒不远,就在夏桀的时代。'二水争道,哪用得着筑堤护宫呢?那只会招来祸乱。揣度天神以洪水降祸的旨意,筑堤护宫是不吉利的。比照万物归养低湿之地的现象,筑堤护宫是不适宜的。类比按民意行事的原则,筑堤护宫是不仁道的。比况于顺应农时的举动,筑堤护宫是违背时令的。考查前贤遗训,筑堤防水不是正确的方法。阅读《诗》、《书》教导与民间格言,筑堤堵水都是亡国之君的作为。上下古今对照,都没有用来比配的事例,天子还是重新考虑一下筑堤护宫的决定吧!这件事从大的方面看不符合天地的征兆,从小的方面看不符合《诗》、《书》的记载,上不合天法,下不合地则,中不合民意,又不是依照农时劳作,强行筑堤,一定不能节省民力,筑堤而不节省民力,这是招来祸害的途径啊!"

王卒壅之。及景王①多宠人,乱于是乎始生。景王崩,王室大乱②。及定王③,王室遂卑。

[注释]

①景王:周景王姬贵,公元前544年至前520年在位。②王室大乱:公元前520年至前516年,王室内乱爆发,单穆公、刘狄、王子猛、王子匄为一方,王子朝、尹氏、召简公、南宫嚚、甘桓公为另一方,武力争夺王权。③定王:周定王姬介,公元前468年至前441年在位。

[译文]

灵王最终筑堤护宫。到周景王即位,王宫中多私宠之人,祸乱由此开始出现。景王死,王室大乱。到周定王时候,王室就衰微了。

单穆公谏景王铸大钱

景王二十一年,将铸大钱①。单穆公②曰:"不可。古者,天灾降戾,于是乎量资币,权轻重,以振救民,民患轻,则为作重币以行之,于是乎有母权子③而行,民皆得焉。若不堪重,则多作轻而行之,亦不废重,于是乎有子权母而行,小大利之。

[注释]

①大钱:面值大、分量重的金属货币。②单穆公:王室卿士单旗。③母权子:重币代替轻币。母,重币大钱。权,权衡,指按比例换算。子,轻币小钱。

[译文]

周景王二十一年,天子打算铸造大钱。单穆公说:"不可。古时天灾降临,于是根据储备物资的多少来度量钱币的大小,权衡大钱、小钱的铸造比例,用来救助灾民。民众担心物价贵钱币轻,就为他们多铸大钱来流通。于是有大钱代替小钱行用,民众都得到方便。如果物价贱而人们苦于大钱多,就多铸小钱来流通,同时不废止大钱,于是有小钱代替大钱使用,用小用大都觉得便利。

"今王废轻而作重,民失其资,能无匮乎?若匮,王用将有所乏,乏则将厚取于民。民不给,将有远志,是离民也。且夫备有未至而设之,有至而后救之,是不相入①也,可先而不备,谓之怠;可后而先之,谓之召灾。周固羸国也,天未厌祸焉,而又离民以佐灾,无乃不可乎?将民之与处而离之,将灾是备御而召之,则何以经国?国无经,何以出令?令之不从,上之患也,故圣人树德②于民以除之。

[注释]

①相入：相杂。②树德：立德。

[译文]

"现在天子废止轻币而铸造重币，民众失去了轻币所代表的财富，能不匮乏吗？如果民众资财匮乏，天子的用度也将出现短缺，天子的用度短缺，必然会加重对民众的赋敛。民众无法供给，将会有远走他乡之心，这是离散民众啊！并且国家的物资储备有灾难未至而预先准备的，有灾难发生然后补救的，这两种储备不相混杂。可以提前储备却没有准备的叫做懈怠，可以后来补救却提前储备的叫做召灾。周本来就是弱国，上天降灾还没有到头，天子却又要使民众离散以助长灾患，恐怕不能这样做吧？王室与民众共处，天子却将民众离散，国家应该储备物资防御灾害，天子却将灾害召来，还怎么治理国家呢？国家没有善政，凭什么发布政令？民众不服从政令，这是执政者的忧患，所以圣人必对民众施行仁政，以消除不遵政令的隐患。

"《夏书》有之曰：'关石、和钧，王府则有。'①《诗》亦有之曰：'瞻彼旱麓，榛楛济济。恺悌君子，干禄恺悌。'②夫旱麓之榛楛殖，故君子得以易乐干禄焉。若夫山林匮竭，林麓散亡，薮泽肆既③，民力雕尽，田畴荒芜，资用乏匮，君子将险哀之不暇，而何易乐之有焉？

[注释]

①"关石"二句：语见伪《古文尚书·五子之歌》。石、钧为衡量单位，《汉书·律历志》云："三十斤为石，四石为钧。"关、和指对衡具量器的校正调整。②"瞻彼"四句：语出《诗经·大雅·旱麓》。旱麓，旱山之麓，旱山在今陕西南郑。恺（kǎi）悌，平易和乐。干禄，求福。③肆既：极尽。

[译文]

"《夏书》有这样的话：'校定量器，调正衡器，天子的府库就有财物。'《诗》也这样说:'看那旱山的山脚下,榛树、楛树长得多茂盛。平易和乐的君子,为大家求来福禄欢乐。'旱山山脚都树木茂密,所以君子能平易和乐为大家求福。如果山林树木稀少,守山的虞衡官员分散逃走,沼地湖泊枯竭,民众财力丧失殆尽,田园荒芜,物资财用匮乏,君子将无暇顾及危险与哀痛,哪里有什么平易和乐呢?

"且绝民用以实王府,犹塞川原①而为潢污也,其竭也无日矣。若民离而财匮,灾至而备亡,王其若之何?吾周官之于灾备②也,其所惥弃者多矣,而又夺之资,以益其灾,是去其藏而翳③其人也。王其图之!"

王弗听,卒铸大钱。

[注释]

①川原:河水源头。原,通"源"。②灾备:防灾法令。③翳:通"殪",歼灭。

[译文]

"况且使庶民资财竭尽以充实天子的府库,就好比是堵住河水源头,而围成一个死水坑,它的枯竭等不了几天。如果民众离散,财用匮乏,灾祸发生却没有储备,天子打算怎么办?我们周朝官员对于防备灾害的法令,所忽略所废弃的太多了,如果又夺走民众的资财,从而加重他们的灾难,这是抢走积蓄逼死人命啊!天子该多考虑考虑。"

天子不听劝谏,最终铸造了大钱。

单穆公谏景王铸大钟

二十三年,王将铸无射,而为之大林。①单穆公曰:"不可。

作重币以绝民资,又铸大钟以鲜其继。若积聚既丧,又鲜其继,生何以殖?且夫钟不过以动声,若无射有林,耳弗及②也。夫钟声以为耳也,耳所不及,非钟声也。犹目所不见,不可以为目也。夫目之察度也,不过步武③尺寸之间;其察色也,不过墨丈寻常之间④。耳之察和也,在清浊⑤之间;其察清浊也,不过一人之所胜。是故先王之制钟也,大不出钧⑥,重不过石⑦。律度量衡于是乎生,小大器用于是乎出,故圣人慎之。今王作钟也,听之弗及,比之不度,钟声不可以知和,制度不可以出节,无益于乐,而鲜民财,将焉用之!

[注释]

①无射:十二律之一,这里指以无射律为宫声音阶的一组编钟。大林:林钟,十二律之一,这里指以林钟律为宫声音阶的一组编钟。按照七声音阶排序原则,无射宫调编钟由无射钟、黄钟钟、太簇钟、姑洗钟、仲吕钟、林钟钟、南吕钟组成;大林宫调编钟由林钟钟、南吕钟、应钟钟、大吕钟、太簇钟、姑洗钟、蕤宾钟组成。②弗及:不能分清乐音的高低。③步武:六尺为步,三尺为武。④墨丈:五尺为墨,倍墨为丈。寻常:八尺为寻,倍寻为常。⑤清浊:高低,高音为清,低音为浊。⑥钧:通"均",调律标准发生器。⑦石:重量单位,古代以一百二十斤为一石。

[译文]

周景王二十三年,天子打算铸造一组无射宫调的编钟,并铸造一组林钟宫调的编钟与之相配。单穆公说:"不可。铸造大钱已经使庶民资财竭尽,又要铸造大钟使庶民衣食不继。如果庶民在积蓄丧尽之后,又面临衣食不继的困境,社会生产如何进行下去呢?况且编钟不过用来奏出乐声,如果无射宫调与林钟宫调相配,人的耳朵会分辨不清音的高低。钟声是敲出来给耳朵听的,耳朵分辨不清乐音的高低,就不属于合乐的钟声。就好像眼睛看不到的东西,不能说是悦目一样。眼睛能看清楚的距离,不过几寸到几尺之间;眼睛能分辨颜色的距离，不过从几尺到一丈多。人的耳朵能分辨的乐音，也有一个高低范围。能够听清声音的大钟，不会超过一个人能举起来的重量。因此先王铸造编钟，钟音律度的大小不能超出定音的均所发出的声音，钟身的重量不能超过一百二十斤。从一件钟的铸造可以体现出律度量衡的标准单位，可以比对出各种器物的大小规格，所以圣人铸钟时候非常慎重。现在您要铸造的编钟，耳朵分辨不清音的高低，大小不符合先王规定的度量，这样的编钟，敲击出来的声音不知道是否和谐，测量出来的长短轻重不可以作为法度，无益于演奏乐曲，又减少了民众的财富，这种废品没有什么用处。

"夫乐不过以听耳，而美不过以观目。若听乐而震，观美而眩，患莫甚焉。夫耳目，心之枢机①也，故必听和而视正。听和则聪，视正则明。聪则言听，明则德昭，听言昭德，则能思虑纯固。以言德于民，民歆而德之，则归心焉。上得民心，以殖义方②，是以作无不济，求无不获，然则能乐。夫耳内③和声，而口出美言，以为宪令，而布诸民，正之以度量，民以心力，从之不倦。成事不贰，乐之至也。口内味而耳内声，声味生气④。气在口为言，在目为明。言以信⑤名，明以时动。名以成政，动以殖生。政成生殖，乐之至也。若视听不和，而有震眩，则味入不精，不精则气佚，气佚则不和。于是乎有狂悖之言，有眩惑之明，有转易⑥之名，有过慝⑦之度。出令不信，刑政放纷⑧，动不顺时，民无据依，不知所力，各有离心。上失其民，作则不济，求则不获，其何以能乐，三年之中，而有离民之器二焉，国其危哉！"

[注释]

①枢机：关键，门户。②殖：树立。义方：正道。③内：通"纳"，接受。④生气：生成精气。⑤信：通"申"，申明。⑥转易：变动。⑦慝：邪

恶。⑧放纷：放任、纷繁。

[译文]

"音乐不过是给耳朵听的，美色不过是给眼睛看的。如果听到音乐后感到震耳欲聋，看到美色后感到头晕目眩，没有比这更严重的危害了。耳朵和眼睛是心灵的窗户，所以一定要听和谐的声音，看纯正的颜色。听和谐的声音才能耳聪，看纯正的颜色才能目明。耳聪才能兼听善言，目明才能德行昭明。兼听善言，德行昭明，考虑问题才能完善成熟。用善言和德行来管理民众，民众就会感恩戴德，心悦诚服。君主深得民心，树立治国正道，因此所作无不成功，所求无不获取，这时候才能感受到真正的快乐。君主耳朵听取和谐之音，口中说出嘉言善语，制作法令，颁之于民，用标准统一的度量衡器来管理社会，民众将尽心竭力地服从君主而不倦怠。君主成就治国大业，无人怀有二心，这时候才得到了最大的快乐。口中吃着美味的食物，耳中听着和谐的音乐，和声与五味在人体中生成精气。精气在口头上表现为清晰流畅的辩才，在眼睛里表现为洞察一切的目光。具有辩才可以申明号令，心明眼亮可以应时而动。号令申明可以成就政事，应时而动可以增加财富。政事成就、财富增加，这也是最大的快乐。如果听到、看到不和谐的东西，感到耳震目眩，那么美味入口就不能化生为精气，精气不生就会气血亏虚，气血亏虚就不舒和安泰。于是就会说出狂乱悖谬的无理话，干出是非不分的糊涂事，发出号令朝令夕改，规定法度充满邪气。发出的号令没有信用，量刑随意，政令繁杂，行动违背农时，民众无所依据，不知道该如何效力，各怀背离之心。君主失去民心，干什么都不能成功，求什么都不能获取，还怎么能感受到真正的快乐呢？三年之中，您铸造大钱、编钟这两种使民众离心的器物，天下已经处于危险的境地了。"

王弗听，问之伶州鸠①，对曰："臣之守官②弗及也。臣闻之，琴瑟尚宫，钟尚羽，石尚角，匏竹利制，大不逾宫，细不过羽。③夫宫，音之主也。第以及羽，圣人保乐而爱财，财以备器，乐以殖财。故乐器重者从细，轻者从大。是以金尚羽，石尚角，瓦丝尚宫，匏竹尚议，革木一声。

[注释]

①伶州鸠：名叫州鸠的王室乐官。伶，乐官。②守官：官守，为官职责。③琴瑟：弦乐器。古代乐器按材质分类有八音的说法，八音指金、石、丝、竹、匏、土、革、木。宫：五声音阶的第一级音。五声音阶由宫、商、角、徵、羽五音构成。大：低音。细：高音。

[译文]

周景王不听劝谏，又去问乐官州鸠的看法。州鸠说："我的职守管不到铸钟的事啊。我听说，琴瑟适合演奏宫调式，编钟适合演奏羽调式，编磬适合演奏角调式，笙箫以声音调利为制，可以演奏任何调式。低音乐器的声音不得低于宫调式，高音乐器的声音不得高于羽调式。宫音是五声音阶的基础音，按音阶排序最后到羽音。圣人喜欢音乐但爱惜财物，制作种类齐备的乐器是要耗费大量财物的。不过，乐声关乎风气，有助于判断农时测定年成，与增加财富也有关系。所以圣人规定高音、低音用不同性质的乐器来演奏，金石性质的重型乐器只用于演奏高音，丝土性质的轻型乐器只用于演奏低音。因此编钟适合演奏羽调式，编磬适合演奏角调式，土埙琴瑟适合演奏宫调式，笙箫则重在调试，五声皆可演奏，革鼓枳敔没有固定的音高，只有一个声调。

"夫政象乐，乐从和，和从平①。声以和乐，律以平声。金石以动之，丝竹以行之，诗以道之，歌以咏之，匏以宣之，瓦②以赞之，革木以节之，物得其常曰乐极③，极之所集曰声，声应相保曰和，细大不逾曰平。如是，而铸之金，磨之石，系之丝木，越④之匏竹，节之鼓而行之，以遂八风⑤。于是乎气无滞阴，亦无散阳，阴阳序次⑥，风雨时至，嘉生繁祉，人民和利，物备而乐成，上下不罢⑦，故曰乐正。今细过其主妨于正，用物过度妨于财，正害财匮妨于乐，细抑大陵，不容于耳，非和也。听声越远，非平也。妨正匮财，声不和平，非宗官⑧之所司也。

[注释]

①平：准确。②瓦：用土烧制的埙。③乐极：发声最准的乐器。④越：钻孔。⑤遂：顺应。八风：八方风。东风配箫管，东南风配枳敔，南风配琴瑟，西南风配土埙，西风配钟镈，西北风配石磬，北风配鼓鼗，东北风配笙。⑥序次：按次序轮替。⑦罢：通"疲"。⑧宗官：春官宗伯。

[译文]

"治理国家如同演奏音乐。优美的音乐来自于八音和谐，八音和谐来自于音律准确。十二律可以用来调准乐声，准确的乐声谱成优美的旋律。钟磬用来启动音乐，琴瑟箫管用来表现音乐，用诗句来表达情意，用歌声来咏唱诗情，用匏笙来宣泄情绪，用土埙来加强效果，用革鼓枳敔来节制旋律。各种物质找到了规律都可以制作成标准乐器，标准乐器合奏的声音就是乐声，乐声相互应和、相互调适就是和谐，高音、低音不相逾越就是音律准确。按照这种办法去铸造编钟，磨制石磬，在木上系丝成琴瑟，在匏竹上钻孔成笙箫，按比例制成大小不同的鼓鼗，演奏这些乐器，可以顺应八方风声。于是阴气不瘀滞，阳气也不散逸，阴阳二气按照时序轮替变化，风调雨顺，五谷丰登，人民和睦多利，各种物质具备，乐器齐全，天子臣民都不疲惫，兴致高昂，所以称这时的乐声为正声。现在铸造高音乐器编钟超过标准，妨害正声；使用的青铜原料太多，浪费财富。妨害正声则音乐不和，浪费财富则臣民不乐，高音拔不上去，低音压不下来，耳朵分辨不清，这就不是和谐的乐音。听起来微细迂远,这也不是准确的乐音。妨害正声,浪费财富,乐音不和谐不准确,这就不该是宗伯掌管的乐器了。

"夫有和平之声,则有蕃殖之财。于是乎道之以中德①,咏之以中音,德音不愆②,以合神人,神是以宁,民是以听。若夫匮财用,罢民力,以逞淫心,听之不和,比之不度,无益于教,而离民怒神,非臣之所闻也。"

[注释]

①中德:中庸之德。②不愆:不间断。

[译文]

"有和谐准确的乐音,才有不断增长的财富。于是以中庸之德来治理天下,积聚财富,以中和之音来咏唱美德。歌功颂德的音乐不间断,在乐声中聚会人民,祭祀神灵,神灵因此获得安宁,人民因此乐于服从。如果财用匮乏,民力疲惫,以铸造编钟来满足自己的淫乐之心,这种乐器听上去不会和谐,测量它也不合规定,无益于教化民众,反而使民众离心,使神灵生气,我没有听说过这样制作乐器的。"

王不听,卒铸大钟。二十四年,钟成,伶人告和。王谓伶州鸠曰:"钟果和矣。"对曰:"未可知也。"王曰:"何故?"对曰:"上作器,民备乐之,则为和。今财亡民罢,莫不怨恨,臣不知其和也。且民所曹①好,鲜其不济也。其所曹恶,鲜其不废也。故谚曰:'众心成城,众口铄②金。'三年之中,而害金再兴焉,惧一③之废也。"王曰:"尔老耄矣!何知?"二十五年,王崩,钟不和。

[注释]

①曹:群。②铄:熔化。③一:皆。

[译文]

周景王不听劝谏,最终铸造了编钟。景王二十四年,编钟铸成,乐官报告说钟声和谐。景王对乐官州鸠说:"结果证明,钟声是和谐的。"州鸠说:"还不可能知道。"景王问:"为什么?"回答说:"君主制作乐器,民众都很高兴,才可以说是和谐。现在财用匮乏,民力疲惫,没有人不是心怀怨恨,我不知道和谐体现在哪里。并且民众群体喜好的,很少有不能实现的;民众群体厌恶的,也很少有不被抛弃的。所以谚语说:'众志成城,众口铄金。'三年之中,您铸造大钱和编钟这两种害民的东西,恐怕都会被废弃。"景王说:"你老糊涂了,懂得什么?"二十五年,景王死,编钟音律不和谐。

刘文公与苌弘欲城周

敬王①十年,刘文公与苌弘欲城周②,为之告晋。魏献子③为政,说苌弘而与之。将合诸侯。

[注释]

①敬王:周敬王姬匄,公元前519年至前477年在位。②刘文公:周大夫刘卷,又称伯蚠。苌弘:周大夫。③魏献子:晋国正卿魏舒。

[译文]

周敬王十年,刘文公与苌弘打算修筑成周城墙作为新的都城,以此延长周朝命数,为此向霸主晋国提出请求。魏献子正担任晋国执政,他喜欢苌弘这个人,就答应了这个请求,将要会合诸侯商议筑城事。

卫彪傒①适周,闻之,见单穆公曰:"苌、刘其不殁乎?《周诗》有之曰：'天之所支，不可坏也。其所坏，亦不可支也。'②昔武王克殷，而作此诗也，以为饫歌③，名之曰'支'，以遗后之人，使永监焉。夫礼之立成者为饫，昭明大节而已，少典与焉④。是以为之日惕，其欲教民戒也。然则夫'支'之所道者，必尽知天地之为也。不然，不足以遗后之人。今苌、刘欲支天之所坏，不亦难乎？自幽王而天夺之明，使迷乱弃德，而即慆淫，以亡其百姓，其坏之也久矣。而又将补之，殆不可矣！水火之所犯，犹不可救，而况天乎？《谚》曰：'从善如登，从恶如崩。'昔孔甲⑤乱夏，四世而陨；玄王⑥勤商，十有四世而兴。帝甲⑦乱之，七世而陨。后稷勤周，十有五世而兴，幽王乱之，十有四世矣。守府之谓多，胡可兴也？夫周，高山、广川、大薮也，故能生是良材，而幽王荡以为魁⑧陵、粪土、沟渎，其有俊⑨乎？"

[注释]

①彪傒：卫国大夫。②"天之"四句：语出《周诗·支》，但不见于今本《诗经》。③饫（yù）歌：站立举行享礼时唱的歌。④少典：诗乐少，章曲威仪少。与：比类。⑤孔甲：夏朝第十四位帝王。⑥玄王：殷商王族的祖先契，其母简狄，吞玄鸟卵而生契，故称玄王。⑦帝甲：商朝第二十五位帝王祖甲。⑧魁：小丘。⑨俊：止。

[译文]

卫国大夫彪傒来到成周，听说了筑城的事，便去拜见单穆公说："苌弘、刘文公大概会不得好死吧？《周诗》有这样的句子：'上天所支持的，不可毁坏它。上天要毁坏的，也不可支持它。'从前武王打败殷商后，创作了这首诗，作为行饫礼时唱的歌，题目叫做《支》，把它送给后人，让后人永以为鉴。按礼制规定，站立举行的享礼叫做饫礼，行饫礼的目的在于昭明大节使人敬畏法式，因而所用的诗乐和章曲威仪不多，只是借此比类而已。用唱这支歌来提醒人们天天保持警惕，想以此教人戒惧兴亡。这样看来，《支》

所唱的兴亡之戒，一定是完全遵循天地作为的鉴戒。不然，这支歌不足以传留给后人。现在苌弘、刘文公想支持上天所要毁坏的，不也太困难吗？自从幽王被上天剥夺了圣明之德，使他迷惑昏乱、抛弃美德，沉溺于过度享乐，从而失去了百姓的拥戴，上天毁坏周王室已经很久了。现在打算补救它，恐怕不行吧！水灾、火灾所向，尚且无法救护，何况是天灾呢？谚语说：'学好像登山一样难，学坏像山崩一样快。'从前孔甲祸害夏朝，过了四代人夏朝就灭亡了。玄王契艰苦奋斗开创商族基业，经过十四代人建立起商朝。帝甲祸害商朝，七代人以后商朝就灭亡了。后稷艰苦奋斗开创周族基业，经过十五代人建立起周朝。幽王祸害周朝，已经过了十四代人了。现在还能守护宗庙社稷都算好的了，怎么可以指望复兴呢？周朝好比是高山、大河、大湖，所以能养育众多贤才，而周幽王却把它毁坏成丘陵、粪土、沟渠，周朝的灭亡还可能阻挡吗？"

单子曰："其咎孰多？"曰："苌叔必速及，将天以道补①者也。夫天道导可而省否，苌叔反是，以诳刘子，必有三殃②：违天，一也；反道，二也；诳人，三也。周若无咎，苌弘必为戮。虽晋魏子亦将及焉。若得天福，其当身乎？若刘氏，则必子孙实有祸。夫子而弃常法，以从其私欲，用巧变以崇③天灾，勤百姓以为己名，其殃大矣。"

[注释]

①将天以道补：将以道补天。打算以人事修补天道。②殃：罪。③崇：增长，加重。

[译文]

单穆公问："二人的灾祸谁多？"回答说："苌叔一定最快遇祸，因为他打算以人事修补天道。天道成就可行之事而消除不可行的事，苌弘违背这个原则，并欺骗刘文公，犯下了三重大罪：违背亡周的天意,是第一罪;违反慎用民力的治国之道,是第二罪;欺骗他人,是第三罪。周朝即使不发生祸灾,苌弘也一定被杀。就是晋国的魏献子也将跟着遇害。如果他得到上天福佑,大概灾祸会及身而止吧?至于刘文公,灾祸一定会波及他的子孙。他作为卿士却抛弃王室常法,放纵私欲,以迁都的权变加重了天灾,使百姓从事筑城的苦役来成就自己挽救周朝的名声,他的罪很大啊!"

是岁也,魏献子合诸侯之大夫于狄泉①,遂田于大陆②,焚而死,及范、中行之难③,苌弘与之,晋人以为讨,二十八年,杀苌弘。及定王,刘氏亡。

[注释]

①狄泉:水名,在今河南洛阳东郊。②大陆:大陆泽,在今河北任县东北,已淤为洼地。③范、中行之难:公元前497年至前492年,晋卿范吉射、中行寅争权作乱。

[译文]

这一年,魏献子在狄泉会合各个诸侯国的大夫商议筑城,随后到大陆泽行猎,在放火驱赶野兽时,魏献子被猎火烧死。到晋国发生范氏、中行氏叛乱时,苌弘牵连其中,晋国人为此问罪王室,周敬王二十八年,王室杀苌弘以塞责。到周定王时期,刘文公家也败亡了。

鲁语上

曹刿问战

长勺①之役,曹刿问所以战于庄公②。公曰:"余不爱③衣食于民,不爱牲玉于神。"对曰:"夫惠本④而后民归之志,民和而后神降之福。若布德于民而平均其政事,君子务治而小人务力;动不违时,财不过用;财用不匮,莫不能使共祀⑤。是以用民无不听,求福无不丰。今将惠以小赐,祀以独恭⑥。小赐不咸,独恭不优。不咸,民不归也;不优,神弗福也。将何以战?夫民求不匮于财,而神求优裕于享者也。故不可以不本⑦。"公曰:"余听狱虽不能察,必以情⑧断之。"对曰:"是则可矣。知夫苟中心图民⑨,智虽弗及,必将至⑩焉。"

[注释]

①长勺:鲁地,殷遗民长勺氏所居地区。②曹刿:鲁国平民,因在长勺之战中立下功劳而升任鲁大夫。庄公:鲁庄公姬同,公元前693年至前662年在位。③爱:吝惜。④本:俞樾《群经平议·国语》以为"本"乃"大"字之误,可从。⑤共祀:供给祭品。⑥独恭:独自提供祭品以表达对神灵的恭

顺。⑦本：当作"大"。⑧情：案情，实情。⑨苟：只要。图：谋划。⑩至：达到。

[译文]

齐鲁长勺之战前，曹刿问鲁庄公凭什么敢与齐国开战。庄公说："我对民众施恩惠从不吝惜衣食，我祭祀神灵从不吝惜牺牲玉帛。"回答说："大施恩惠，然后民众才归附君主，与君同心；民众和睦，然后神灵才会降福。如果已经对民众遍施恩德，并且公平均等地处理政事，使君子尽心治民，让小人尽力劳作；国务活动不违背农时，财政费用不超额支出；民众财用不缺乏，无不能为国君提供祭品。做到了这样，则使用民力，民无不听从；向神求福，神赐无不丰厚。现在施加给民众的只是小恩小惠，献祭给神灵的只是君主独自的恭顺。小恩小惠与民众的期待相比是不完备的，独自献祭的恭顺对鬼神来说是不优裕的。恩惠不完备则民众不归附，祭品不优裕则神灵不降福。将靠什么去打仗呢？民众所要求的是财用不乏，神灵所要求的是祭品丰盛。所以不能不大施恩惠。"庄公说："我审理诉讼案件虽然不能明察秋毫，但一定凭案情审断。"回答说："这件事可以作为开战的依靠了。由此可知，只要心中在为民众谋虑，即使才智有所欠缺，也一定能得到民众支持，达到他的目标。"

曹刿谏庄公如齐观社

庄公如齐观社①。曹刿谏曰："不可。夫礼，所以正②民也。是故先王制诸侯，使五年四王③、一相朝。终④则讲于会，以正班爵之义，帅长幼之序，训上下之则，制财用之节，其间无由荒怠。夫齐弃太公之法而观民于社，君为是举而往观之，非故业⑤

也,何以训民?土发⑥而社,助时也。收捃而蒸⑦,纳要⑧也。今齐社而往观旅⑨,非先王之训也。天子祀上帝,诸侯会之受命焉。诸侯祀先王、先公,卿大夫佐之受事焉。臣不闻诸侯相会祀也,祀又不法。君举必书,书而不法,后嗣何观?"公不听,遂如齐。

[注释]

①社:社祭。选定一株树让土地神凭附其上,这就是社树。面对社树举行祭祀土地神的仪式叫做社祭。②正:治理。③四王:四次朝聘天子。④终:末了,指五年满了。⑤故业:先例。⑥土发:地气上升。⑦收捃:收获、收拾。蒸:指冬祭。⑧纳要:收藏五谷,结束农功。⑨观旅:观看人潮。

[译文]

鲁庄公要到齐国去观看祭社典礼。曹刿劝谏说:"不可。礼是用来治理民众建立秩序的。因此先王为诸侯制定礼仪,要求诸侯五年之中通使聘问天子四次,诸侯之间互相访问一次。五年之终,诸侯集会于王室讲习礼仪,通过朝会礼来排定朝位,以朝位确认诸侯爵位的高低,排定年龄的大小,讲明区分尊卑上下的原则,制定向王室贡纳多少的标准,朝会之间没有荒闲懈怠的余暇。齐国抛弃太公望治民的礼法而通过社祭检阅民众,您又为着这次社祭而亲往观看,这些都不符合惯例,您以后如何训导民众呢?大地解冻,地气上升时节举行春社,这是为了帮助春天到来以有利于农事开展。秋天收获庄稼后举行冬祭,这是为了催促人们收藏五谷,结束农功。现在齐国祭祀社神,您去观看人潮,不符合先王的训令。天子祭祀上帝,诸侯前往助祭,以接受天子下达的命令。诸侯祭祀先王、先公,卿大夫前往助祭,以接受诸侯分配的职事。我没有听说过诸侯为观看祭神而相会,何况齐国的春社又不合法度。国君的一举一动都会记录在史册中,如果记录的事情不符合法度,后世子孙会怎么看呢?"庄公不听,还是去了齐国。

臧文仲如齐告籴

鲁饥,臧文仲[1]言于庄公曰:"夫为四邻之援,结诸侯之信,重之以婚姻,申之以盟誓,固国之艰急是为。铸名器,藏宝财,固民之殄病是待。今国病矣,君盍以名器请籴于齐[2]?"公曰:"谁使?"对曰:"国有饥馑,卿出告籴,古之制也。辰也备卿,辰请如齐。"公使往。

[注释]

①臧文仲:鲁卿臧孙辰。②盍:何不。籴:购粮。

[译文]

鲁国发生饥荒,臧文仲报告庄公说:"订立四方邻国互相援救的条约,结交诸侯送上表示信守诺言的礼物,又用通婚来加强条约,用盟誓来重申诺言,本来都是为了解救国家突然发生的危难。铸造名贵的礼器,储藏珍贵的玉帛,本来都是准备应用于民众出现灾难的时候。现在国家有难,您何不拿出名贵的礼器去向齐国请求购买粮食呢?"庄公问:"派谁去呢?"回答说:"国家有饥荒发生,卿出国请求购买粮食,这是自古相传的制度。我担任鲁卿,请派我到齐国去。"庄公派他前往。

从者曰:"君不命吾子,吾子请之,其为选事[1]乎?"文仲曰:"贤者急病而让夷[2],居官者当事不避难,在位者恤民之患,是以国家无违。今我不如齐,非急病也。在上不恤下,居官而惰,非事君也。"

[注释]

①选事:找事。②急病:危难时刻急人之难。让夷:太平时期为人谦让。

[译文]

随从说:"国君没有指派您出使齐国,您却自己请求前往,这应该是自找多事吧!"臧文仲说:"贤明的人在危难时刻热心助人,而在太平时期谦恭退让,担任官职的人遇事不避艰难,处在高位的人怜悯民众的苦难,这样做国家就不会上下交怨。现在我不主动到齐国去,就不是热心救助危难了。如果处于卿位却不怜惜民众,担任官职却只想偷懒,这不是侍奉君主该有的行为。"

文仲以鬯圭与玉磬如齐告籴①,曰:"天灾流行,戾②于弊邑,饥馑荐降③,民赢几卒,大惧乏周公、太公之命祀,职贡业事之不共而获戾④。不腆先君之币[敝]器⑤,敢告滞积,以纾⑥执事,以救弊邑,使能共职。岂唯寡君与二三臣实受君赐,其周公、太公及百辟神祇实永飨而赖之!"齐人归其玉而予之籴。

[注释]

①鬯圭:酌取鬯酒的圭瓒。玉磬:玉质编磬。②戾:至。③荐降:连续降临。④职贡:按职责该承担的贡赋。业事:按惯例该做的事。共:供。戾:罪。⑤腆:丰厚。币:公序本作"敝"。⑥纾:缓解。

[译文]

臧文仲带着鬯圭和玉磬到齐国请求购粮,说:"天灾流行,灾祸降临鲁国,我国遇到了连年饥荒,民众饥饿生病,快死光了,我们非常担心周公、太公法定的祭祀从此短缺,担心鲁国该给天子的贡品和所承担的职事无法供给,从而获罪。敢向贵献上我们先君微薄的礼器,冒昧地请求购买仓库陈粮,以减轻你们仓储官员的负担,以救助我国的饥荒,使我们能继续承担天子安排的工作。哪里只有我们国君与几个大臣蒙受您恩赐,就是周公、太公以及鲁国历代祖先和天地神祇都因此而长久享受祭祀、蒙受您的恩惠。"齐人退还玉器,答应出售粮食。

展禽使乙喜以膏沐犒师

齐孝公①来伐鲁,臧文仲欲以辞告,病焉,问于展禽②。对曰:"获闻之,处大教小,处小事大,所以御乱也,不闻以辞。若为小而崇,以怒大国,使加己乱,乱在前矣,辞其何益?"文仲曰:"国急矣!百物唯其可者,将无不趋也。愿以子之辞行赂③焉。其可赂乎?"

[注释]

①齐孝公:齐桓公之子孝公姜昭,公元前642年至前633年在位。②展禽:鲁大夫展获,字禽,私谥惠。因居柳下,又以柳下为氏,后人称柳下惠。③赂:财宝。

[译文]

齐孝公来攻打鲁国,鲁卿臧文仲想以文辞劝退敌军,却难于措辞,就向展禽请教。展禽回答说:"我听说,身处大国的要主动教谕小国,身处小国的要自觉侍奉大国,这是用来制止祸乱的办法,没有听说过用文辞去制止战争的。如果作为小国却自高自大,从而激怒大国,使得大国用战乱来惩罚自己,战乱的起因在事发之前,现在说好话还有什么用处呢?"臧文仲说:"国家已经到了危险的时候了!各种东西,只要是可以用来阻挡敌军的,将无不用上。现在希望能用你的文辞作为劝退敌军的法宝,或许真是可以退敌的法宝呢?"

展禽使乙喜以膏沐犒师①,曰:"寡君不佞,不能事疆埸②之司,使君盛怒,以暴露于弊邑之野,敢犒舆师。"齐侯见使者曰:"鲁国恐乎?"对曰:"小人恐矣,君子则否。"公曰:"室如悬磬,野无青草，何恃而不恐？"对曰："恃二先君之所职业③。昔者成王命我先君周公及齐先君太公曰：'女股肱周室，以夹辅先王。赐女土地，质④之以牺牲，世世子孙无相害也。'君今来讨弊邑之罪，其亦使听从而释之，必不泯其社稷；岂其贪壤地，而弃先王之命？其何以镇抚诸侯？恃此以不恐。"齐侯乃许为平而还。

[注释]

①乙喜：展喜，字乙。膏沐：洗发用品。②疆埸（yì）：国界，边界。③职业：职责、职事。④质：以物相赘为质，此处指以献给神灵的牺牲为抵押，以保证盟誓信实有效。

[译文]

展禽让展喜带着洗发品去慰劳齐军，对齐君说："我们国君不才，不能侍奉好边境上的官员，使得您大怒，以至于露宿在我国的郊外，我请求慰劳众位将士。"齐侯召见使者问："鲁国人害怕吗？"回答说："小人害怕了，君子却不害怕。"齐孝公问："鲁国府库空虚如同空悬的编磬，田野荒芜连青草都没有，还仗恃什么而不害怕？"回答说："我们仗恃的是齐、鲁两国先君所接受的职责与使命。从前周成王命令我先君周公和齐国先君太公说：'你们作为王室的股肱之臣，曾在左右辅助武王。现在赐给你们土地，以牺牲祭神，在神前盟誓，要求神灵保证你们保有封地，世世代代的子孙不互相伤害。'现在您亲自来责问鲁国的罪过，应该也是要让鲁国听从成王的遗训，然后才解除攻击，一定不会灭亡鲁国；您哪里会贪图鲁国的土地，从而废弃先王的命令呢？那样做还怎么去镇慑、安抚各个诸侯呢？鲁国君子仗恃这个道理而不怕。"齐孝公于是答应与鲁国讲和然后回国。

臧文仲说僖公请免卫成公

温之会，晋人执卫成公归之于周，使医鸩之①，不死，医亦不诛。

[注释]

①使医鸩之：《左传·僖公三十年》记载"晋侯使医衍鸩卫侯"。鸩，一种羽毛有毒的鸟。将它的羽毛浸在酒中，可以制成鸩酒，人饮之立死。

[译文]

在温地盟会期间，晋人把卫成公抓起来并押送到周王城，派医生用鸩酒下毒，没有毒死，医生也没有因此被杀。

臧文仲言于僖公曰："夫卫君殆①无罪矣。刑五而已，无有隐者，隐乃讳也。大刑用甲兵②，其次用斧钺，中刑用刀锯，其次用钻笮③，薄刑用鞭扑④，以威民也。故大者陈之原野，小者致之市朝，五刑三次⑤，是无隐也。今晋人鸩卫侯不死，亦不讨其使者，讳而恶杀之也。有诸侯之请，必免之。臣闻之：班相恤也，故能有亲。夫诸侯之患，诸侯恤之，所以训民也。君盍请卫君以示亲于诸侯，且以动晋？夫晋新得诸侯，使亦曰：'鲁不弃其亲，其亦不可以恶。'"公说，行玉二十珏⑥，乃免卫侯。

[注释]

①殆：大概。②甲兵：军队。③钻：膑刑，用钻子去掉膝盖骨。笮：通"凿"，黥刑，在脸上刺字。④扑：戒尺。⑤三次：原野、市、朝三处地方。⑥珏：一对白玉。

[译文]

臧文仲对鲁僖公说："卫君大概没有犯罪吧。王室规定的刑罚只有五种，没有暗中下毒这一项。采用暗中下毒的手段就说明对公开处罚有忌讳。大刑是用军队讨伐，剪灭族类；其次是斧钺加身，斩首治罪；中刑是刀割锯断，截解肢体；其次是钻骨刺肤，留下残疾；轻刑是用皮鞭和戒尺抽打，加以羞辱。施行这些刑罚都是为了震慑臣民。所以诸侯受刑，要陈尸原野，大夫受刑，要陈尸朝廷，士庶受刑，要陈尸街市。五种刑罚，分三个地方施行，但没有暗中毒杀这一项。现在晋人给卫侯下鸩毒却没有毒死他，也不追究下毒者的责任，这是由于忌讳公开处罚，害怕担上谋杀诸侯的名声。如果有诸侯替卫侯求情，晋国一定会赦免卫侯。我听说，位阶相同的人相互体恤，就能够加深亲情。诸侯有了灾难，诸侯间相互救助，这是训导臣民的方式。您何不为卫君求情，以此向诸侯们表示亲近，并以此打动晋侯之心呢？晋国新近称霸诸侯，可以使它产生这种看法：'鲁国不背弃亲情，晋国不可以厌弃它。'"鲁僖公听后感到高兴，就拿出白玉二十对作为献礼，使卫侯免罪回国。

自是晋聘于鲁，加于诸侯一等，爵同①，厚其好货②。卫侯闻其臧文仲之为也，使纳赂焉。辞曰："外臣之言不越境，不敢及君。"

[注释]

①爵同：爵位与晋国相同的诸侯国。②好货：表示友好的礼物。

[译文]

从此以后，晋国聘问鲁国，比对待其他诸侯的礼仪规格高一等。爵位与鲁国相同的诸侯国，在与晋国的交往中都获得格外优厚的赠礼。卫侯听说自己获释是出于臧文仲的建议，便派使臣送来厚礼。臧文仲推辞说："作为外臣，我说的话不能越过鲁国的国境，不敢与卫君有联络。"

展禽论祭爰居非政之宜

海鸟曰"爰居"，止于鲁东门之外三日，臧文仲使国人祭之。展禽曰："越①哉，臧孙之为政也！夫祀，国之大节也；而节，政之所成也。故慎制祀以为国典。今无故而加典，非政之宜也。

[注释]

①越：迂阔。

[译文]

一种叫做"爰居"的海鸟在鲁国国都东门外歇息三天了，臧文仲要国都中的人祭祀爰居。展禽说："臧文仲处理政事真是迂阔啊！祭祀是国家的重要制度，制度是行政有成的保证。所以要谨慎地确定祭祀的制度，作为国家大法。现在无故增加对海鸟的祭祀，这不是合宜的政治决策。

"夫圣王之制祀也，法施于民则祀之，以死勤事则祀之，以劳定国则祀之，能御大灾则祀之，能捍大患则祀之。非是族①也，不在祀典。昔烈山氏②之有天下也，其子曰柱，能殖百谷百蔬；夏之兴也，周弃继之，故祀以为稷。共工氏之伯九有也③，其子曰后土，能平九土，故祀以为社。黄帝能成命百物④，以明民⑤共财，颛顼能修之。帝喾能序三辰以固民⑥，尧能单均刑法以仪民⑦，舜勤民事而野死，鲧障洪水而殛⑧死，禹能以德修鲧之功，契为司徒而民辑⑨，冥勤其官而水死，汤以宽治民而除其邪⑩，稷勤百谷而山死，文王以文昭，武王去民之秽⑪。故有虞氏禘黄帝而祖颛顼，郊尧而宗舜；夏后氏禘黄帝而祖颛顼，郊鲧而宗禹；商人禘舜而祖契，郊冥而宗汤；周人禘喾而郊稷，祖文王而宗武王；幕，能帅颛顼者也，有虞氏报焉；杼，能帅禹者也，夏后氏报焉；上甲微，能帅契者也，商人报焉；高圉、大王，能帅稷者也，周人报焉。凡禘、郊、祖、宗、报，此五者国之典祀也。

[注释]

①族：类。②烈山氏：炎帝之号。③共工氏：共工族所建立的国家。伯：霸，领有。九有：九州。④黄帝：中原各族的共同祖先，姬姓，号轩辕氏，有土德之瑞，称黄帝。成命：制定名称。命，名。⑤明民：使民众头脑清楚不迷惑。⑥序三辰：掌握日、月、星的运行规律。固民：安民。⑦单均：尽力均平。单，通"殚"，尽。仪民：使民众守法。仪，准。⑧殛：诛杀。⑨辑：和睦。⑩邪：邪恶，指夏桀。⑪秽：污秽，指殷纣。

[译文]

"前代圣王制定祀典的原则是：为民众创制法规带来利益的人就祭祀他，勤于国事以身殉职的人就祭祀他，建立功劳安定国家的人就祭祀他，能够防御天灾的人就祭祀他，能够抵挡人祸的人就祭祀他。不是这几类人，不能列在祀典中。从前烈山氏有天下的时候，他的后代叫做柱的，能教民种植各种谷物和果蔬；夏朝兴起的时候，周弃能接续柱的职事，所以这二人被当做稷神来祭祀。共工氏称霸九州的时候，他的后代叫做后土的，能够平治九州水土，所以被当做社神来祭祀。黄帝能为各种事物制定名称，使民众不迷惑，共享各种天生的财物；颛顼能接续黄帝的功业；帝喾能按照日、月、星三辰的运行规律制定指导生产、生活的历法，从而使民众安定；尧能尽力使刑法公正，从而使民众守法向善；舜勤于民事而死于荒野；鲧因为筑堤坝堵洪水造成巨大损失而被杀死；禹能靠认真负责的精神继续完成父鲧治水的事业；契担任司徒教化民众使民众和睦；冥为水官勤于职事死在治水岗位上；汤以宽大的政策治理民众，铲除了夏桀的邪恶统治；稷勤于种植百谷，累死在山头上；周文王以文德著称，周武王除掉了民众讨厌的商纣。所以有虞氏禘祭黄帝、祖祭颛顼、郊祭尧、宗祭舜；夏后氏禘祭黄帝、祖祭颛顼、郊祭鲧、宗祭禹；商人禘祭舜、祖祭契、郊祭冥、宗祭汤；周人禘祭喾、郊祭稷、祖祭文王、宗祭武王。虞幕是能遵循颛顼功业的人，有虞氏报祭他；杼是能遵循禹的功业的人，夏后氏报祭他；上甲微是能遵循契的功业的人，商人报祭他；高圉、亚圉能遵循稷的功业，周人报祭他们。共计禘、郊、祖、宗、报这五种祭祀属于国家的祭祀大典。

"加之以社稷山川之神，皆有功烈于民者也；及前哲令德之人，所以为明质①也；及天之三辰②，民所以瞻仰也；及地之五行③，所以生殖也；及九州名山川泽，所以出财用也。非是不在祀典。

[注释]

①明质：表明人类对美善的忠诚。质，信诚。②三辰：日、月、星。③五行：金、木、水、火、土。

[译文]

"再加上社神、稷神、山川之神，这些都是对民众有功德的神灵；加上前代圣哲以及具有美好德行的人，祭祀他们以表明人类对美、善的忠诚；加上天上的日、月、星三辰神灵，这三辰是供民众仰望以计算时间的；加上地上的金、木、水、火、土五行，祭祀它们以促进生殖繁衍；加上九州的高山大河，它们是产出财货用度的地方。不在这些类别中，就不能入祀典。

"今海鸟至，己不知而祀之，以为国典，难以为仁且智矣。夫仁者讲功①，而智者处物②。无功而祀之，非仁也；不知而不能问，非智也。今兹海其有灾乎？夫广川③之鸟兽，恒知避其灾也。"

[注释]

①讲功：考校事功。②处物：辨察名物。③广川：指大海。

[译文]

"现在有海鸟飞来,自己没见过就去祭祀它,还想把这种祭祀作为国家祀典,这实在很难称作是仁爱而明智的决定啊!仁爱的人考校事功大小,明智的人辨察事物名实,海鸟没有什么功劳却祭祀它,这是不仁;不认识海鸟又不能多方询问,这是不智。今年大海可能会有灾害发生吧?大海中的鸟兽常能预知海难并事先躲避。"

是岁也,海多大风,冬煖。文仲闻柳下季之言,曰:"信吾过也,季子之言不可不法也。"使书以为三策①。

[注释]

① 三策:三份复本。

[译文]

这一年,海上多大风,冬天也不冷。臧文仲听了展禽的话后,说:"这确实是我的过错,展禽的话不可不树为法则。"让人将展禽的话记下来,抄写了三份加以保存。

里革更书逐莒太子仆

莒太子仆弑纪公①,以其宝来奔。宣公使仆人以书命季文子曰②:"夫莒太子不惮以吾故杀其君,而以其宝来,其爱我甚矣。为我予之邑。今日必授,无逆命矣。"里革③遇之,而更其书曰:"夫莒太子杀其君而窃其宝来,不识穷固又求自迩④,为我流之于夷。今日必通,无逆命矣。"明日,有司复命,公诘之。仆人以里革对。公执之,曰:"违君命者,女亦闻之乎?"对曰:"臣以死奋笔,奚啻其闻之也!臣闻之曰:'毁则者为贼,掩贼者为藏,窃宝者为宄,用宄之财者为奸⑤',使君为藏奸者,不可不去也。臣违君命者，亦不可不杀也。"公曰："寡人实贪，非子之罪。"乃舍之。

[注释]

①莒：嬴姓国，在今山东莒县。纪公：莒纪公庶其。②宣公：鲁宣公姬倭，一名接，公元前608年至前591年在位。仆人：官名，掌管迎接宾客的近侍。季文子：鲁国正卿季孙行父。③里革：鲁太史里克。④穷固：鄙陋。迩：亲近。⑤宄：内贼。奸：外贼。《国语·晋语六·长鱼矫胁栾中行》云："乱在内为宄，在外为奸。"

[译文]

莒国太子嬴仆杀了君父莒纪公，带着国宝逃到了鲁国。鲁宣公派仆人带着诏书去命令季文子说："莒太子不惜为了我的缘故而杀掉他的君父，又带着国宝来投奔我，他确实是非常爱我的。替我赐予他城邑，今天一定要授予他，不要违抗我的命令。"里革碰到仆人，改动宣公的诏书，写道："莒太子杀死他的君父，又偷窃国宝来到鲁国，不自知其鄙陋反而想亲近我，替我把他流放到东夷地区，今天一定要赶他上路，不要违抗我的命令。"第二天，司寇来报告命令的执行情况，宣公追究事情原委，仆人把里革改动诏书的情况招了出来。宣公把里革抓起来，审问他说："违抗君命犯了什么罪，你听说过吗？"里革回答说："我是拼着一死去改写诏书的，哪里只是听说过犯什么罪？我听说：'破坏法则的人犯强盗罪，隐藏强盗的人犯窝藏罪，偷窃主人财宝的人犯偷盗罪，使用偷盗宝物的人犯诈伪罪。'让国君犯下窝藏罪、诈伪罪的人，不能不赶走他。我是篡改君主命令的人，也不能不杀。"宣公说："我太贪心了，这不是你的罪过。"于是将里革释放。

里革断宣公罟而弃之

宣公夏滥于泗渊①，里革断其罟②而弃之，曰："古者大寒降,土蛰发,水虞于是乎讲罛罶③,取名鱼,登川禽④,而尝之寝庙,行诸国,助宣气也。鸟兽孕,水虫成,兽虞于是乎禁罝罗,猎⑤鱼鳖以为夏槁,助生阜也。鸟兽成,水虫孕,水虞于是乎禁罝𥲤麗⑥,设穽鄂⑦,以实庙庖,畜功用也。且夫山不槎蘖⑧,泽不伐夭,鱼禁鲲鲕⑨,兽长麑𪊦⑩,鸟翼鷇卵⑪,虫舍蚳蝝⑫,蕃庶物也,古之训也。今鱼方别孕,不教鱼长,又行网罟,贪无艺⑬也。"

[注释]

①滥:在水中设拦截网。泗:泗水,发源于今山东泗水县陪尾山,流经曲阜、兖州,在济宁东南入运河。②罟:网。③讲:检修。罛罶(gū liǔ):渔网、鱼笼。④川禽:鳖蜃之属。⑤猎(cuò):用鱼叉刺取。⑥𥲤麗(zhǔ lù):小眼渔网。⑦穽:陷阱。鄂:柞格。⑧槎(chá):砍伐。蘖(niè):嫩枝。⑨鲲鲕(kūn ér):小鱼。⑩麑𪊦(ní yǎo):小鹿小麋。⑪翼:保护。鷇(kòu):幼鸟。⑫蚳蝝(chí yuán):蚁卵幼蝗。⑬艺:极限。

[译文]

鲁宣公夏天的时候在泗水深处撒下了拦河渔网,里革割断渔网,丢在岸边,说:"古时候大寒过后,在土壤中冬眠的蛰虫苏醒过来,这时候,掌管川泽禁令的水虞就要检修渔网、鱼笼,捞取大鱼,捕捉鳖蜃,作为宗庙中尝新的祭品,然后在全国开放渔禁,以此帮助阳气宣泄。春季鸟孵卵兽怀孕,鱼鳖长成,这时候,掌管山林禁令的兽虞就要禁止张设罗网捕鸟兽,只允许用鱼叉刺取鱼鳖,制作成夏天食用的肉干,以此帮助鸟兽繁殖。孟夏鸟兽长大,鱼鳖产仔,这时候,水虞就要禁止用小眼渔网捕鱼,只准挖设陷阱安装柞格捕兽,以此为宗庙祭献和厨房烹饪提供牺牲,而把小鱼养在河里等它们长大后再取来享用。并且,在山上不得砍伐嫩枝幼树,在湖泽不得割取初生草木,捕鱼禁捞鱼苗,猎兽放走幼兽,保护孵卵育雏的鸟,不吃蚁卵幼蝗,从而使自然界的各种生物都繁衍生息,这是自古相传的教训。现在，鱼正分群产卵，您不让鱼儿长大，又要撒网捕捞，真是贪得无厌。"

公闻之，曰："吾过而里革匡我，不亦善乎！是良罟也，为我得法。使有司藏之，使吾无忘谂①。"师存②侍，曰："藏罟不如置里革于侧之不忘也。"

[注释]

①谂（shěn）：劝告。②师存：名存的乐师。

[译文]

鲁宣公听后，说："我犯了错误，里革纠正我，这不是很好吗？这是张好渔网，它使我懂得了渔猎法则。要主管官员把它收藏好，因为它使我不敢忘记里革的劝告。"名存的乐师侍坐在侧，说："收藏破渔网在库房，不如安排里革在身边，更不容易忘记他的劝告。"

子叔声伯辞邑

子叔声伯①如晋谢季文子，郤犨②欲予之邑，弗受也。归，鲍国③谓之曰："子何辞苦成叔之邑，欲信④让耶，抑知其不可乎？"对曰："吾闻之，不厚其栋，不能任重。重莫如国，栋莫如德。夫苦成叔家欲任两国而无大德，其不存也，亡无日矣。譬之如疾，余恐易⑤焉。苦成氏有三亡：少德而多宠，位下而欲上政，无大功而欲大禄，皆怨府⑥也。其君骄而多私，胜敌⑦而归，必立新家⑧。立新家，不因民不能去旧；因民，非多怨民无所始。为怨三府，可谓多矣。其身之不能定，焉能予人之邑！"鲍国曰："我信⑨不若子，若鲍氏有衅，吾不图矣。今子图远以让邑，必常立矣。"

[注释]

①子叔声伯:鲁大夫公孙婴齐,又称仲婴齐。②郤犨(chòu):晋国下卿,字叔,封于苦成,故称苦成叔。③鲍国:即鲍文子,鲍叔牙玄孙,离齐奔鲁,为鲁大夫施孝叔的家臣。④信:通"申",申明。⑤易:延及。⑥怨府:怨恨丛集之处。⑦胜敌:公元前575年晋败楚于鄢陵。⑧新家:新的卿大夫。⑨信:确实。

[译文]

鲁大夫子叔声伯到晋国去为鲁卿季文子谢罪,晋卿郤犨想为他向鲁成公请求城邑,声伯不接受。回国后,鲍国问他说:"您为什么要辞谢郤犨为您请邑的好意呢?是想表明自己谦让,还是知道这事不可能办成?"回答说:"我听说,栋梁不粗大,就不能承受屋脊的重压。没有比一个国家更沉重的分量,没有比道德更粗大的栋梁。郤犨作为晋卿想负担晋、鲁两国之政,自身却没有崇高的道德,他的权力快保不住了,离毁灭没有几天了。他就好比是传染病,我担心受传染。郤犨有三个败亡的因素:缺德却受君主宠信,位在下卿却想干预执政,没有立下大功却想享有高官厚禄,这些都是招怨的地方。晋厉公骄纵又多私宠,刚刚在鄢陵打败楚军班师回朝,一定会提拔宠爱之人为新的卿大夫。要立新的卿大夫,不借助民众的力量就不能赶走旧的卿大夫,要借助民众力量,不是让民众非常怨恨的卿大夫就无法让民众动手。郤犨有三个招怨的地方,可以说是让人非常怨恨了。他连自己的身家性命都不能保定,哪里还能给别人请求到封邑!"鲍国说:"我确实比不上您。如果鲍家有发生灾祸的征兆,我是无法预先做出安排的。现在您深谋远虑,辞谢城邑,一定会长久地确立在鲁国的地位。"

里革论君之过

晋人杀厉公,边人以告,成公在朝。公曰:"臣杀其君,谁之过也？"大夫莫对，里革曰："君之过也。夫君人者，其威大矣。失威而至于杀，其过多矣。且夫君也者，将牧民而正其邪者也，若君纵私回①而弃民事，民旁有慝无由省之②，益邪多矣。若以邪临民，陷而不振③。用善不肯专，则不能使，至于殄灭而莫之恤也，将安用之？桀奔南巢，纣踣④于京，厉流于彘，幽灭于戏，皆是术也。夫君也者，民之川泽也。行而从之，美恶皆君之由，民何能为焉。"

[注释]

①私回：个人邪恶。②旁：广，普遍。慝：邪恶。省：监察。③陷而不振：国政陷于败坏，一蹶不振。④踣（bó）：毙，灭亡。

[译文]

晋国人杀掉了晋厉公，守卫鲁国边疆的人迅速把情报上报朝廷，鲁成公当时正在升朝。成公问："臣子杀死国君，这究竟是谁的过错呢？"没有哪个大夫作出回答。里革说："这是国君的过错。治民的君主，他的权威是很大的。自己丧失权威以至于被人杀死，他的过错肯定很多。并且国君的责任就是管理民众并纠正他们邪僻不轨的行为，如果国君放纵个人邪念，抛弃民事治理，民众普遍犯法作恶却没有谁来监察，邪恶行径就会更多了。如果国君再用邪恶的办法治民，国政就会陷于败坏，一蹶不振。晋厉公不能专一地任用贤臣，不能正常地役使民众，最终落得身死名灭而无人顾惜，这样的国君哪里还用得着呢？夏桀逃奔到南巢，殷纣覆灭于朝歌，周厉王逐死在彘邑，周幽王亡身于戏亭，都是犯了同样的过错。国君好比是川泽，民众好比是鱼鳖，君行民从，善恶都取决于国君，民众能干出什么事呢？"

季文子论妾马

季文子相宣、成，无衣帛之妾，无食粟之马。仲孙它①谏曰："子为鲁上卿，相二君矣，妾不衣帛，马不食粟，人其以子为爱②，且不华③国乎！"文子曰："吾亦愿之。然吾观国人，其父兄之食粗而衣恶者犹多矣，吾是以不敢。人之父兄食粗衣恶，而我美妾与马，无乃非相人者乎！且吾闻以德荣为国华，不闻以妾与马。"

[注释]

①仲孙它：鲁大夫子服它，又称子服孝伯。孟献子仲孙蔑之子。②爱：吝啬。③华：体面光彩。

[译文]

季文子辅佐过鲁宣公、鲁成公两代国君，家中却没有妻妾穿丝绸衣服，没有乘马喂养粮食。仲孙它劝他说："您作为鲁国上卿，已经辅佐过两代国君，却让妻妾不穿丝绸衣服，乘马不喂粮食，人们会认为您个性吝啬，而且这也使鲁国有失体面。"季文子说："我也希望妻妾穿丝绸衣服，乘马喂养粮食。但我看到国人父兄吃着粗劣食物穿着破衣烂衫的还很多，我因此不敢那样做。国人父兄吃粗劣食物穿破衣烂衫，我却把妻妾、乘马养得那样好，这恐怕不是辅佐国君的大臣该做的事。况且我听说只能把高尚的道德看做是国家的体面，没有听说把打扮妻妾、养肥乘马当做国家体面的。"

文子以告孟献子，献子囚之七日。自是，子服之妾衣不过七升之布①，马饩不过稂莠②。文子闻之曰："过而能改者，民之上也。"使为上大夫。

[注释]

①升：表示布料精粗的度量单位，八十缕为一升。古人织布，标准幅宽为二尺二寸，在此幅宽之内，线缕越少，布料越粗，线缕越多，布料越细。古人常服用十六升之细布，即在二尺二寸幅宽内排列一千二百八十根线缕。七升之布则只有五百六十根线缕，为粗布。②马饩（xì）：马料。稂莠（láng yǒu)：杂草。

[译文]

季文子把仲孙它的话转告其父孟献子，孟献子将他关押了七天。从此之后，仲孙它妻妾的衣服不过用七升的布缝成，马料不过由杂草构成。季文子听后说："有过错而能够改正，这就是人上人。"让仲孙它做了鲁国的上大夫。

鲁语下

诸侯伐秦鲁人以莒人先济

诸侯伐秦,及泾①莫济。晋叔向见叔孙穆子曰②:"诸侯谓秦不恭而讨之,及泾而止,于秦何益?"穆子曰:"豹之业,及《匏有苦叶》③矣,不知其他。"叔向退,召舟虞与司马,曰:"夫苦匏不材于人,共济而已。鲁叔孙赋《匏有苦叶》,必将涉矣。具舟除隧④,不共有法。"是行也,鲁人以莒人先济,诸侯从之。

[注释]

①泾:泾水,发源于宁夏,流入陕西。②叔向:晋大夫。叔孙穆子:鲁卿叔孙豹,谥穆,又称穆叔。③《匏有苦叶》:《诗经·邶风》中的一篇。④隧:道路。

[译文]

诸侯联军讨伐秦国,兵临泾水却没有人敢先渡过河去。晋国大夫叔向拜会鲁卿叔孙穆子说:"诸侯以为秦国不恭敬而讨伐它,军队来到泾水边却停了下来,这对于伐秦之事没有什么好处。"叔孙穆子说:"我的事,如同《匏有苦叶》说的'深则厉,浅则揭',不知道其他做法。"叔向退回,召来掌管舟船的舟虞和掌管军法的司马,说:"苦味的匏瓜不能吃,只能供渡河之用。鲁国的叔孙穆子赋引《匏有苦叶》诗句,表明他必将率军渡过泾水。你们赶紧准备船只,修筑道路,如果不能及时供应晋军渡河之用,将以军法处置。"这次军事行动,鲁人率领着莒人先渡,诸侯联军跟着渡过泾水。

叔孙穆子不以货私免

虢①之会,诸侯之大夫寻盟未退。季武子伐莒取郓②,莒人告于会。楚人将以叔孙穆子为戮。晋乐王鲋③求货于穆子,曰:"吾为子请于楚。"穆子不予。梁其胫④谓穆子曰:"有货,以卫身也。出货而可以免,子何爱焉?"穆子曰:"非女所知也。承君命以会大事,而国有罪,我以货私免,是我会吾私也。苟如是,则又可以出货而成私欲乎?虽可以免,吾其若诸侯之事何?夫必将或循之,曰:'诸侯之卿有然者故也。'则我求安身而为诸侯法矣。君子是以患作⑤。作而不衷⑥,将或道之,是昭其不衷也。余非爱货,恶不衷也。且罪非我之由,为戮何害?"楚人乃赦之。

[注释]

①虢:东虢,郑邑,在今河南荥阳一带。②季武子:鲁卿季孙夙。郓:莒邑,今山东沂水县北。③乐王鲋:晋大夫乐桓子。④梁其胫:叔孙氏的家臣。⑤作:开创先例。⑥衷:中正,正派。

[译文]

虢邑会盟,各诸侯国大夫重温宋地旧盟还没有结束,鲁卿季武子就兵伐莒国攻取郓邑，莒人在盟会上控告鲁国。楚人打算把鲁国的使臣叔孙穆子抓起来杀掉。晋国大夫乐王鲋向叔孙穆子索贿，说："我准备为你向楚国人求情。"叔孙穆子不给。家臣梁其胫对叔孙穆子说："有财物，就要用来卫护身体。拿出财物就可以免祸，您为什么要吝啬财物呢？"叔孙穆子说："这不是你能理解的。我接受国君的命令来参加诸侯会盟的大事，如果国家有罪，我却用贿赂免除个人灾祸，这就好像我是为个人私利来参加盟会。假如真是这样，那么只要拿得出财物，都可以满足个人的欲望吗？现在拿出财物，虽然我个人的灾祸可以免除，但我将如何处理盟会中诸侯之间的事务呢？将来一定会有人跟着拿出财物来免罪，说'诸侯之卿有以财免罪的先例'。那么我只求保全自身的做法，就会变成诸侯们行贿免罪的规定了。因此君子害怕开创先例，开创先例若不正派，仍将有人照着做，那就会放大他的不正派。我并不是吝啬财物，只是讨厌行贿免罪的做法不正派。况且罪过并不是我所犯下的，为此被杀对于我的名声会有什么害处呢？"楚人最后赦免了叔孙穆子。

穆子归，武子劳之，日中不出。其人①曰："可以出矣。"穆子曰："吾不难为戮，养吾栋也。夫栋折而榱②崩，吾惧压焉。故曰虽死于外，而庇宗于内，可也。今既免大耻，而不忍小忿，可以为能乎？"乃出见之。

[注释]

①其人：家人曾阜。②榱：椽子。

[译文]

叔孙穆子回国后，季武子来慰劳他，一直到中午，叔孙穆子都不出来见客。家人说："现在可以出去了。"叔孙穆子说："我不怕被杀，以养护我们国家的栋梁。如果栋梁折断，椽子坍塌，我害怕家中的一切都不能幸免。所以说即使死在国外，只要国内的宗族能得到庇护,也是可取的。现在既然已经免于在盟会上遭受大的耻辱,却不能忍受小小的怨愤,可以称得上贤能吗?"于是出来见季武子。

公父文伯之母对季康子问

季康子问于公父文伯之母曰①:"主亦有以语肥也。"对曰:"吾能老②而已,何以语子。"康子曰:"虽然,肥愿有闻于主。"对曰:"吾闻之先姑曰:'君子能劳,后世有继。'"

子夏③闻之,曰:"善哉!商闻之曰:'古之嫁者,不及舅姑,谓之不幸。'夫妇,学于舅姑者也。"

[注释]

①季康子:鲁正卿季孙肥,季桓子之子。公父文伯:鲁大夫公父歜(chù),公父穆伯之子。公父氏从季孙氏分出,季悼子生季平子与公父穆伯。②能老:耐老。③子夏:孔子弟子卜商,字子夏,卫国人。

[译文]

季康子问公父文伯的母亲说:"您有话要教导我季孙肥吧。"回答说:"我耐老罢了,哪有什么话教导你。"季康子说:"虽然如此,我也希望听到您对我的训导。"回答说:"我曾经听过世的婆婆说:'君子能勤劳吃苦,他的后代就会绵延不废。'"

子夏听说这件事后,说:"好啊!我听说过这样的话:'古代出嫁的女子,来不及侍奉公婆,就叫做不幸。'妇人应该多向公婆学习。"

公父文伯之母论劳逸

公父文伯退朝,朝其母,其母方绩①。文伯曰:"以歜之家而主犹绩，惧忏②季孙之怒也。其以歜为不能事主乎！"

[注释]

①绩：纺织。②忏（gān）：触犯。

[译文]

公父文伯退朝回来，拜见他的母亲，母亲正在织布。文伯说："凭着我们这样的人家，主母还要织布，恐怕会触发季孙氏的怒气，他会认为我不能侍奉母亲吧！"

其母叹曰："鲁其亡乎！使僮子①备官而未之闻耶？居，吾语女。昔圣王之处民也，择瘠土而处之，劳其民而用之，故长王天下。夫民劳则思②，思则善心生；逸则淫，淫则忘善，忘善则恶心生。沃土之民不材，逸也。瘠土之民莫不向义，劳也。是故天子大采朝日③，与三公、九卿祖识④地德；日中⑤考政，与百官之政事、师尹、维旅、牧、相宣序民事⑥；少采夕月⑦，与大史、司载纠虔⑧天刑；日入监九御⑨，使洁奉禘、郊之粢盛，而后即安。诸侯朝修天子之业命，昼考其国职，夕省其典刑，夜儆百工，使无慆淫，而后即安。卿大夫朝考其职，昼讲其庶政，夕序其业，夜庀⑩其家事，而后即安。士朝受业，昼而讲贯⑪，夕而习复⑫，夜计过无憾，而后即安。自庶人以下，明而动，晦而休，无日以怠。

[注释]

①僮子：不懂事的孩子。②思：想着节俭。③大采：早上。武丁时代的甲骨卜辞以大采为一天中明与大食之间的时段，武丁以后卜辞以朝表示这一时段。朝日：迎祭日神。④祖识：熟识。⑤日中：中午。殷墟甲骨卜辞称中日，指一天中大食与昃之间的时段。⑥政事：正职。宣：普遍、全面。序：次序、安排。⑦少采：傍晚。武丁时代甲骨卜辞以少采为一天中小食与夕之间的时段，武丁以后卜辞以暮表示这一时段。夕月：拜祭月神。⑧纠虔：恭敬。⑨九御：九嫔。⑩庀：治理。⑪讲贯：讲求学习办理公务。⑫习复：复习检查。

[译文]

他的母亲叹息说:"鲁国快要灭亡了吧!让不懂事的孩子做官,为什么却不让他们了解为官之道呢?坐下,我来告诉你。从前圣王治民,选择贫瘠的土地安置民众,使人民辛勤劳作,多加使唤,因此长久地统治天下。民众劳苦则思俭约,思俭约则生善心。民众逸乐则放荡,放荡则失去善心,失去善心则产生坏心眼。居住在肥沃土地上的人不成材,是因为生活安逸。居住在贫瘠土地上的人无不向往道义,是因为生活艰难。因此天子日出时朝拜日神,然后与三公九卿一起熟悉掌握农作物在大地上的生长状况;中午处理朝廷政务,天子与百官的正职、师尹、列士、牧守、相佐等一起全面安排民事治理;傍晚祭拜月神,天子与太史、司载一起恭敬地观察天空出现的各种吉凶征兆;日落以后天子监督九嫔,要她们为禘祭、郊祭准备好洁净的祭品,然后才去安歇。诸侯也是早上处理天子下达的任务,白天考察本国公务,傍晚检查法令执行情况,夜里告诫百官,教他们不要懒惰放纵,然后才去安歇。卿大夫则早上完成公职工作,白天考校各种政务,傍晚规整好当天干的事情,夜里治理家事,然后才去安歇。士人早上接受任务,白天学习办事,傍晚复习核查,夜里反省过失,没有遗憾,然后才去安歇。从庶民往下,天亮就干活,天黑就休息,没有一天懈怠。

"王后亲织玄紞①,公侯之夫人加之以纮、綖②,卿之内子为大带,命妇成祭服,列士之妻加之以朝服,自庶士以下,皆衣其夫。社而赋事,蒸而献功,男女效绩,愆则有辟③,古之制也。君子劳心,小人劳力,先王之训也。自上以下,谁敢淫心舍力?今我,寡也,尔又在下位,朝夕处事,犹恐忘先人之业。况有怠惰,其何以避辟!吾冀而朝夕修我曰④:'必无废先人。'尔今曰:'胡不自安。'以是承君之官,余惧穆伯之绝嗣也。"仲尼闻之曰:"弟子志之,季氏之妇不淫矣。"

[注释]

①玄紞(dǎn):黑色丝绳。②紘(hóng):冠缨。綖(yán):覆在冕上的黑布。③愆:过错。辟:处罚。④冀:希望。而:你。

[译文]

"王后亲自编织王冠上系玉石的黑色丝绳,公侯的夫人为其丈夫编织帽子上用到的各种丝绳和罩布,卿的妻子为其丈夫缝制黑帛大腰带,大夫的妻子为丈夫裁制祭服,列士的妻子还要为丈夫裁制朝服,从庶士往下,妻子要为丈夫准备各种服饰用品。春天社祭时节安排好一年的农事,冬天烝祭时节献祭丰收果实,无论男女都尽力劳作拿出成绩,犯了过错就有刑罚处置,这是自古以来的制度。君子有操不完的心,小人有出不完的力,这是先王的训教。从上往下,谁敢放松心情不出力气?现在我是个寡妇,你又身处下大夫官位,从早到晚做事,还担心丢掉了先人的功业,何况有懈怠懒惰的想法,将如何避免处罚呢?我希望你天天提醒我:'一定不要废弃先人的功业。'你现在说:'为什么不自求安逸?'用这种态度担任国家官职,我担心穆伯要绝后了。"孔子听说这件事情后,说:"弟子们记住她的话,季氏家的女人不放纵享乐啊。"

孔丘论大骨

吴伐越,堕会稽,获骨焉,节专①车。吴子使来好聘,且问之仲尼,曰:"无以吾命。"宾发币②于大夫,及仲尼,仲尼爵之。既彻俎而宴,客执骨而问曰:"敢问骨何为大?"仲尼曰:"丘闻之:昔禹致群神③于会稽之山,防风氏④后至,禹杀而戮之,其骨节专车。此为大矣。"客曰:"敢问谁守⑤为神?"仲尼曰:"山川之灵,足以纪纲天下者,其守为神;社稷之守者,为公侯。皆属于王者。"客曰:"防风何守也?"仲尼曰:"汪芒氏之君也,守封、嵎之山者也,为漆姓。在虞、夏、商为汪芒氏,于周为长狄,今为大人。"客曰:"人长之极几何?"仲尼曰:"僬侥氏⑥长三尺,短之至也。长者不过十之,数之极也。"

[注释]

①专:满。②发币:赠送礼物。③群神:奉祀神灵、号称与神灵有血缘联系的人。④防风氏:炎帝后裔,漆姓,立国于封山、嵎山之间,居于今浙江德清县境。⑤谁守:什么职守。⑥僬侥氏:矮人国名,属于西南夷的一种。

[译文]

吴国征讨越国,损坏了越国的会稽山,找到一根大骨头,一节骨头就装满了一辆车。吴王夫差派使者到鲁国来聘问通好,并向孔子询问大骨的事,吴王说:"办这件事,不要当做是我的命令。"使者带着礼物拜访鲁国的各位大夫,拜访到孔子,孔子设宴招待。飨礼结束,撤除所陈牲俎准备举行燕礼时,使者顺便拿起一节折俎的牲骨问孔子:"请问哪种人的骨头最大?"孔子说:"我听说:从前,大禹在会稽山召集神圣家族的大会,防风氏晚到,大禹杀死他陈尸示众,防风氏的一节骨头可以装满一辆车。这就是最大的人骨了。"使者问:"请问什么职守可以称为神?"孔子说:"山川的精灵,有足够的灵力主宰天下的风雨阴晴,守祀这些山川的君主就可以称为神;守卫国家的君主则称为公侯。他们统属于天子。"使者问:"防风氏是什么职守?"孔子说:"他是汪芒国的君主,守祀封山、嵎山,为漆姓。在虞、夏、商称汪芒国,在周朝称长狄,现在又叫大人国。"使者问:"人的身高极限是多少?"孔子说:"僬侥国的人身高三尺,这是最矮的人。最高的人不会超过三尺的十倍,因为'十'是数位的极限。"

闵马父笑子服景伯

齐闾丘①来盟,子服景伯②戒宰人曰:"陷③而入于恭。"闵马父④笑,景伯问之,对曰:"笑吾子之大也。昔正考父校商之名颂十二篇于周太师⑤,以《那》⑥为首,其辑之乱曰⑦:'自古在昔,先民有作。温恭朝夕,执事有恪。'⑧先圣王之传恭,犹不敢专,称曰'自古',古曰'在昔',昔曰'先民'。今吾子之戒吏人曰'陷而入于恭',其满之甚也。周恭王能庇⑨昭、穆之阙而为'恭',楚恭王能知其过而为'恭'。今吾子之教官僚曰'陷而后恭',道将何为?"

[注释]

①闾丘:齐大夫闾丘明。②子服景伯:鲁大夫子服何。③陷:过失。④闵马父:鲁大夫。⑤正考父:宋大夫,孔子七世祖。商之名颂:商颂。⑥《那》:《诗经·商颂》的首篇。⑦辑:集。乱:乱辞,乐之尾声,文之卒章。⑧"自古"四句:语出《诗经·商颂·那》,意为在古时候,先人举行祭祀礼仪,从早到晚温和恭敬,办理各种事情都很谨慎。⑨庇:通"裨",弥补。

[译文]

齐大夫闾丘明来鲁国结盟,子服景伯告诫接待官员说:"如果接待有过失,宁可是过于恭敬。"闵马父不禁笑起来,子服景伯问他笑什么,回答说:"笑您的骄傲自满啊。从前正考父到周太师处校正著名的《商颂》十二篇,以《那》篇为首,卒章乱辞是:'自古在昔,先民有作。温恭朝夕,执事有恪。'前代圣王教人恭敬,还不敢专擅其美,要称说是从古代继承的,这个古代是在昔日,昔日的开创者是先民。现在您告诫官员'如果接待有过失,宁可是过于恭敬',这种话过于骄傲自满了。周恭王因为能补救昭王、穆王的过失,死后谥为恭;楚恭王因为能承认自己的过失,死后谥为恭。现在您教导官员们'有过失,宁可是过于恭敬',那么没有过失的情况又会怎样呢?"

齐 语

管仲对桓公以霸术

桓公自莒反于齐①，使鲍叔为宰②，辞曰："臣，君之庸臣也。君加惠于臣，使不冻馁，则是君之赐也。若必治国家者，则非臣之所能也。若必治国家者，则其管夷吾③乎。臣之所不若夷吾者五：宽惠柔民，弗若也；治国家不失其柄，弗若也；忠信可结于百姓，弗若也；制礼义可法于四方，弗若也；执枹鼓立于军门，使百姓皆加勇焉，弗若也。"桓公曰："夫管夷吾射寡人中钩，是以滨④于死。"鲍叔对曰："夫为其君动也。君若宥而反之，夫犹是也。"桓公曰："若何？"鲍子对曰："请诸鲁。"桓公曰："施伯⑤，鲁君之谋臣也，夫知吾将用之，必不予我矣。若之何？"鲍子对曰："使人请诸鲁，曰：'寡君有不令之臣在君之国，欲以戮之于群臣，故请之。'则予我矣。"桓公使请诸鲁，如鲍叔之言。

[注释]

①桓公：齐桓公小白，公元前685年至前643年在位。②鲍叔：齐大夫

鲍叔牙，姒姓。宰：卿。③管夷吾：管仲，姬姓，齐大夫。④滨：通"濒"，临近、几至。⑤施伯：鲁公子尾之子，公子尾字施父，施伯以其父之字为氏。

[译文]

齐桓公从莒国回到齐国做了国君，就让鲍叔牙担任卿，鲍叔牙辞谢说："我只是君主手下的平庸之臣。国君施恩于我，让我不冻着饿着，这就是国君的恩赐了。如果一定要治理好国家的人，那就不是我所能够胜任的。如果一定要治理好国家的人，大概只有管仲吧！我不如管仲的地方有五处：宽厚慈惠使民众顺服，我不如他；治理国家不失根本，我不如他；忠诚信义团结百姓，我不如他；制定礼仪可以作为全国法则，我不如他；站在军营门口执枹击鼓指挥战争，使将士们更加勇敢，我不如他。"桓公说："管仲箭射寡人，射中带钩，我差一点因此送命。"鲍叔牙回答说："那是他为自己的主子效劳。国君如果宽恕他的罪过，让他回国，他也会像忠于公子纠一样侍奉您。"桓公问："怎么让他回来呢？"鲍叔牙说："向鲁国提出请求。"桓公说："施伯是鲁君的谋臣，他知道我要起用管仲，一定不会送还我。怎么办？"鲍叔牙回答说："派人向鲁国提出请求，说：'我国君主有个罪臣在贵国，想在群臣面前把他杀死示众，因此请求引渡他回齐国。'鲁国就会送还给我们了。"桓公派使者向鲁国请求，完全照鲍叔牙说的那样做。

庄公以问施伯，施伯对曰："此非欲戮之也，欲用其政也。夫管子，天下之才也，所在之国，则必得志于天下。令彼在齐，则必长为鲁国忧矣。"庄公曰："若何？"施伯对曰："杀而以其尸授之。"庄公将杀管仲，齐使者请曰："寡君欲亲以为戮，若不生得①以戮于群臣，犹未得请也。请生之。"于是庄公使束缚以予齐使，齐使受之而退。

[注释]

①生得：活捉。

[译文]

鲁庄公问施伯如何处理这事,施伯回答说:"这并不是想杀死管仲,而是想任用他主政。管仲是天下奇才,他主政的国家,一定能实现称霸天下的图谋。让他回到齐国,齐国就一定会成为鲁国长期的忧虑。"庄公问:"怎么办呢?"施伯回答说:"杀死他,然后把尸体送给齐国。"庄公将要杀死管仲,齐国的使者请求说:"我国君主想亲自处死管仲,如果不能活捉并在群臣面前杀死他,就如同没有实现请求。请把活着的管仲交给我们。"于是庄公让人捆绑管仲并交给齐使,齐使接到管仲后便离开了鲁国。

比至,三衅①、三浴之。桓公亲逆之于郊,而与之坐而问焉,曰:"昔吾先君襄公②筑台以为高位,田狩毕弋③,不听国政,卑圣侮士,而唯女是崇。九妃、六嫔,陈妾数百,食必粱肉,衣必文绣。戎士冻馁,戎车待游车之裂,戎士待陈妾之余。优笑在前,贤材在后。是以国家不日引,不月长。恐宗庙之不扫除,社稷之不血食,敢问为此若何?"管子对曰:"昔吾先王昭王、穆王,世法文、武远绩以成名,合群叟,比校民之有道者,设象以为民纪,式④权以相应⑤,比缀以度⑥,竱本肇末⑦,劝之以赏赐,纠之以刑罚,班序颠毛⑧,以为民纪统。"桓公曰:"为之若何?"管子对曰:"昔者,圣王之治天下也,参其国而伍其鄙,定民之居,成民之事,陵⑨为之终,而慎用其六柄⑩焉。"

[注释]

①衅:本指以血涂饰,此处意为用香料熏。②襄公:齐襄公姜诸儿,公元前697年至前686年在位。③田狩毕弋:追猎、围捕、网捉、箭射。④式:用。⑤权:权衡。权以相应,意为考虑使庶民从事的各种职事相互承应。⑥比:房屋相邻而居。缀:田地相连而居。度:考量。"比缀以度"与其前"权以相应"两相呼应,指根据职事的承应关系安排好居住区域的远近。

⑦竱：齐。肇：始。本、末：指政治原则与政治手段。⑧班序颠毛：按照头发花白的程度安排等次顺序。颠，顶。毛，发。⑨陵：坟墓。⑩六柄：使人生、杀、贫、富、贵、贱的六种权力。

[译文]

　　等到达齐都，管仲熏香三次，沐浴三次。齐桓公亲自到郊外迎接他，赐予他座位并问他说："从前我们先君齐襄公修筑高台以为游观之所，喜欢追猎、围捕、网捉、箭射，不理国政。轻视有德的圣贤，侮弄多才的士子，只宠爱美女。后宫中有九妃、六嫔和数百姬妾住着，吃的都是黄粱大肉，穿的都是绣花锦服。将士们受冻挨饿，兵车要等到官妾们玩得破旧了才装备部队，军装军粮要等待官妾们用剩下了才发放部队。俳优在君主面前放肆调笑，而贤能之士在后面找不到进谏的机会。因此国家不能天天有所发展进步。我担心先君宗庙将无人清扫，社稷将失去祭牲，请问我该如何应对这种局面？"管仲回答说："从前我们先王周昭王、周穆王，通过世代效法文王、武王影响深远的作为，才成就了他们的名声。这些作为是：召集所有老人，一起考查比较挑选出德才兼备的人；在宫门外的象阙上悬刻禁令，教导人民有所遵循；治政用民，使庶民从事的各种职事相互承应，根据职事的承应关系安排好居住区域的远近。这些政治基础稳定了，就可以实施具体的政治措施了，用赏赐劝勉善行，用刑罚惩处罪恶，按年龄大小确定伦常次序。把这些措施作为治理民众的纲领。"桓公问："我该怎么做呢？"管仲回答说："从前圣王治理天下的时候，总是三分国都以为三军，五分乡村以为五属，使人们有稳定的居所，方便于从事各自的职事。又规划好墓葬区域，使人们死有所藏。谨慎地使用生、杀、贫、富、贵、贱六种权力。"

　　桓公曰："成民之事若何？"管子对曰："四民者，勿使杂

处,杂处则其言咙①,其事易②。"公曰:"处士、农、工、商若何?"管子对曰:"昔圣王之处士也,使就闲燕③;处工,就官府;处商,就市井;处农,就田野。

[注释]

①咙:杂乱。②易:变换。③闲燕:清静。

[译文]

桓公问:"如何方便于人们从事各自的职事呢?"管仲回答说:"士、农、工、商四民,不要让他们混居在一处。混居在一处就会乱说,人们受到蛊惑,就会改变他们的职事。"齐桓公问:"该如何规划士、农、工、商的居处呢?"管仲回答说:"从前圣王安排士的住处,让他们住在清静的地方;安排工的住处,让他们住在官方作坊附近;安排商的住处,让他们住在市场附近;安排农的住处,让他们住在田野中。

"令夫士,群萃而州处①,闲燕则父与父言义,子与子言孝,其事君者言敬,其幼者言弟②。少而习③焉,其心安焉,不见异物而迁焉。是故其父兄之教不肃④而成,其子弟之学不劳而能。夫是,故士之子恒为士。

[注释]

①群萃:群集。州处:聚居。②弟:通"悌"。③习:习染。④肃:严。

[译文]

"命令士人集中居住,闲暇安居时候,父老之间讲论如何处事合宜,子弟之间讲论如何孝顺父母,侍奉君主的人讲论恭敬长上,年轻人讲论尊重长者。从小耳濡目染,心中认定这样做是理所应当,不会见异思迁。因此,父兄教导子弟,不必严厉督责就能取得成效;子弟学习技能,不必劳神费劲就能掌握诀窍。这样做,士人的子弟长久地保有士人的职事。

"令夫工,群萃而州处,审①其四时,辩其功苦②,权节③其用,论比协材④,旦暮从事,施于四方,以饬⑤其子弟,相语以事,相示以巧,相陈以功。少而习焉,其心安焉,不见异物而迁焉。是故其父兄之教不肃而成,其子弟之学不劳而能。夫是,故工之子恒为工。

[注释]

①审:审察。②功苦:优劣精粗。③权节:权衡节制。④论比:评价比较。协材:按照器物性质选配合适材料。⑤饬:教导。

[译文]

"命令工人集中居住,对每件器物,他们能够审察其用料所取用的季节,分辨其工艺的精粗美恶,衡量安排器物的功用,选择比较材质的好坏。他们从早到晚制作器物,惠及四方,以此教诲他们的子弟。他们相互间谈论制作器物的经验,夸示手艺精巧,展览自己的制成品。从小耳濡目染,心中认定这样做是理所应当,不会见异思迁。因此,父兄教导子弟,不必严厉督责就能取得成效;子弟学习技能,不必劳神费劲就能掌握诀窍。这样做,工人的子弟长久地保有工人的职事。

"令夫商,群萃而州处,察其四时,而监其乡之资,以知其市之贾①,负、任、担、荷、服牛、轺马,以周②四方,以其所有,易其所无,市贱鬻贵,旦暮从事于此,以饬其子弟,相语以利,相示以赖③,相陈以知贾。少而习焉,其心安焉,不见异物而迁焉。是故其父兄之教不肃而成,其子弟之学不劳而能。夫是,故商之子恒为商。

[注释]

①贾:通"价",价格。②周:遍。③赖:利润。

[译文]

"命令商人集中居住,他们调查民众在四季的不同需求,又随时观察本地存货的多少,以此预知市场物价的变动,然后背负、怀抱、肩挑、人扛,驾牛车运,用马车拉,把货物贩运到四方,以自己所有的,换来自己没有的货物,贱买贵卖,从早到晚做买卖,以此教诲子弟,相互间谈论的是如何赢利,夸耀自己赚来的钱财,展示自己的商品以显示自己对行情的准确把握。从小耳濡目染,心中认定这样做是理所应当,不会见异思迁。因此,父兄教导子弟,不必严厉督责就能取得成效;子弟学习技能,不必劳神费劲就能掌握诀窍。这样做,商人的子弟长久地保有商人的职事。

"令夫农,群萃而州处,察其四时,权节其用,耒、耜、枷、芟,及寒,击菒①除田,以待时耕;及耕,深耕而疾耰②之,以待时雨。时雨既至,挟其枪、刈、耨、镈,以旦暮从事于田野。脱衣就功,首戴茅蒲③,身衣袯襫④,沾体涂足,暴⑤其发肤,尽其四支之敏⑥,以从事于田野。少而习焉,其心安焉,不见异物而迁焉。是故其父兄之教不肃而成,其子弟之学不劳而能。夫是,故农之子恒为农,野处而不暱⑦。其秀民之能为士者,必足赖⑧也。有司见而不以告,其罪五。有司已于事而竣⑨。"

[注释]

①菒(gǎo):枯草。②耰(yōu):平土覆种。③茅蒲:用茅草、蒲草编成的斗笠。④袯襫(bó shì):蓑衣。⑤暴:通"曝",日晒。⑥敏:敏捷。⑦暱:通"慝",邪恶。⑧赖:依赖、信赖。⑨竣:退。

[译文]

"命令农夫集中居住,他们清楚各个季节适合种植的作物,掌握各种农具的功用,会用耒耜起土、连枷打场、镰刀收割。到大寒时节，就砍伐枯草清理田地，准备好在立春以后翻耕；到春耕时节，就及时深耕播种耙平，准备迎接春雨降临；春雨下过后，就带上掘草的枪、割草的刀、除草的耨镈，从早到晚在田野中侍弄庄稼。干活时或脱光上衣，或头戴斗笠，或身披蓑衣，雨水打湿身体，污泥涂满两脚，身体发肤在烈日下暴晒，用尽四肢力气，在田地里劳作。从小耳濡目染，心中认定这样做是理所应当，不会见异思迁。因此，父兄教导子弟，不必严厉督责就能取得成效；子弟学习技能，不必劳神费劲就能掌握诀窍。这样做，农夫的子弟长久地保有农夫的职事，住在乡野而不行邪慝。其中那些优秀而能读书明理的人物，一定值得信任依靠。各级官吏发现了这样的人才而不向上报告，要用五刑治罪。各级官员完成荐举人才的事后才能退下安歇。"

桓公曰："定民之居若何？"管子对曰："制国以为二十一乡。"桓公曰："善。"管子于是制国以为二十一乡：工商之乡六；士乡十五，公帅五乡焉，国子帅五乡焉，高子帅五乡焉。参国起案①，以为三官，臣立三宰，工立三族，市立三乡，泽立三虞，山立三衡。

[注释]

①参国：三分国事。起：任命官员。案：通"焉"，语助词。

[译文]

齐桓公问："如何使人们有稳定的居所？"管仲回答说："把国都划分为二十一个乡。"桓公说："好。"管仲于是将国都划分为二十一个乡：六个是工商之乡，十五个是士乡。齐桓公亲自统率五个乡的士，国子统率五个乡的士，高子统率五个乡的士。将国事划分为三类，然后任命官员，形成三个职官系统。管理群臣的有三宰，管理工匠的有三族，管理市场的有三乡，管理川泽的有三虞，管理山林的有三衡。

桓公曰:"吾欲从事于诸侯①,其可乎?"管子对曰:"未可,国未安。"桓公曰:"安国若何?"管子对曰:"修旧法,择其善者而业②用之;遂滋民③,与无财,而敬百姓,则国安矣。"桓公曰:"诺。"遂修旧法,择其善者而业用之;遂滋民,与无财,而敬百姓。国既安矣,桓公曰:"国安矣,其可乎?"管子对曰:"未可。君若正④卒伍,修甲兵,则大国亦将正卒伍,修甲兵,则难以速得志矣。君有攻伐之器,小国诸侯有守御之备,则难以速得志矣。君若欲速得志于天下诸侯,则事可以隐令⑤,可以寄政。"桓公曰:"为之若何?"管子对曰:"作内政⑥而寄军令焉。"桓公曰:"善。"

[注释]

①从事于诸侯:通过讨伐不义来整顿诸侯,确定政治秩序。②业:通"严",严格。③遂:于是。滋:通"慈",惠爱。④正:通"征",征集。⑤事:军事。隐令:隐藏了政令。⑥作内政:改革内政。

[译文]

齐桓公问:"我想讨伐不义的诸侯,可以吗?"管仲回答说:"不可,国内还没有安定。"桓公问:"如何使国内安定呢?"管仲回答说:"研修过去的法令,选择好的条令严格遵守;于是惠爱民众,救助贫穷,尊重贵族,则国内安定。"桓公说:"好。"于是研修过去的法令,选择好的条令革新运用;于是惠爱民众,救助贫穷,尊重贵族。国内获得安定以后,桓公问:"国内安定了,可以讨伐不义的诸侯了吧?"管仲回答说:"不可。您如果征集兵员,铸造武器,其他大国也会征集兵员,铸造武器,那么就难以迅速实现讨伐不义大国的志愿了。您有攻城掠地的武器,小国诸侯就有固守防御的武备,那么就难以迅速实现讨伐不义小国的志愿了。您如果还想迅速实现讨伐不义诸侯的志愿，那么就应该将军令隐藏于政令之中，将军政寄托在行政之中。"桓公问："如何做这些事呢？"管仲回答说："按照军队编制来改革国内行政组织，将军队法令寄寓在政令之中。"桓公说："好。"

管子于是制国："五家为轨，轨为之长；十轨为里，里有司；四里为连，连为之长；十连为乡，乡有良人①焉。以为军令：五家为轨，故五人为伍，轨长帅之；十轨为里，故五十人为小戎，里有司帅之；四里为连，故二百人为卒，连长帅之；十连为乡，故二千人为旅，乡良人帅之；五乡一帅，故万人为一军，五乡之帅帅之。三军，故有中军之鼓，有国子之鼓，有高子之鼓。春以蒐②振旅，秋以狝③治兵。是故卒伍整④于里，军旅整于郊。内教既成，令勿使迁徙。伍之人祭祀同福⑤，死丧同恤，祸灾共之。人与人相畴⑥，家与家相畴，世同居，少同游。故夜战声相闻，足以不乖；昼战目相见，足以相识。其欢欣足以相死。居同乐，行同和，死同哀。是故守则同固，战则同强。君有此士也三万人，以方行⑦于天下，以诛无道，以屏周室，天下大国之君莫之能御。"

[注释]

①良人：乡大夫。②蒐：春猎。③狝：秋猎。④整：整顿。⑤福：祭肉。⑥畴：通"俦"，同伴。⑦方行：横行。

[译文]

管仲于是改革国内行政组织："五家为一轨，每轨任命一个轨长；十轨为一里，里中设有司治理；四里为一连，每连任命一个连长；十连为一乡，乡中设良人统辖。将这种行政组织转换为军队建制的方法是：行政上五家为一轨，征兵每家一人，五人编成一伍，由轨长率领；行政上十轨为一里，征兵五十人编成一小戎，由里有司率领；行政上四里为一连，征兵二百人编成一卒，由连长率领；行政上十连为一乡，征兵二千人编成一旅，由乡良人率领；行政上五乡为一帅，征兵万人编成一军，由国君与二卿分别统率。国有三军，因此有传达国君号令的中军之鼓，有传达国子号令的鼓，有传达高子号令的鼓。春天以春猎检阅部队，秋天以秋猎训练士兵，因此，军队编制在乡里行政中就编成了，军事训练在郊野狩猎中完成了。国内政教落实以后，下令不准人们迁居。同伍之人祭祀完共享祭肉，有死亡丧葬一起帮忙，有天灾人祸共同抗御。人与人朝夕相处，家与家比邻而居，世世代代住在一起，从小一起玩耍长大。所以，晚上打仗，通过声音足以相互联系，大家不分开；白天开战，看到对方的模样就能认别敌我。大家同甘共苦情深意挚愿意为对方去死，和平安居时共同欢乐，行军打仗时相互团结，同伴死去一起哀悼。所以用他们防守，城池就牢不可破，用他们攻击，格外勇敢顽强。国君有这样的战士三万人，就可以统率他们横行天下，诛讨不义诸侯，保卫周王室。天下的大国君主没有谁能阻挡我们的进攻。"

晋语一

武公伐翼止栾共子无死

武公伐翼①，杀哀侯②，止栾共子③曰："苟无死，吾以子见天子，令子为上卿，制④晋国之政。"辞曰："成闻之：'民生于三⑤，事之如一。'父生之，师教之，君食⑥之，非父不生，非食不长，非教不知生之族也，故壹⑦事之。唯其所在，则致死⑧焉。报生以死，报赐以力，人之道也。臣敢以私利废人之道，君何以训矣？且君知成之从⑨也，未知其待于曲沃也，从君而贰⑩，君焉用之？"遂斗而死。

[注释]

①武公：姬称，曲沃桓叔之孙，庄伯之子，居曲沃，称曲沃武公；公元前678年周僖王命其为晋侯后称晋武公，公元前716年至前677年在位。曲沃，地名，今山西闻喜东北。翼：晋国的都城，今山西省翼城附近。②哀侯：晋哀侯姬光，晋昭侯之孙、鄂侯之子，晋国的第十五位国君，公元前717年至前710年在位，公元前710年为曲沃武公所杀。③栾共子：晋大夫共叔成。④制：主管。⑤三：指父、师、君。⑥食（sì）：此处指给予俸禄。⑦壹：始

终如一。⑧致死：拼命。⑨从：部属。栾共子的父亲栾宾曾为曲沃伯桓叔之相，故栾成也算是曲沃部属。⑩贰：二心。

[译文]

晋武公讨伐翼都，杀死了晋哀侯，劝阻晋大夫栾共子说："你假如不为哀侯拼命，我带你去见周天子，让你担任上卿，主管晋国的政务。"栾共子拒绝说："我听说：'一个人靠父亲、师长、君主三者求得生存，所以侍奉他们要始终如一。'父亲生了我，师长教导我，国君养活我。没有父亲我就不会出生在世上，没有君主给予的俸禄我就无法活下去，没有师长的教导我就不明白自己出生的宗族。这三者是人生存的根本，所以要始终如一地侍奉他们。只要是他们在那里，就要拼命保护他们。要用自己的生命来报答父母的生养之恩，要用自己的力量来报答国君的恩赐，这是做人的道理。我怎么敢贪图个人的私利而抛弃了为人之道呢？您还怎么教导臣民做人呢？况且您只知道我栾成是曲沃旧部属，却不知道我若到曲沃就是对晋哀侯的背叛。先侍奉哀侯，又接着侍奉您，就是有二心，您要这样的臣子干什么？"于是就与武公激战而死。

史苏论献公伐骊戎胜而不吉

献公卜伐骊戎①，史苏②占之，曰："胜而不吉。"公曰："何谓也？"对曰："遇兆，挟以衔骨，齿牙为猾，戎、夏交捽。③交捽，是交胜④也，臣故云。且惧有口⑤，携⑥民，国移心焉。"公曰："何口之有！口在寡人，寡人弗受，谁敢兴之？"对曰："苟可以携，其入也必甘受，逞而不知，胡可壅⑦也？"公弗听，遂伐骊戎，克之。获骊姬⑧以归，有宠，立以为夫人。公饮大夫酒，令司正实爵⑨与史苏，曰："饮而无肴。夫骊戎之役，女曰

'胜而不吉',故赏女以爵,罚女以无肴。克国得妃,其有吉孰大焉!"史苏卒⑩爵,再拜稽首曰:"兆有之,臣不敢蔽。蔽兆之纪⑪,失臣之官,有二罪焉,何以事君?大罚将及,不唯无肴。抑君亦乐其吉而备其凶,凶之无有,备之何害?若其有凶,备之为瘳⑫。臣之不信,国之福也,何敢惮罚。"

[注释]

①献公:晋献公姬诡诸,公元前676年至前651年在位,晋国的第十九位国君。骊戎:西戎的一支,西周时因居于骊山而称骊戎。献公伐骊戎之事发生于公元前672年。②史苏:晋国大夫,负责占卜的史官。③兆:兆纹。"挟以"三句:这三句话是所占兆纹在卜典中的颂辞。挟,挟持。齿牙,卦相左右相互交错,像牙齿一样。猾,弄。捽,交错,抵触。④交胜:是指晋国战胜骊戎,骊戎再战胜晋国。⑤有口:骨头、牙齿都在口中。⑥携:离散。⑦雍:防止。⑧骊姬:骊戎君的女儿。⑨司正:掌管宾主之间礼节的官员。实爵:装满酒杯。⑩卒:喝完。⑪纪:丝缕的头绪为纪,这里指兆纹暗示的吉凶。⑫瘳(chōu):减轻。

[译文]

晋献公占卜,求问征伐骊戎国的吉凶,史苏占卜后,说:"能胜利,但是不吉利。"献公问:"什么意思?"史苏说:"占卜获得了这样的兆纹:两条纹路交会处又产生了一条新的纹路,就像一根骨头衔在口中,牙齿在咬弄,象征着戎、晋两国冲突,交互抵触。交互抵触,就是交替着取胜,所以我说'能胜利,但是不吉利'。再说兆纹最怕涉及到'口',这意味着民众离散,国民离心啊。"献公说:"会有什么口舌是非!话语权在我的掌握之中,我不接受,谁敢挑起事端?"史苏回答说:"假如有可以离心的条件,人们听到后一定会高兴地接受;只图心意畅快,却不管其内情如何,还怎么防止呢?"献公不听,于是讨伐骊戎,打败了骊戎,俘获骊姬回国。骊姬得宠,被立为夫人。献公宴请大夫们饮酒,命令司正官给史苏斟满酒,说:"只给酒喝不给菜吃。骊戎之战,你说'胜而不吉',确实获胜,所以赏给你酒喝,但没有不吉利的事,所以罚你不许吃菜。战胜敌国得到爱妃,还有比这更大的吉利吗?"史苏喝干酒,向献公再拜叩头说:"兆纹有这样的预示,我不敢隐瞒。如果隐瞒兆纹暗示的吉凶,就是我作为史官的失职,有这两条罪过,还怎么侍奉君主?那就要大罪临头,不仅是不给菜吃的问题了。不过,君主还是既乐其吉也备其凶为好。即使凶相不出现,防备了也没有什么坏处吧?如果真有凶事,防备了就能减轻灾难。假如我的占卜不准,这是国家的福分,我怎么敢怕受罚呢?"

饮酒出,史苏告大夫曰:"有男戎必有女戎①。若晋以男戎胜戎,而戎亦必以女戎胜晋,其若之何!"里克②曰:"何如?"史苏曰:"昔夏桀伐有施③,有施人以妹喜女焉④,妹喜有宠,于是乎与伊尹比而亡夏⑤。殷辛伐有苏⑥,有苏氏以妲己⑦女焉,妲己有宠,于是乎与胶鬲⑧比而亡殷,周幽王伐有褒⑨,褒人以褒姒⑩女焉,褒姒有宠,生伯服,于是乎与虢石甫⑪比,逐太子宜臼⑫而立伯服。太子出奔申。申人、鄫人召西戎以伐周⑬。周于是乎亡。今晋寡德而安俘女,又增其宠,虽当三季之王⑭,不亦可乎?且其兆云:'挟以衔骨,齿牙为猾',我卜伐骊,龟往离散以应我。夫若是,贼⑮之兆也。非吾宅⑯也,离则有之。不跨⑰其国,可谓挟乎?不得其君,能衔骨乎?若跨其国而得其君,虽逢齿牙,以猾其中,谁云不从?诸夏从戎,非败而何?从政者不可以不戒,亡无日矣!"

[注释]

①男戎:男人的战争。女戎:女人的战争。②里克:晋卿里季。③夏桀:夏朝第十七世末代君主夏桀,约公元前1653年至前1600年在位。有施:喜姓之国,其地在今湖北恩施。④妹喜:有施国君主之女。女(nǜ):以女进献于

人曰女。⑤伊尹：商汤之相伊挚，本夏臣，后离开夏桀投奔商汤。比：朋比为奸。⑥殷辛：商朝第三十二世末代君主帝辛，公元前1075年至前1046年在位。有苏：己姓之国。⑦妲己：有苏国君主之女。⑧胶鬲：本殷臣，自商适周，辅佐周武王讨伐商纣。⑨周幽王：西周末代君主姬宫涅，公元前781年至前771年在位。有褒：姒姓之国。⑩褒姒：有褒国美女。⑪虢石甫：幽王卿士，谗谄巧佞之人。⑫宜臼：周平王，申后之子。⑬申：姜姓之国，平王母亲申后的娘家。鄫：姒姓之国。⑭三季之王：指三代亡国之君夏桀、商纣、周幽王。⑮贼：盗贼。⑯宅：安居之所。⑰跨：据有。

[译文]

饮完酒出来，史苏告诉大夫们说："有男人的战争就一定有女人的战争。如果说我们晋国用男人的战争打败了骊戎，骊戎必定会用女人的战争打败晋国，我们将怎么办呢？"里克问："什么意思？"史苏说："过去夏桀讨伐有施国，有施国把美女妹喜进献给夏桀。妹喜得宠，于是就和伊尹朋比为奸灭了夏朝。商纣王讨伐有苏国，有苏国把妲己进献给纣王。妲己得宠，就和胶鬲朋比为奸灭了商朝。周幽王讨伐有褒国，有褒国把褒姒进献给周幽王。褒姒得宠，生下伯服，于是就和虢石甫朋比为奸赶走了太子宜臼，改立伯服为太子。太子宜臼跑到申国，申国人、鄫国人召引来西戎一起攻打周，西周因此灭亡了。如今晋国国君缺少德行，见到俘获的骊戎美女，感到很舒适，又非常宠爱她，即使说他相当于夏桀、商纣、周幽王三位亡国之君，不也可以吗？况且那兆纹显示：'挟以衔骨，齿牙为猾。'我占卜伐骊戎之事，兆纹却以民众离散来应答我。像这样的兆纹，就是晋国有贼盗的征兆。这不是我们安居的时候，国家已经有了分裂的危险。骊姬不入据国内，怎能说晋国被骊戎外内挟持呢？骊姬不得国君宠爱，怎能说是衔骨呢？若骊姬跨入我们的国土又得宠于国君，即使做出在牙齿中间搬弄是非的事情，谁还能不服从呢？晋国听从一个戎女，不是失败是什么？当政的人不可以不警诫，国家灭亡没有几天了。"

郭偃①曰："夫三季王之亡也宜。民之主也，纵惑不疚②，肆侈不违③，流志而行，无所不疚，是以及亡而不获追鉴④。今晋国之方，偏侯⑤也。其土又小，大国⑥在侧，虽欲纵惑，未获专⑦也。大家⑧、邻国将师保之，多而骤⑨立，不其集⑩亡。虽骤立，不过五矣。且夫口，三五⑪之门也。是以谗口之乱，不过三五。且夫挟，小戕也。可以小戕，而不能丧国，当之者戕焉，于晋何害？虽谓之挟，而猾以齿牙，口弗堪⑫也，其与几何？晋国惧则甚矣，亡犹未也。商之衰也，其铭有之曰：'嗛嗛⑬之德'不足就⑭也，不可以矜⑮，而祇取忧也。嗛嗛之食，不足狃⑯也，不能为膏，而祇［祇］罹咎也。'虽骊之乱，其罹咎而已，其何能服？吾闻以乱得聚⑰者，非谋不卒时⑱，非人不免难，非礼不终年，非义不尽齿⑲，非德不及世，非天不离⑳数。今不据其安，不可谓能谋；行之以齿牙，不可谓得人，废国而向已，不可谓礼；不度而迁㉑求，不可谓义，以宠贾㉒怨，不可谓德；少族㉓而多敌，不可谓天。德义不行，礼义不则，弃人失谋，天亦不赞，吾观君夫人也，若为乱，其犹隶农㉔也。虽获沃田而勤易之㉕，将不克飨㉖，为人而已。"

[注释]

①郭偃：晋国大夫卜偃。②疚：病。③肆：极。违：违避，顾忌。④鉴：镜子，引申为借鉴。⑤偏侯：偏方小侯。⑥大国：指齐国、秦国。⑦专：专擅。⑧大家：上卿。⑨骤：数次。⑩集：至，到。⑪三五：五称三穷。"五称三穷"是一种流行于春秋战国时代的论辩游戏。"五称"，说五事，即问方称说五件事或揭出五个问题，看对方如何解答，以此称量出对方的水平。穷，穷窘，困屈。"三穷"指对方三次穷窘，答不出问题，被判定失败。若三次答对，则为小胜；若五次答对，则为全胜。⑫堪：承受。⑬嗛嗛：小。⑭就：靠拢，归就。⑮矜：自大。⑯狃（niǔ）：贪占。⑰聚：敛财聚众。⑱卒：尽。

时：三月为一时。⑲齿：年寿。⑳离：通"历"。㉑迁：邪僻。㉒贾（gǔ）：买。㉓族：族类，同类。㉔隶农：佣耕者。㉕沃：肥美。易：治。㉖飨：食。

[译文]

郭偃说："夏、商、西周末代君主的灭亡是应该的。作为民众主宰的君主，放纵其昏乱糊涂而不认为自己有毛病，穷极奢侈却丝毫没有顾忌，随心所欲地行动，弄得国家到处都是毛病，因此等到亡国也没有以前朝的善败为借鉴。现在晋国四境之内，只算是一个偏远的小侯国，土地少，又有秦、齐等大国在旁边，即使君主想放纵其昏乱糊涂，也不能得到肆意专擅的机会。国内的执政上卿和邻国君臣将会教导他，只不过会多次拥立新君，还不至于到亡国的地步。虽说多次拥立，也不会超过五次。人的口是一扇门，说出的话要遵守五称三穷的论辩规矩，因此谗言利口造成的祸乱，少则三个，多则五个。再说'挟'，只是小小的鲠塞而已，可能出现小的伤害，而不会亡国。况且有当事者承受伤害，对晋国有什么危害呢？虽说是挟持，而且牙齿在咬弄，搬弄是非很厉害，但论辩是有规则的，口最终承受不了假话，搬弄是非又能坚持多久呢？这件事使晋国戒惧就已显得过分，要灭亡晋国还谈不上。商朝快要衰亡，钟鼎铭文上有这样的记载：'小小的德行，不值得趋就，不值得自夸，只能招来祸患。一点点吃食，不值得贪占，不能养肥自己，只能带来不幸。'即使骊姬能挑起祸乱，她将使自己遭遇不幸，还能征服什么呢？我听说乘着祸乱聚集财富笼络人心的人，没有好的谋划，就坚持不到一个季度，得不到民众支持就不能免难，行为不合礼法就不能满一年，不合道义就不能一世善终，没有德惠就不能传位继嗣，没有天助就不能历世长久。现在骊姬不居安却处危，不能算善谋；用磨弄牙齿变乱是非的手段害人，不能算得到民众；抛弃国家而为自己，不能算合乎礼法；不考虑利害而以邪压正，不能算义；以恩宠招来怨恨，不能算有德；同盟少，怨敌多，不能算得天赞助。不施行德义，不效法礼仪，抛弃民众，失掉善谋，这样的人，上天也不会赞助。我看君夫人，假如谋乱，将会像一个农夫，即使得到肥美的良田而且辛勤地耕耘，也不能得到吃的，只是为他人辛劳罢了。"

士芬①曰："诚莫如豫②，豫而后给③。夫子④诫之，抑二大夫⑤之言其皆有焉。"既⑥，骊姬不克，晋正于秦⑦，五立⑧而后平。

[注释]

①士芬：晋国大夫，字子舆。②豫：防备。③给：丰足、饶给。④夫子：指里克。⑤二大夫：指史苏、郭偃。⑥既：后来。⑦晋正于秦：指秦国以兵助惠公、文公回国即位。正，辅正。⑧五立：指奚齐、卓子、惠公、怀公、文公五位晋君。

[译文]

士芬说："只告诫不如早防备，有了防备就可保丰足。您还是多做戒备吧，两位大夫的话都是有道理的。"后来，骊姬的阴谋没有得逞，晋国被秦国辅正，立了五个国君后才安定下来。

献公将黜太子申生而立奚齐

骊姬生奚齐，其娣生卓子。公将黜①太子申生而立奚齐。里克、丕郑、荀息相见②，里克曰："夫史苏之言将及矣！其若之何？"荀息曰："吾闻事君者，竭力以役③事，不闻违命。君立臣从，何贰④之有？"丕郑曰："吾闻事君者，从其义，不阿其惑⑤。惑则误民，民误失德，是弃民也。民之有君，以治义⑥也。义以生利，利以丰民，若之何其民之与处而弃之也？必立太子。"里克曰："我不佞，虽不识义，亦不阿惑，吾其静⑦也。"三大夫乃别。

[注释]

①黜：废。②里克：晋国大夫里克，字季子。丕郑：晋国大夫。荀息：晋国大夫荀叔。③役：为，做。④贰：二心。⑤阿：附和。惑：昏乱。⑥义：指上下之义。⑦静：沉默。

[译文]

骊姬生下了奚齐，她妹妹生下了卓子。晋献公准备废黜太子申生而改立奚齐为太子。大夫里克、丕郑、荀息三人相见，里克说："史苏的话将要应验了！该怎么办呢？"荀息说："我听说侍奉国君的，应该尽力为国君办事，没有听说过违背君命的。国君决定的事情臣子就要顺从，怎么能够有二心呢？"丕郑说："我听说侍奉国君的，服从国君有道义的决定，不能附和他昏乱的决定。附和国君的昏乱会伤害民众，民众受到伤害，就会丧失德行，这样做是抛弃民众。为民众立国君，是用来确定上下之间的礼义的。礼义可以产生利益，利益可以丰裕民众，怎么能够与民众相处却又要抛弃他们呢？一定要拥护太子申生。"里克说："我没有什么才能，虽然不懂得道义，但也不会附和国君的昏乱，我还是保持沉默吧。"三位大夫于是分手了。

蒸于武公①，公称疾不与，使奚齐莅②事。猛足③乃言于太子曰："伯氏④不出，奚齐在庙，子盍图乎！"太子曰："吾闻之羊舌大夫⑤曰：'事君以敬，事父以孝。'受命不迁为敬，敬顺所安为孝。弃命不敬，作令不孝，又何图焉？且夫间父之爱而嘉其贶⑥，有不忠焉，废人以自成，有不贞焉。孝、敬、忠、贞，君父之所安⑦也。弃安而图，远于孝矣，吾其止也。"

[注释]

①武公：当为"武宫"，晋武公之庙，在曲沃。②莅：莅临。③猛足：

申生之臣。④伯氏：狐突，申生之戎御。⑤羊舌大夫：晋国大夫羊舌突，羊舌职的父亲。⑥间：离间。贶（kuàng）：赏赐。⑦安：善。

[译文]

在武宫庙举行冬祭，献公称病没有参加，让奚齐到场主持祭祀。于是，猛足对太子说："狐突闭门不出，奚齐在武宫庙主持，您为什么不为自己打算呢？"太子说："我听羊舌大夫说过：'用恭敬来侍奉国君，用孝顺来侍奉父亲。'接受命令不改变就是恭敬，恭敬地顺从父亲的意愿就是孝顺。放弃国君的命令就是不敬，擅自发令行动就是不孝，我又有什么可打算的呢？况且离间父亲所爱的而又享受他的赏赐，那就是不忠；废弃别人而成全自己，那就是不贞。孝、敬、忠、贞，是君父肯定的善行。抛弃这些善行而为自己打算，就远离了孝，我还是不去想吧。"

优施教骊姬远太子

公之优①曰施，通于骊姬。骊姬问焉，曰："吾欲作大事②，而难三公子之徒如何③？"对曰："早处之，使知其极④。夫人知极，鲜有慢心⑤，虽⑥其慢，乃易残也。"骊姬曰："吾欲为难⑦，安始而可？"优施曰："必于申生。其为人也，小心精洁⑧，而大志重⑨，又不忍⑩人。精洁易辱，重债⑪可疾，不忍人，必自忍也。辱之近行。"骊姬曰："重，无乃难迁乎？"优施曰："知辱可辱，可辱迁重，若不知辱，亦必不知固秉常⑫矣。今子内固而外宠，且善否莫不信。若外殚善而内辱之⑬，无不迁矣。且吾闻之：甚精必愚。精为易辱，愚不知避难。虽欲无迁，其得之乎？"是故先施谗于申生。

[注释]

①优：俳优，古代乐舞或杂技演员。②大事：指废黜申生改立奚齐这件事。③难（nàn）：担忧。三公子：指申生、重耳、夷吾。④极：极限。⑤鲜（xiǎn）：很少。慢心：怠慢之心。此句当作"鲜不有慢心"。⑥虽：唯。⑦为难：发难，指准备杀三位公子这件事。⑧小心：谨慎，多畏忌。精洁：精诚纯洁。⑨大志：志向宏大。重：矜持敦重。⑩忍：狠心。⑪偾（fèn）：死。⑫秉常：坚持常道。⑬殚：尽。内：私下。

[译文]

献公有个优人叫施，与骊姬私通。骊姬问他："我想做一件废嫡立庶的大事，可担心三位公子的徒党会反对，该怎么办呢？"优施回答说："及早确定他们的地位，使他们知道自己的地位已经到达极限了。人知道自己的地位已经到顶了，很少有人不会产生怠慢之心；只要有了怠慢之心，那就容易剪除他们了。"骊姬又问："我准备发难，可以先从谁下手呢？"优施回答说："一定要从申生开始。申生为人小心谨慎，精诚纯洁，而且胸怀大志，矜持敦重，不能狠心加害于人。精诚纯洁的人要侮辱他很容易，矜持敦重的人可以迅速置他于死地，不狠心害人就一定对自己狠心。从污辱申生开始能最快发难。"骊姬问："矜持敦重的人恐怕难以改变他的意志吧？"优施说："知道耻辱的人才可以羞辱他，可以羞辱的人即使矜持敦重也是可以改变的；如果不知道耻辱，就一定不懂得秉守常规。现在您内得君心而外受宠爱，并且您的称道与否决，国君没有不相信的。如果您表面上尽量称赞申生，而私下里则以不义之辞侮辱他，那么没有什么是不可改变的。而且我听说过：过于精诚纯洁的人必然愚钝。精诚纯洁使他容易受到侮辱，愚钝使他不知道躲避灾祸。即使想不改变，能做得到吗？"因此骊姬就先对申生施加谗言。

骊姬赂二五①，使言于公曰："夫曲沃，君之宗②也，蒲与二屈，君之疆③也，不可以无主。宗邑无主，则民不威④；疆场无主，则启戎心⑤。戎之生心，民慢其政，国之患也。若使太子主曲沃，而二公子主蒲与屈，乃可以威民而惧戎，且旌君伐⑥。"使俱曰："狄之广莫⑦，于晋为都⑧。晋之启土，不亦宜乎？"公说，乃城曲沃，太子处焉；又城蒲，公子重耳处焉；又城二屈，公子夷吾处焉。骊姬既远太子，乃生之言⑨，太子由是得罪。

[注释]

①赂：行贿。二五：献公的宠臣梁五和东关五。②宗：本宗。曲沃是献公之祖桓叔的封地，所以是献公的先君宗庙所在地。③疆：边境。④威：畏惧。⑤启戎心：开启戎狄的侵略之心。⑥旌：彰显。伐：功劳。⑦广莫：广大的土地。⑧都：行政区域，《周礼·小司徒》以"四县为都"，《管子·度地》以"州十为都"。⑨生之言：编造谗言。

[译文]

骊姬贿赂梁五和东关五，让他们向献公进言："曲沃是国君祖先宗庙所在地；蒲和二屈是国君的边疆要地，不能没有人主管。宗庙所在地没有主管，民众就不会畏惧；边疆没有主管，就会开启戎狄的侵略之心。戎狄产生侵略的野心，民众对政令产生怠慢之心，这是国家的大患。如果派太子申生主管曲沃，派公子重耳和夷吾主管蒲和二屈，既可以使民众畏惧，使戎狄害怕，又可以彰显君主的功绩。"骊姬又指使这两个人共同对献公说："戎狄的广阔土地可以成为晋国的行政区域。晋国开拓了疆土，不也是很合适吗？"献公很高兴，于是修筑曲沃城池，让太子申生住在那里；又修筑蒲城，让公子重耳住在那里；又修筑二屈，让公子夷吾住在那里。骊姬已经使献公疏远太子，就编造谗言，太子申生由此蒙受罪名。

优施教骊姬谮申生

优施教骊姬夜半而泣谓公曰："吾闻申生甚好仁而强①，甚宽惠而慈②于民，皆有所行之③。今谓君惑于我，必乱国，无乃以国故而行强④于君。君未终命而不殁，君其若之何？盍⑤杀我，无以一妾乱百姓⑥。"公曰："夫岂惠其民而不惠于其父乎？"骊姬曰："妾亦惧矣。吾闻之外人之言曰：为仁与为国不同。为仁者，爱亲之谓仁；为国者，利国⑦之谓仁。故长民者无亲，众以为亲。苟利众而百姓和，岂能惮⑧君？以众故不敢爱亲，众况⑨厚之，彼将恶始而美终，以晚盖者也⑩。凡民利是生，杀君而厚利众，众孰沮⑪之？杀亲无恶于人，人孰去之？苟交利而得宠⑫，志行而众悦，欲其甚矣，孰不惑焉？虽欲爱君，惑不释也。今夫以君为纣，若纣有良子，而先丧⑬纣，无章其恶而厚其败。钧⑭之死也，无必假手于武王，而其世不废，祀至于今，吾岂知纣之善否哉？君欲勿恤⑮，其可乎？若大难至而恤，其何及矣！"公惧曰："若何而可？"骊姬曰："君盍老而授之政⑯。彼得政而行其欲，得其所索，乃其释君。且君其图之，自桓叔以来，孰能爱亲？⑰唯无亲，故能兼翼。"公曰："不可与政。我以武与威，是以临诸侯。未殁而亡政，不可谓武；有子而弗胜，不可谓威。我授之政，诸侯必绝；能绝于我，必能害我。失政而害国，不可忍也。尔勿忧，吾将图之。"

[注释]

①强：势力强大。②慈：慈爱。③皆有所行之：即"皆有所为而行之"，所作所为都另有目的。④行强：用武力胁迫。⑤盍：何不。⑥百姓：百官。⑦利国：安社稷，利百姓。⑧惮：通"怛（dá）"，伤痛。⑨况：更加。⑩晚：后，指弑君以后所做的善行。盖：掩盖。⑪沮：败坏。⑫交：俱，都。宠：上天的宠爱。⑬丧：杀死。⑭钧：同样。⑮恤：忧虑。⑯老而授之政：声称自己年老，将政务交给申生。⑰"自桓叔"二句：指曲沃桓叔伐晋，杀了侄子晋昭侯。桓叔之子曲沃庄伯杀了昭侯之子晋孝侯。庄伯生晋武公，武公灭翼都。武公生晋献公，献公灭桓、庄公族。桓叔，曲沃伯桓叔，名成师，晋献公的曾祖。

[译文]

优施教骊姬在半夜里对献公哭诉说："我听说申生很好施仁义

而且势力强大，很宽厚仁惠又慈爱民众，他这样做都是别有用心的。现在他只是说我迷惑了国君，一定会祸乱晋国，下一步恐怕他会以晋国政治败坏为借口而用武力胁迫您交权了。现在您还健在，我尚未死，您打算怎么办呢？您何不杀了我，不要因为我一个女人而使百官扰乱。"献公问："难道他会爱民众而不爱自己的父亲吗？"骊姬说："我也害怕啊。我听外面的人说：施行仁义与治理国家是不一样的。施行仁义的，把爱自己的亲人称作仁；治理国家的，把安社稷、利民众称作仁。所以统治民众的人是没有私亲的，他以民众为亲人。假如能够利于民众而且百官附和，他怎么会顾惜您呢？以爱民众的缘故而不爱私亲，民众会更加厚爱他。他将以弑君之恶行开始而最终得到爱民的美名，用后来的善行掩盖前面的罪恶。凡是为民众谋求利益，即使杀了国君，只要能让民众得到更多的好处，谁还会败坏他的事呢？杀了自己的亲人而不施恶于别人，民众谁会除去他呢？假如从弑君这件事中大家都能得到好处，他又得到上天的眷顾，就足以实现他登上君位的企图，而民众也很高兴。想要申生这样去做的人很多，谁会不受诱惑呢？即使申生想爱国君，却也消除不了这种诱惑啊。现在人们把您比作纣王。但如果当年纣王有个好儿子，先把纣王杀了，就不会张扬纣王的罪恶而助长其败政了。同样都是死，不必借周武王之手来诛杀，而且殷商帝王世系也不会废弃，宗庙祭祀会延续至今，真是这样的话，我们这些人哪里会知道纣王的善与恶呢？现在您还能说不忧虑有人弑君吗？倘若大祸临头，您再去忧虑，怎么来得及呢？"献公害怕了，问："怎么办才好呢？"骊姬说："您何不声称自己年老，将君位传给申生。他得到了政权，按照他的意愿行事，得到他追求的东西，那就会放过您。您再考虑一下，自从先祖曲沃伯桓叔以来，有谁爱过自己的亲人？正因为不爱私亲，才能兼并翼都。"献公说："不能把政权交给他。我凭借武力和威势，才能号令诸侯。我还没死就丢掉了政权，就称不上武；有儿子却不能制服他，就称不上威。我把国政交给他，诸侯必定与我断绝关系；既然敢与我断绝关系，必定敢加害于我的国家。失去国政而对国家有害，这是不可容忍的。你不要担心，我会考虑这件事的。"

骊姬曰："以皋落狄①之朝夕苟我边鄙，使无日以牧田野，君之仓廪固不实，又恐削封疆。君盍使之伐狄，以观其果于众也，与众之信辑睦焉②。若不胜狄，虽济③其罪，可也；若胜狄，则善用众矣，求必益广，乃可厚图也。且夫胜狄，诸侯惊惧，吾边鄙不儆，仓廪盈，四邻服，封疆信，君得其赖④，又知可否，其利多矣。君其图之！"公说。是故使申生伐东山，衣之偏裻之衣⑤，佩之以金玦⑥。仆人赞闻之，曰："太子殆哉！君赐之奇，奇生怪，怪生无常，无常不立⑦。使之出征，先以观之，故告之以离心⑧，而示之以坚忍⑨之权，则必恶其心而害其身矣。恶其心，必内险之；害其身，必外危之⑩。危自中起，难哉！且是衣也，狂夫阻⑪之衣也。其言曰：'尽敌而反。'虽尽敌，其若内谗何！"申生胜狄而反，谗言作于中。君子曰："知微。"

[注释]

①皋落狄：即东山狄，是赤狄的别种，分布于今山西昔阳县皋落山一带。②信：确实。辑睦：和睦。③济：成。④赖：利益。⑤偏裻(dū)之衣：以衣背中缝为界，左右布料颜色不一样的衣服。裻，衣背中缝。⑥玦：有缺口的环形佩玉。⑦无常：反常。不立：不能被立为国君。⑧离心：指偏衣中分表明父子离心。⑨坚忍：用金玦暗示君主下了狠心。⑩外危之：指以讨伐皋落狄之战使其处于危险境地。⑪阻：通"著"，穿。

[译文]

骊姬说："因为皋落狄不断侵扰我国的边境，使民众没有一天能够在田地上劳作，您的粮仓固然不能充实，还要担心疆土削减。

您何不派申生去讨伐皋落狄，以便观察他是否用兵果决，与民众是否真的和睦。如果他不能战胜狄国，就以此作为他的罪名也是可以的；如果战胜狄国，那么就表明他善于用兵，他的要求就会更多，那么我们就要进一步考虑了。而且如果战胜狄国，诸侯就会吃惊害怕，我们的边境就不需戒备了，国家的粮仓充盈，邻国畏服，边境安宁，您可以从中得到好处，又可以知道申生的善恶，好处太多啦。您还是考虑考虑吧。"献公很高兴，因此派申生讨伐东山皋落狄，让他穿上左右颜色不同的衣服，佩戴金玦。申生的仆人赞听到后，说："太子危险了。国君赐给他奇异的东西，奇异就要生出怪乱，怪乱就会出现反常，反常就预示着太子不会被立为国君。国君派他出征，以便先观察他，因此用左右颜色不同的衣服表明父子离心，用金玦暗示君主已硬起心肠狠心地改变了决定，那一定是心里厌恶他想加害于他了。心里讨厌他，就会暗地里谋划如何置他于危险之中；要加害于他，就一定会派他出征，使他处于绝境。危险从内部产生，很难消除啊！况且这样的衣服，是狂悖之人才穿的衣服。国君还说：'杀尽敌人再回来。'即使杀尽敌人，对国内的谗言又能怎么样呢？"申生战胜狄国回到晋国，谣言就从宫中产生了。君子说："赞能察知其中的奥妙啊。"

晋语二

骊姬谮杀太子申生

反自稷桑①，处五年，骊姬谓公曰："吾闻申生之谋愈深②。日③，吾固告君曰得众，众不利，焉能胜狄？今矜狄之善④，其志益广。狐突不顺⑤，故不出。吾闻之，申生甚好信而强，又失言于众矣，虽欲有退，众将责焉。⑥言不可食⑦，众不可弭⑧，是以深谋。君若不图，难将至矣！"公曰："吾不忘也，抑未有以致罪焉。"

[注释]

①自：从。稷桑：皋落狄之地。②谋：指申生弑君的阴谋。愈：更加。③日：往日。④矜：矜夸。善：大功。⑤狐突不顺：吴曾祺说："谓狐突不顺太子之意，故不出也。"⑥信：讲信用，不失信。失言：誓言。失，通"矢"。退：悔改。⑦食：违背。⑧弭：止。

[译文]

申生从稷桑回来后，过了五年，骊姬对献公说："我听说申生谋害您的阴谋更加周密了。过去，我曾经告诉您申生得人心，如果众人没有得到好处，怎么能够为他所用战胜狄人呢？如今他夸耀自己胜狄之大功，他的野心就更加大了。狐突不顺从太子，所以躲在家里不出门。我听说，申生讲信用而且强悍，又在众人面前宣誓要夺取君位，即使他想反悔，众人也会责怪他。说出的话不能不算数，对众人也不能制止，所以他会周密考虑。您如果不考虑采取措施，大难就要临头了。"献公说："我不会忘记，只是还没有找到加罪于他的理由。"

骊姬告优施曰："君既许我杀太子而立奚齐矣，吾难里克，奈何！"优施曰："吾来①里克，一日而已。子为我具特羊②之飨，吾以从之饮酒。我优也，言无邮③。"骊姬许诺，乃具，使优施饮里克酒。中饮，优施起舞，谓里克妻曰："主孟啗我④，我教兹暇豫事君⑤。"乃歌曰："暇豫之吾吾⑥，不如鸟乌。人皆集于苑⑦，已独集于枯。"里克笑曰："何谓苑？何谓枯？"优施曰："其母为夫人，其子为君，可不谓苑乎？其母既死，其子又有谤，可不谓枯乎？枯且有伤⑧。"

[注释]

①来：使之为己所用。②特羊：一只羊。③邮：通"尤"，过错。④主：大夫之妻称主。孟："盍"字之误。⑤兹：此，指里克。暇：空闲。豫：快乐。⑥吾吾：即踽踽，孤独无亲的样子。⑦集：止。苑：茂密的树林。⑧伤：病，此处指枯枝折断。

[译文]

骊姬对优施说："国君已经答应我杀申生改立奚齐，我对付不了里克，怎么办呢？"优施说："我能使里克归向我们一方，一天就够了。您为我准备一桌全羊宴席，我用来陪他喝酒。我是个优人，说错话无人计较。"骊姬答应了，准备好了宴席，让优施请里克喝酒。喝到中途，优施站起来舞蹈，对里克的妻子说："夫人何不请我吃饭,我教这个里克如何安闲快乐地侍奉国君。"于是里克置酒宴请优施,优施就唱道:"想安闲快乐地侍奉君主,却把自己弄成了孤家寡人,还不如鸟雀与乌鸦。别人群集于茂林,你却栖息在枯枝上。"里克笑着问道:"何谓茂林?何谓枯枝?"优施说:"母亲是夫人,儿子要做国君,能不叫茂林吗?母亲已经死了,儿子又遭到诽谤,还不能叫枯枝吗?这枯枝还会折断呢!"

优施出,里克辟奠①,不飧②而寝。夜半,召优施,曰:"曩而③言戏乎?抑有所闻之乎?"曰:"然。君既许骊姬杀太子而立奚齐,谋既成④矣。"里克曰:"吾秉⑤君以杀太子,吾不忍。通复故交⑥,吾不敢。中立其免乎?"优施曰:"免。"

[注释]

①辟:撤去。奠:置。②飧(sūn):晚饭。③而:你。④成:定。⑤秉:秉承。⑥通复:通报消息。故交:旧友太子。

[译文]

优施走后,里克撤去酒席,没吃晚饭就睡了。半夜,叫来优施,问:"你前面说的话是开玩笑吗?还是你听到了什么风声?"优施回答道:"是啊。国君已经答应骊姬杀太子改立奚齐,计划已经定了。"里克说:"让我顺从国君的意愿杀太子,我不忍心。要我向老友通报消息,我不敢。保持中立可以免除灾祸吗?"优施说:"可以免除。"

且而里克见丕郑,曰:"夫史苏之言将及矣!优施告我,君谋成矣,将立奚齐。"丕郑曰:"子谓何?"曰:"吾对以中立。"丕郑曰:"惜也!不如曰不信以疏①之,亦固太子以携之②,多为之故③,以变其志,志少疏④,乃可间也。今子曰中立,况固其谋也⑤,彼有成矣,难以得间。"里克曰:"往言不可及也,且人中心唯无忌⑥之，何可败也！子将何如？"丕郑曰："我无心。是故事君者，君为我心，制不在我。"里克曰："弑君以为廉，长廉以骄心，因骄以制⑦人家，吾不敢；抑挠⑧志以从君，为废人以自利也，利方以求成人，吾不能。将伏⑨也！"明日，称疾不朝。三旬，难乃成。

[注释]

①疏：分离。②固：加强，巩固。携：离间。③多为之故：多为谋划。④疏：远。⑤况：更加。固：坚定。⑥忌：忌惮。⑦制：裁制。⑧挠：违背。⑨伏：隐。

[译文]

第二天早上，里克见到丕郑，说："史苏的预言快要应验了！优施告诉我，国君的计划已经定好了，准备立奚齐为太子。"丕郑说："你对他说了什么？"里克说："我回答说保持中立。"丕郑说："可惜啊！不如对他说不相信这件事而使他们分离，这样也加强了太子的地位而分化了骊姬的党羽，多想些办法改变他们的念头，等他们念头淡了，就可以离间他们了。现在你说保持中立，会更加坚定他们的想法，他们一旦准备充分了，就很难再离间他们了。"里克说："说过的话无法收回，况且骊姬心中一直就肆无忌惮，怎么能击败呢！你打算怎么办？"丕郑说："我不能自己做主。因为作为侍奉国君的人，国君就是我的心，决定权不在我这里。"里克说："杀掉国君以博取廉直的名声，夸大了这样的廉直，产生骄横之心，由这样的骄横之心驱使去裁制他人家事，我不敢这么做。但是违背心志顺从国君，废弃太子以谋求私利，利用妥当的办法成全奚齐当上太子，我不能这么做。我准备隐退了。"第二天，里克称病不再上朝。过了三十天，杀太子诬陷二公子的事情就发生了。

骊姬以君命命申生曰："今夕君梦齐姜①，必速祠而归福②。"

申生许诺,乃祭于曲沃,归福于绛。公田,骊姬受福,乃置③鸩于酒,置堇④于肉。公至,召申生献,公祭之地⑤,地坟⑥。申生恐而出。骊姬与犬肉,犬毙;饮小臣酒,亦毙。公命杀杜原款⑦。申生奔新城⑧。

[注释]

①齐姜:申生的生母。②祠:祭祀。福:祭祀用的酒肉。③置:放置。④堇:乌头,一种毒药。⑤祭之地:祭祀时将酒浇在地上,以示悼念先人。⑥坟:凸起。⑦杜原款:申生的师傅。⑧新城:即曲沃,为太子重新修筑的城池。

[译文]

骊姬以献公的名义命令申生说:"晚上国君梦见了前妻齐姜,你一定尽快祭祀她,把祭祀的酒肉送来。"申生答应了,就到曲沃的祖庙祭祀,将祭祀的酒肉送回绛都。献公出去打猎了,骊姬收下祭品,把鸩毒放在酒里,把乌头放在肉里。献公回来了,召来申生献上酒肉。献公以酒祭地,地凸了起来。申生惶恐地逃出宫去。骊姬拿肉喂给狗吃,狗死了;把酒给小臣喝,小臣也死了。献公下令杀死申生的师傅杜原款。申生逃到了曲沃。

杜原款将死,使小臣圉①告于申生,曰:"款也不才,寡智不敏,不能教导,以至于死。不能深知君之心度②,弃宠求广土而窜伏焉③;小心狷介④,不敢行也。是以言⑤至而无所讼之也,故陷于大难,乃逮于谗。然款也不敢爱死,唯与谗人钧是恶也⑥。吾闻君子不去情,不反谗⑦,谗行身死可也,犹有令名焉。死不迁⑧情,强也。守情说⑨父,孝也。杀身以成志,仁也。死不忘君,敬也。孺子勉之!死必遗爱,死民之思⑩,不亦可乎?"申生许诺。

[注释]

①小臣圉：太子申生的小臣，名圉。②心度：指献公心中的想法。③弃宠：使申生放弃太子之位。广土：旷地。窜伏：隐伏。④狷介：拘谨而恪守本分。⑤言：指谗言。⑥谗人：指骊姬。钧：同。⑦反谗：对谗言进行申辩。⑧迁：改变。⑨说：通"悦"。⑩死民之思：身死而为民所思。

[译文]

杜原款临死前，派小臣圉转告申生，说："我没什么才能，缺少智谋，心思又不灵敏，没有很好地教导您，以至于被处死。我没有能很好地洞悉国君内心的真正意图，让您放弃太子的位置，到闲置空旷的地方隐居起来。我向来心胸狭窄，拘谨本分，不敢实行这样的想法。以至于您遭受谗言却无法为您辩解，所以让您陷于危难，遭到骊姬的谗害。我不敢吝于一死，只是对于您的遭难，我与散播谗言的人要共同分担这个罪责了。我听说君子不舍弃忠爱的感情，不对谗言申辩，遭受谗言而死并不是不可以，尚且有个好的名声。至死也不改变自己的忠爱之情，这是刚强。恪守忠爱之情取悦父亲，这是孝顺。抛弃生命成就自己的志向，这是仁德。至死不忘国君，这是恭敬。您好好努力吧！死后一定会留下仁爱，身死而为民众所思，不也是可以的吗？"申生答应了。

人谓申生曰："非子之罪，何不去乎？"申生曰："不可。去而罪释①，必归于君②，是怨君也。章③父之恶，取笑诸侯，吾谁乡④而入？内困于父母，外困于诸侯，是重困也。弃君去罪，是逃死也。吾闻之：'仁不怨君，智不重困，勇不逃死。'若罪不释，去而必重。去而罪重，不智。逃死而怨君，不仁。有罪不死，无勇。去而厚怨，恶不可重，死不可避，吾将伏以俟⑤命。"

[注释]

①释：解。②归于君：怨归于君。③章：彰显。④乡：通"向"。⑤俟：

等待。

[译文]

有人对申生说:"这不是您的过错,为什么不离开晋国呢?"申生说:"不可以。离开晋国虽然可以洗刷我的罪名,但民众一定会归罪于国君,这就是怨恨国君了。彰显父亲的罪过,被诸侯耻笑,我还能到哪儿去呢?在国内不被父母所容,到国外不被诸侯所容,这是双重的困境啊。背弃国君逃罪他国,这是逃避死亡。我听说:'仁爱的人不怨恨国君,睿智的人不受双重的困窘,勇敢的人不逃避死亡。'假如不洗清罪名,逃离晋国必定遭受双重的困境。离开晋国而担负双重的罪责,这是不智。逃避死亡而怨恨国君,这是不仁。有罪责而不敢去死,这是不勇。离开晋国会加重民众对国君的怨恨,我的罪责不能再增加了,死亡是不可逃避的,我将留下来等待国君的惩处。"

骊姬见申生而哭之,曰:"有父忍之①,况国人乎?忍父而求好人,人孰好之?杀父以求利人,人孰利之?皆民之所恶也,难以长生!"骊姬退,申生乃雉经②于新城之庙。将死,乃使猛足③言于狐突曰:"申生有罪,不听伯氏④,以至于死。申生不敢爱其死,虽然,吾君老矣,国家多难,伯氏不出,奈吾君何?伯氏苟出而图吾君⑤,申生受赐以至于死,虽死何悔!"是以谥为共君⑥。

[注释]

①忍之:指忍心杀死献公。②雉经:自缢。③猛足:申生的臣子。④不听伯氏:指稷桑之战申生不听从狐突的劝告。伯氏,狐突。⑤图吾君:为国君谋划。⑥谥(shi):古代帝王、贵族、大臣或其他有地位的人死后被追加的带有褒贬意义的称号。共君:申生的谥号。共,通"恭",敬顺事上曰恭。申生的谥号,应该是在晋惠公改葬申生时所加。

[译文]

骊姬到曲沃去见申生,哭着对他说:"你对父亲都忍心谋害,还会爱其他人吗?忍心谋害父亲的人却还想取得民众的好感,民众还会喜欢你吗?杀害父亲以求利于民众,他们会帮助你吗?这些都是民众所憎恶的行为,这样的人难以活得长久!"骊姬走后,申生就到曲沃的祖庙里自缢了。临死前,申生派猛足转告狐突说:"我有罪过,没有听取您远走他乡的劝告,以至落到自杀的地步。我不敢怜惜自己不去死,即使这样,我们国君年老了,国家又多灾多难,您不出来辅佐,我们国君怎么办呢?您如果出来为国君谋划,我接受国君的惩处以至于死,死了又后悔什么呢?"因此申生的谥号叫恭君。

骊姬既杀太子申生,又潛二公子曰:"重耳、夷吾与知①共君之事。"公令阉楚刺重耳②,重耳逃于狄③;令贾华④刺夷吾,夷吾逃于梁⑤。尽逐群公子,乃立奚齐焉。始为令,国无公族焉。

[注释]

①与知:参与谋划。②阉(yān):被阉割的人。楚:寺人披,字伯楚。③狄:北狄,隗姓。④贾华:晋国大夫。⑤梁:嬴姓之国。

[译文]

骊姬逼死太子申生后,又向献公诬陷两位公子说:"重耳和夷吾都参与了申生谋害您的事情。"献公命令阉人伯楚刺杀重耳,重耳逃到北狄去了;命令贾华刺杀夷吾,夷吾逃到了梁国。献公把其他公子都驱逐出晋国,于是立奚齐为太子。开始制定国内不准留养公子的法令,从此晋国不再有公族。

里克杀奚齐而秦立惠公

二十六年①,献公卒。里克将杀奚齐,先告荀息②曰:"三公子之徒将杀孺子③,子将如何?"荀息曰:"死吾君而杀其孤,吾有死而已,吾蔑④从之矣!"里克曰:"子死,孺子立,死不亦可乎?子死,孺子废,焉用死?"荀息曰:"昔君问臣事君于我,我对以忠贞。君曰:'何谓也?'我对曰:'可以利公室,力有所能,无不为,忠也。葬死者,养生者,死人复生不悔,生人不愧,贞也。'吾言既往⑤矣,岂能欲行吾言而又爱吾身乎?虽死,焉避之?"

[注释]

①二十六年:晋献公二十六年,即鲁僖公九年,公元前651年。②荀息:晋国大夫,奚齐的师傅。③孺子:小孩子,指奚齐。④蔑:无。⑤往:行。

[译文]

在位二十六年后,晋献公去世。里克准备杀掉继位的奚齐,事前告诉荀息说:"三位公子的党徒准备杀奚齐,你将怎么样呢?"荀息说:"国君死了就要杀他的儿子,我只有一死罢了,我不会跟随他们的。"里克说:"如果你死了,奚齐仍能被立为国君,那么死又有什么不可以?可是你死了,奚齐仍被废黜,哪里还用得着去死啊?"荀息说:"以前先君曾就臣子如何侍奉国君问过我,我以忠贞回答。先君问:'什么叫忠贞?'我回答说:'可以利于国家,且力所能及,就没有不去做的,这是忠。埋葬死者,奉养生者,即使死者复生不觉得后悔,活着的人不感到惭愧,这是贞。'我的话已经说出了,怎么能够既想实践我的话又吝惜我的生命呢?即使是死,又怎么能逃避呢?"

里克告丕郑曰："三公子之徒将杀孺子，子将何如？"丕郑曰："荀息谓何？"对曰："荀息曰'死之'。"丕郑曰："子勉之。夫二国士之所图，无不遂也。①我为子行之②。子帅七舆大夫③以待我。我使狄以动之，援秦以摇之。立其薄者可以得重赂，厚者可使无入。国，谁之国也！"里克曰："不可。克闻之，夫义者，利之足④也；贪者，怨之本也。废义则利不立，厚贪则怨生，夫孺子岂获罪于民？将以骊姬之惑蛊君而诬国人⑤，逸群公子而夺之利，使君迷乱，信而亡之，杀无罪⑥以为诸侯笑，使百姓莫不有藏恶于其心中，恐其如壅大川，溃而不可救御也。是故将杀奚齐而立公子之在外者，以定民弭⑦忧，于诸侯且为援，庶几曰诸侯义而抚之，百姓欣而奉之，国可以固⑧。今杀君而赖⑨其富，贪且反义。贪则民怨，反义则富不为赖。赖富而民怨，乱国而身殆，惧为诸侯载⑩，不可常也。"丕郑许诺。于是杀奚齐、卓子及骊姬，而请君于秦。既杀奚齐，荀息将死之。人曰："不如立其弟而辅之。"荀息立卓子。里克又杀卓子，荀息死之。君子曰："不食其言矣。"

[注释]

①二国士：指里克、丕郑。遂：成功。②行之：助行其事。③七舆大夫：申生下军大夫，指左行共华、右行贾华、叔坚、骓歂、累虎、特宫、山祈。④足：支撑。⑤惑蛊：迷惑。诬：欺骗。⑥无罪：指申生。⑦弭：止。⑧固：安。⑨赖：利。⑩载：记载下来。

[译文]

里克告诉丕郑说："三位公子的党徒准备杀奚齐，你准备怎么办？"丕郑问："荀息怎么说？"里克回答说："荀息说他准备为奚齐而死。"丕郑说："你努力做吧。我和你两个国士所筹划的事，没有不成功的。我来协助你做这件事。你带着七舆大夫等待我联络外援的消息。我将让狄国入侵来扰动晋国，求援于秦国来动摇奚齐的势力。拥立恩德薄的为国君可以得到丰厚的报酬，恩德厚的可以不让他回到晋国。那时再看晋国是谁的国家！"里克说："不行。我听说，义是利的支撑，贪心是招致怨恨的根本。废弃了义那么利就失去了支撑，贪心太重就会萌发怨恨，奚齐何尝得罪了民众？只是因为骊姬迷惑国君并且欺骗国人，诬陷各位公子并且夺去他们的利益，使国君迷惑昏乱，听信她的谗言而使公子们逃亡在外，逼死了无辜的太子申生而遭受诸侯的耻笑，使百官无不义愤填膺，心中藏着犯上作乱的欲念，我担心这种情形就像堵塞大河一样，一旦溃决就再也无法挽回。因此准备杀奚齐而拥立逃亡在外的公子为国君，以安定民心消弭灾患，这样，诸侯也会给我们援助。那就可以说，诸侯出于正义而扶助晋国，百官也会欣然拥戴新的君主，国家可以获得安定巩固。现在如果是为了得到富贵才杀掉国君，那就是贪婪而且违背道义。贪婪使民众怨恨，违背道义就会使富贵不会成为真正的利益。以富贵为利会招致民众的怨恨，既扰乱了国家，自身也危险，恐怕还会被诸侯记载下来作为借鉴。你这样说不可为法。"丕郑答应了。于是就杀了奚齐、卓子和骊姬，请求秦国帮助立一个国君。奚齐被杀后，荀息准备为奚齐而死。有人说："不如立奚齐的弟弟辅佐他。"荀息就立了卓子。里克又杀了卓子，荀息随之而死。君子说："荀息言而有信啊。"

　　既杀奚齐、卓子，里克及丕郑使屠岸夷①告公子重耳于狄，曰："国乱民扰，得国在乱，治民在扰，子盍入乎？吾请为子鈇②。"重耳告舅犯③曰："里克欲纳我。"舅犯曰："不可。夫坚树④在始，始不固本，终必槁落。夫长国者⑤，唯知哀乐喜怒之节，是以导民。不哀丧而求国，难；因乱以入，殆。以丧得国，则必乐丧，乐丧必哀生。因乱以入，则必喜乱，喜乱必怠⑥德。是哀乐喜怒之节易⑦也，何以导民？民不我导，谁长？"重耳曰：

"非丧谁代？非乱谁纳我？"舅犯曰："偃也闻之，丧乱有小大。大丧大乱之剡⑧也，不可犯也。父母死为大丧，逸在兄弟为大乱。今适当之，是故难。"公子重耳出见使者，曰："子惠顾亡人重耳，父生不得供备洒扫之臣，死又不敢莅⑨丧以重其罪，且辱大夫，敢辞。夫固⑩国者，在亲众而善邻⑪，在因民而顺之。苟众所利，邻国所立，大夫其从之。重耳不敢违。"

[注释]

①屠岸夷：晋国大夫，屠岸为复姓。②钚（xù）：引导。③舅犯：重耳的舅舅狐偃，字子犯。④坚树：稳定树木。⑤长国者：为国君的。⑥懈怠。⑦易：相反。⑧剡（yǎn）：锋芒。⑨莅：临。⑩固：安定。⑪亲众：亲近民众。善邻：与邻国友善。

[译文]

　　杀了奚齐和卓子后，里克和丕郑派屠岸夷去狄国告诉重耳说："国家动乱，民众受到惊扰，乘着动乱才能得国为君，乘着民众惊扰反而容易治理，您何不回国继承君位呢？我们愿意引导您回国为君。"重耳告诉子犯说："里克准备接纳我回国即位。"子犯说："不行。树木要坚固必须一开始就把根扎牢，开始时扎根不牢固，最终树木会枯萎凋落。为国君的人，只有知道喜怒哀乐的节度，才能用来训导民众。不哀痛父亲的去世而想得到君位，就难以为君了；趁着动乱之机回国为君，是很危险的。趁着国丧得到君位，一定乐于有国丧，遇丧而乐一定会见生而哀。趁着动乱回国为君，就必定把动乱当做喜事，把动乱当做喜事一定使道德懈怠。这就把喜怒哀乐的节度弄反了，还用什么来训导民众呢？民众不听从我们的训导，还做谁的君主呢？"重耳说："如果没有父丧，谁能代替父亲为君呢？如果不是国家动乱，谁会接纳我回国呢？"子犯说："我听说，丧乱有小有大。大丧大乱的锋芒，是不能去冒犯的。父母去世是大丧，兄弟间有逸言是大乱。现在您恰好遇上了，因此难以回国为君。"公子重耳出来接见使者屠岸夷,说:"你好意来看望我这个逃亡在外的人。父亲活着的时候,我不能在他身边承担洒扫的义务。父亲去世后,我又不能莅临丧事表达哀戚而加重了我的罪过。又使你蒙受屈辱前来抚慰我,我冒昧地辞谢你的好意。安定国家,在于亲近民众、友善邻国,在于依赖民众而顺从他们的心愿。只要民众认为有利,邻国愿意拥立,大夫愿意听命于这个人的,我重耳不敢违背。"

吕甥及郤称亦使蒲城午告公子夷吾于梁①,曰:"子厚赂秦人以求入,吾主子②。"夷吾告冀芮曰:"吕甥欲纳我。"冀芮曰:"子勉之。国乱民扰,大夫无常③,不可失也。非乱何入?非危何安?幸苟君之,子唯其索④之也。方乱以扰,孰适御我?大夫无常,苟众所置,孰能勿从?子盍尽国以赂外内,无爱⑤虚以求入,既入而后图聚⑥。"公子夷吾出见使者,再拜稽首许诺。

[注释]

①吕甥:晋大夫吕饴甥,又称瑕甥、瑕吕饴甥、阴饴甥。吕、瑕、阴皆以采邑为氏,饴为名,甥标明其晋献公外甥的身份。郤称:晋大夫姬称,郤为采邑。蒲城午:晋国大夫。②主子:为子内主,就是作为内应,帮助夷吾在国内主持。③无常:无常心,向背无常,容易变化。④索:求。⑤爱:吝惜。⑥聚:蓄积。

[译文]

吕甥和郤称也派蒲城午去梁国对公子夷吾说:"您可以重重贿赂秦国,求他们帮助您回到晋国即位,我们在国内帮您主持这件事。"夷吾告诉冀芮说:"吕甥准备接纳我回国继承君位。"冀芮说:"您努力去做吧。国家动乱,民众受到惊扰,大夫们没有常心,这样的机会不能失去啊。不是国家动乱怎么能回国为君呢?不是国家有危难,何必要立国君以安民呢?只要能够为君,您可以答应任何要求。正赶上国家动乱民众惊扰，谁会在这时候来抵挡我们呢？大夫们没有常心，只要是大家所拥立，谁能不服从呢？您何不用晋国所有的财富来收买国内的大夫和贿赂国外的诸侯，要不惜空虚库藏以求回国继承君位，回国当上国君后再设法聚敛财富。"公子夷吾出来接见使者，再拜叩头答应回国为君。

吕甥出告大夫曰："君死自立①则不敢，久则恐诸侯之谋，径②召君于外也，则民各有心③，恐厚乱，盍请君于秦④乎？"大夫许诺。乃使梁由靡⑤告于秦穆公曰："天降祸于晋国，逸言繁兴，延及寡君之绍续昆裔⑥，隐悼播越⑦，托在草莽，未有所依⑧。又重之以寡君之不禄⑨，丧乱并臻。以君之灵，鬼神降衷⑩，罪人克伏其辜⑪，群臣莫敢宁处，将待君命。君若惠顾社稷，不忘先君之好，辱收其逋迁裔胄⑫而建立之，以主其祭祀，且镇抚其国家及其民人，虽四邻诸侯之闻之也，其谁不儆惧于君⑬之威，而欣喜于君之德？终君之重爱，受君之重贶⑭，而群臣受其大德，晋国其谁非君之群隶臣⑮也？"

[注释]

①自立：自己找一位公子立为国君。②径：径直。③民各有心：人们各有所好。④请君于秦：请秦国帮助物色一位公子立为国君。⑤梁由靡：晋国大夫。⑥绍续昆裔：继嗣后裔。⑦隐悼：忧惧。播：散。越：远。⑧依：倚仗。⑨不禄：死。⑩衷：善。⑪罪人：指骊姬。克：能。辜：罪。⑫逋迁裔胄：指逃亡的晋国诸公子。裔胄，后代。⑬君：指穆公。⑭贶：赐。⑮隶臣：臣仆。

[译文]

吕甥出来告诉大夫们说："国君已死，我们不敢擅自做主拥立新君，时间长了又担心各国诸侯的阴谋。径自在外面召请一位公子立为国君，人们的喜好却各不相同，恐怕会加重国家的动乱，我们何不请秦国帮我们物色一位公子立为国君呢？"大夫们同意了。于是派梁由靡告诉秦穆公说："上天降灾祸于晋国，谗言频繁兴起，连累到我国君主的子孙后代，他们怀着忧惧被迫逃亡，寄身于草野之间，无所依靠。又加上我国君主去世，丧亡和祸乱接踵而来。凭借您的英明，鬼神终于降福于晋国，使骊姬最终受到惩罚，晋国群臣没有谁敢安宁地生活，将等待您的命令拥立新君。您若肯惠顾晋国，不忘先君与您的友好，请您收留他逃亡在外的后裔并帮助他继承君位，以主持祭祀，镇抚他的国家和民众。邻国诸侯听到您的德行，谁能不敬畏您的威势而又赞赏您的仁德呢？您对晋国一向是爱护的，晋国受到您的恩赐，群臣身受您的大恩大德，晋国还有谁不是供您驱使的臣仆呢？"

秦穆公许诺，反使者，乃召大夫子明及公孙枝①，曰："夫晋国之乱，吾谁使先，若②夫二公子而立之？以为朝夕之急③。"大夫子明曰："君使縶④也。縶敏且知礼，敬以知微。敏能窜⑤谋，知礼可使；敬不坠命⑥，微知可否。君其使之。"

[注释]

①子明：秦国大夫，百里孟明视。公孙枝：字子桑，秦国大夫。②若：选择。③朝夕之急：早晚无君可朝见的紧急情况。④縶（zhí）：公子縶，字子显，秦国公子。⑤窜：暗中。⑥坠命：失命。

[译文]

秦穆公答应了梁由靡的请求，打发他回晋国。于是召见大夫孟明视和公孙枝，说："晋国发生内乱，我该先选派谁去从两位公子中选择合适的，拥立他为新君，以解决晋国急待立君的问题呢？"大夫孟明视说："派公子縶去吧。他机敏知礼，态度恭敬且能洞察幽深精密之处。机敏能暗中图谋，熟知礼仪适合出使；恭敬不会贻误君命，洞察精微能判断可否。您派他去吧。"

乃使公子絷吊公子重耳于狄，曰："寡君使絷吊公子之忧，又重之以丧。寡人闻之，得国常于丧，失国常于丧。时不可失，丧不可久，公子其图之！"重耳告舅犯。舅犯曰："不可。亡人无亲①，信仁以为亲，是故置之者不殆②。父死在堂而求利，人孰仁我？人实有之③，我以侥幸，人孰信我？不仁不信，将何以长利？"公子重耳出见使者，曰："君惠吊亡臣，又重有命④。重耳身亡，父死不得与于哭泣之位，又何敢有他志以辱君义？"再拜不稽首⑤，起而哭，退而不私⑥。

[注释]

①亡人：逃亡在外的人。无亲：没有人与他亲近。②置：立。殆：危险。③人实有之：指晋国的君位，诸公子人人有份。④有命：返国为君的命令。⑤稽首：古代一种跪拜礼，叩头至地。⑥私：私访。

[译文]

于是就派公子絷去狄国吊问公子重耳，说："寡君派我来吊问您的奔亡之忧，以及父死之丧。寡君听说：得国常常在有丧亡的时候，失国也常常在有丧亡的时候。时机不可错过，国丧的期限不会太长，公子好好考虑吧。"重耳告诉了子犯。子犯说："不行。逃亡在外的人没有人与他亲近，只有守信行仁，才能得到别人的亲近，因此这样的人立为国君才不会有危险。父亲刚刚死去，灵柩还停放在堂上就去图谋私利，谁会认为我们有仁德？诸位公子都可以继承君位，我们凭借侥幸得到，谁会认为我们有诚信？不仁不信，还拿什么来长久享有君位之利呢？"公子重耳出来会见公子絷，说："承蒙您的国君来吊问我这个逃亡之人，以及助我回国为君的好意。重耳我逃亡在外，父亲去世都不能参加丧礼在灵前哭泣，又怎么敢有其他非分之想以辱没你们国君的义举呢？"重耳再拜而不叩头，起来后哭泣，退下后也不再私下拜访公子絷。

公子縶退，吊公子夷吾于梁，如吊公子重耳之命。夷吾告冀芮曰："秦人勤①我矣！"冀芮曰："公子勉之。亡人无狷洁②，狷洁不行，重赂配德③，公子尽之，无爱财！人实有之，我以侥幸，不亦可乎？"公子夷吾出见使者，再拜稽首，起而不哭，退而私于公子縶曰："中大夫里克与我④矣，吾命之以汾阳之田百万⑤。丕郑与我矣，吾命之以负蔡⑥之田七十万。君苟辅我，蔑天命⑦矣！亡人苟入扫宗庙，定社稷，亡人何国之与⑧有？君实有郡县⑨，且入河外列城五⑩。岂谓君无有，亦为君之东游津梁之上⑪，无有难急也。亡人之所怀挟缨缥⑫，以望君之尘垢者。黄金四十镒⑬，白玉之珩⑭六双，不敢当公子，请纳之左右。"

[注释]

①勤：帮助。②狷洁：洁身自好。③重赂配德：以厚重的礼物去酬谢帮助我们的人的大德。④与我：助我。⑤汾阳：晋地，汾水之北。百万：一百万步。用张政烺《士田十万新解》（《文史》第二十九辑）说法。⑥负蔡：晋地。⑦蔑天命：无须天命。⑧与：举，全部。⑨君实有郡县：指晋国就等于是秦国的郡县。⑩入：纳。河外：黄河以西、以南。⑪津：渡口。梁：桥梁。⑫挟：持。缨：马缨。缥：马腹带。⑬镒：二十两，一说二十四两。⑭珩：玉佩上部的横玉。

[译文]

公子縶离开狄国，到梁国去吊问公子夷吾，就像吊问公子重耳的命辞一样。夷吾告诉冀芮说："秦国愿意帮助我。"冀芮说："公子努力去做吧。逃亡在外的人不要去想洁身自好，洁身自好是成不了大事的。用厚重的谢礼去酬答帮助我们的人的大德，公子尽力为之，不要吝惜财富！诸公子都可以继承君位，我们凭侥幸得到，不也是可以的吗？"于是公子夷吾出来会见公子縶，再拜叩头，起来后不哭泣，退下后又私下拜访公子縶说："中大夫里克愿意助我继承君位，我命令把汾阳一带的农田百万步赐给他。丕郑也愿意助我继承君位，我命令把负蔡一带的农田七十万步赐给他。您的国君假如愿帮助我，无须天命，我也能成功了！我这个逃亡在外的人如果能回国洒扫宗庙，安定社稷，逃亡之人怎敢期望全部占有国土呢？晋国就等于是秦国的郡县，我愿献上黄河以西、以南的五座城邑，并不是说秦国没有这样的城邑，仅仅为秦君东游提供一个落脚的地方，渡河架桥，不用为难着急了。我这个逃亡在外的人怀藏的只有马笼头、马腹带这些破烂东西，不敢用它们来玷污贵国君臣的眼目。谨送上黄金四十镒，白玉珩六双，不敢劳烦公子您，请献给您的左右随从吧。"

公子縶反，致命①穆公。穆公曰："吾与公子重耳，重耳仁。再拜不稽首，不没②为后也。起而哭，爱其父也。退而不私，不没于利③也。"公子縶曰："君之言过矣。君若求置晋君而载④之，置仁不亦可乎？君若求置晋君以成名⑤于天下，则不如置不仁以猾⑥其中，且可以进退⑦。臣闻之曰'仁有置，武有置。仁置德，武置服⑧'。"是故先置公子夷吾，实为惠公。

[注释]

①致命：复命。②没：贪图。③利：指国家。④载：成。⑤成名：成就威名。⑥猾：乱。⑦进退：改变。⑧服：服从。

[译文]

公子縶回到秦国，向秦穆公复命。穆公说："我赞成公子重耳，重耳仁慈。他答谢使者再拜而不叩头，不贪图做国君的继承人。起来哭泣，表明他爱自己的父亲。退下后不再私下拜访，是他不贪图得到国家。"公子縶说："您的话错了。您如果是谋求拥立晋君以成就晋国，拥立一个仁德的人不也是可以的吗？您如果是谋求拥立晋君以成就自己在天下的威名，那么还不如拥立一个不仁德的人以扰乱晋国，这样我们还可以改立他人。我听说'有代立别国国君以施行仁德的，也有代立别国国君以显示威武的。施行仁德就要选立有德行的，显示威武就要选立服从我们的'。"因此秦国就先拥立公子夷吾，这就是晋惠公。

晋语三

惠公杀丕郑

惠公既即位，乃背秦赂①。使丕郑聘于秦，且谢②之。而杀里克，曰："子杀二君与一大夫③，为子君者，不亦难乎？"

[注释]

①秦赂：指惠公承诺给秦国的"河外列城五"。②谢：致歉。③二君：指奚齐、卓子。一大夫：指荀息。

[译文]

晋惠公即位后，就背弃了许给秦国河外五城的诺言。惠公派丕郑聘问秦国，向秦穆公致歉。又杀了里克，说："你杀了两个国君和一个大夫，做你的国君，不也是太难了吗？"

丕郑如秦谢缓①赂，乃谓穆公曰："君厚问以召吕甥、郤称、冀芮而止之②，以师奉③公子重耳，臣之属内作，晋君必出④。"穆公使泠至报问⑤，且召三大夫。郑也与客将行事⑥，冀芮曰："郑之使薄⑦而报厚，其言我于秦也，必使诱我。弗杀，必作难。"是故杀丕郑及七舆大夫：共华、贾华、叔坚、骓歂、累虎、特宫、山祁，皆里、丕之党也。丕豹⑧出奔秦。

[注释]

①缓：延迟，延缓。②厚：厚礼。问：聘问。止：留。③奉：护送。④出：出奔。⑤泠（líng）至：秦大夫。报问：回报丕郑之聘。⑥客：指泠至。将行事：行聘事。⑦薄：礼币少。⑧丕豹：丕郑之子。

[译文]

丕郑出使秦国去，就延缓交割河外五城给秦国表示歉意。于是对穆公说："您用厚礼聘问晋国，召请吕甥、郤称、冀芮然后留下他们，派军护送公子重耳回国，我的部属在国内响应，惠公必定会出奔。"穆公派泠至到晋国回聘，同时召请吕甥、郤称、冀芮三位大夫。丕郑陪同泠至正准备到晋国报聘，冀芮说："丕郑出使秦国时礼品菲薄，但秦国报聘的礼品却很丰厚，大概他向秦国出卖了我们，必定是让秦国来诱骗我们。如果不杀他，他必定会发难。"因此就杀了丕郑和七舆大夫：共华、贾华、叔坚、骓歂、累虎、特宫、山祁，这些都是里克、丕郑的党羽。丕豹出逃到秦国。

丕郑之自秦反也，闻里克死，见共华曰："可以入乎？"共华曰："二三子皆在而不及①，子使于秦，可哉！"丕郑入，君杀之。共赐②谓共华曰："子行③乎？其及④也！"共华曰："夫子之入，吾谋也，将待⑤也。"赐曰："孰知之？"共华曰："不可。知而背之不信，谋而困人⑥不智，困而不死无勇。任⑦大恶三，行将安入？子⑧其行矣，我姑待死。"

[注释]

①二三子：指七舆大夫。不及：罪不及。②共赐：晋国大夫，共华之族。③行：离去。④其及：被牵连。⑤待：意思是等待灾祸的来临。⑥谋而困人：谋划错误使人受困。⑦任：担负。⑧子：指共赐。

[译文]

丕郑出使秦国返回途中,听说里克被杀,去见共华问:"我可以回去吗?"共华说:"我们这些人都在,没有被牵连,你出使秦国,应该可以回朝复命啊。"丕郑返回晋国,惠公杀了他。共赐对共华说:"你离开吧?将会牵连到你啊。"共华说:"丕郑回来,是听了我的意见,我将等待灾难降临。"共赐说:"谁知道啊?"共华说:"不行。自己知道这件事却背着良心做事,是不讲信义;为人谋划而使人遭难,是不聪明;害了别人而自己怕死,是不勇敢。我背负这三种罪行,还能逃到哪里去呢?你还是快走吧,我姑且在这里等死吧。"

丕郑之子曰豹,出奔秦,谓穆公曰:"晋君大失其众,背君赂,杀里克,而忌处者①,众固不说。今又杀臣之父及七舆大夫,此其党半国矣。君若伐之,其君必出。"穆公曰:"失众安能杀人②?且夫祸唯无毙③,足者不处④,处者不足⑤,胜败若化⑥。以祸为违⑦,孰能出君?尔俟我!"

[注释]

①忌:憎恨。处者:指国中大夫。②人:指里克、丕郑及七舆大夫。③祸唯无毙:罪不至死。毙,死。④足者不处:罪足以死,就不能留在国内。⑤处者不足:还留在国内就罪不至死。⑥化:转化无常。⑦为:则。违:离去。

[译文]

丕郑的儿子名叫丕豹,出逃到秦国,对穆公说:"晋国的国君大失民心了,背弃许给您的城邑,杀了里克,忌恨原来留在国内的大夫,大家本来就不满意了。如今又杀了我的父亲和七舆大夫,这一派的人占了全国大夫的半数了。您如果讨伐他,晋国的国君一定会出奔。"穆公说:"失掉民心怎么还能杀人呢?况且他所闻的祸还

晋语三 181

不到死的程度。罪足以死的就不可能留在晋国，还留在晋国就说明罪不足以致死。胜败的变化是无常的。有杀身之祸的人都已经离开晋国了，谁还能驱逐晋君呢？你还是等着我想办法吧。"

秦侵晋止惠公于秦

六年①，秦岁定②，帅师侵③晋，至于韩④。公谓庆郑曰："秦寇深⑤矣，奈何？"庆郑曰："君深其怨，能浅其寇乎？非郑⑥之所知也，君其讯射也⑦。"公曰："舅所病也⑧？"卜右⑨，庆郑吉。公曰："郑也不逊⑩。"以家仆徒⑪为右，步扬御戎⑫；梁由靡御韩简⑬，虢射为右，以承公。

[注释]

①六年：晋惠公六年，鲁僖公十五年，公元前645年。②定：安，指粮食丰收而民心安定。③侵：偷袭。《左传·庄公二十九年》曰："凡师，有钟鼓曰伐，无曰侵，轻曰袭。"④韩：韩原，今陕西韩城西南。⑤深：深入晋地。⑥郑：庆郑的自称。⑦讯：问。射：虢射。⑧舅：诸侯称异姓大夫为舅。病：短。⑨右：惠公战车的车右。⑩不逊：言行不恭顺。⑪家仆徒：晋国大夫，姓家，名仆徒。⑫步扬：晋国大夫。御戎：为惠公驾驭战车。⑬梁由靡：晋国大夫。韩简：晋卿韩万之孙。

[译文]

晋惠公六年，秦国粮食丰收民心安定，秦穆公率领军队侵入晋国，一直打到韩原。惠公对庆郑说："秦军已经深入国土，该怎么办呢？"庆郑说："您加重了秦国的怨恨，能使秦军不深入吗？这不是我所知道的事情，您还是问拒绝向秦运粮救灾的虢射的主意吧。"惠公说："指挥打仗也是你的短处吗？"占卜车右，庆郑担任为吉。惠公说："庆郑言行不恭顺。"于是以家仆徒为车右，由步扬驾驭战车;梁由靡为韩简驾驭战车,虢射担任韩简的车右,跟在惠公之后。

公御秦师,令韩简视师,曰:"师少于我,斗士众①。"公曰:"何故?"简曰:"以君之出也处己②,入也烦己③,饥食其籴,三施④而无报,故来。今又击之,秦莫不愠⑤,晋莫不怠⑥,斗士是故众。"公曰:"然。今我不击,归必狃⑦。一夫不可狃,而况国乎!"公令韩简挑战,曰:"昔君之惠也,寡人未之敢忘。寡人有众,能合之弗能离也。君若还,寡人之愿也。君若不还,寡人将无所避。"穆公衡雕戈出见使者⑧,曰:"昔君之未入,寡人之忧也。君入而列⑨未成,寡人未敢忘。今君既定而列成,君其整列,寡人将亲见。"

[注释]

①斗士:死战之士。众:多。②出:出奔。处:依靠。己:指秦国。③入:回国。烦:麻烦,烦扰。④三施:指"出也处己"、"入也烦己"、"饥食其籴"。⑤愠:怒。⑥怠:怠惰。⑦狃(niǔ):狎侮,轻慢。⑧衡:横。雕:刻画。戈:一种兵器。⑨列:君位。

[译文]

惠公率领军队抵御秦军,派韩简探视秦军形势,韩简回报说:"秦军数量少于我军,但是斗士众多。"惠公问:"这是什么原因呢?"韩简说:"因为您出奔时依靠过秦国,回国为君又烦请秦国帮助,饥荒时买过秦国的粮食,我们受秦国三次恩惠都没有好好回报,因此秦国才来侵犯。现在您又领兵反击,秦军没有人不愤怒的,晋军没有不怠惰的,因此秦军斗士众多。"惠公说:"是的。如果我现在不反击,秦军回去后一定会轻视我们了。匹夫尚且不可受人轻侮,何况国家呢!"惠公命令韩简挑战,对秦穆公说:"过去您的恩惠,我不敢忘记。我有众多的将士,既然集合起来了,就不能将他们解散。如果您能退兵，那是我所希望的。如果您不退兵，我将无法避让。"穆公横握着雕花的戈出来见韩简，说："过去你们国君不能回国，我替他忧虑。你们国君回国后君位未定，我不敢忘记为他担忧。如今你们国君君位已定，让他整理好军队阵形，我将亲自率军攻击。"

客①还，公孙枝进谏曰："昔君之不纳公子重耳而纳晋君，是君之不置德而置服也。置而不遂②，击而不胜，其若为诸侯笑何？君盍待之乎？"穆公曰："然。昔吾之不纳公子重耳而纳晋君，是吾不置德而置服也。然公子重耳实不肯，吾又奚言哉？杀其内主③，背其外④赂，彼塞我施，若无天乎？若有天，吾必胜之。"君揖⑤大夫就车，君鼓而进之。晋师溃，戎马泞⑥而止。公号⑦庆郑曰："载我！"庆郑曰："忘善而背德，又废吉卜，何我之载？郑之车不足以辱君避⑧也！"梁由靡御韩简，辂⑨秦公，将止⑩之，庆郑曰："释⑪来救君！"亦不克救，遂止于秦。

[注释]

①客：指韩简。②遂：成。③内主：指里克、丕郑。④外：指秦。⑤揖：拱手。⑥泞：陷入泥泞。⑦号：呼喊。⑧避：避难。⑨辂：通"迓（yà）"，迎上前去。⑩止：俘获。⑪释：舍弃。

[译文]

韩简走后，公孙枝劝穆公说："当初您不接纳公子重耳却接纳了现在的晋君，这是您不愿立有德行的人而立服从您的人。立他为君可他并不服从于您，假如这一仗不能取胜，您如何去面对诸侯的取笑呢？您何不等待晋君自己败亡呢？"穆公说："是的。当初我不接纳公子重耳而接纳夷吾，确实是我不立有德行的人而立了服从我的人。但是那时公子重耳实在是不肯回国为君，我又能说什么呢？晋君在国内杀了主政的大夫里克和丕郑，对外又背弃了给我们城邑的许诺,他每次遇到困难,我都对他加以援手,施以恩惠,难道没有上天了吗?如果说有上天的话,我一定会取胜的。"穆公招呼众位大夫登上战车,亲自击鼓指挥进攻。晋国军队溃败,惠公战车的马陷入泥泞不能前进。惠公呼喊庆郑:"让我上车!"庆郑说:"忘记善行背弃恩德,又不从吉卜任我做车右,现在为什么又想搭乘我的车呢?我的车不配您屈尊来避难啊!"梁由靡为韩简驾驭战车,迎上前去截住了穆公,将要俘获他,庆郑说:"舍弃他来救国君!"最终他们也没能救出惠公,惠公终于被秦军俘获。

穆公归,至于王城①,合大夫而谋曰:"杀晋君与逐出之,与以归之,与复之,孰利?"公子縶曰:"杀之利。逐之恐构②诸侯,以归则国家多慝③,复之则君臣合作,恐为君忧,不若杀之。"公孙枝曰:"不可。耻大国之士于中原,又杀其君以重之,子思报父之仇,臣思报君之雠。虽微秦国④,天下孰弗患?"公子縶曰:"吾岂将徒⑤杀之?吾将以公子重耳代之。晋君之无道莫不闻,公子重耳之仁莫不知。战胜人国⑥,武也。杀无道而立有道,仁也。胜无后害,智也。"公孙枝曰:"耻一国之士,又曰余纳有道以临女,无乃不可乎?若不可,必为诸侯笑。战而取笑诸侯,不可谓武。杀其弟而立其兄,兄德我而忘其亲,不可谓仁。若弗忘,是再施不遂也,不可谓智。"君曰:"然则若何?"公孙枝曰:"不若以归,以要晋国之成⑦,复其君而质其適子⑧,使子父代⑨处秦,国可以无害。"是故归惠公而质子圉⑩,秦始知⑪河东之政。

[注释]

①王城:秦国城邑,今陕西大荔县。②构:交结。③慝(tè):邪恶,灾祸。④虽:通"惟"。微:独。⑤徒:空。⑥大国:晋国。⑦要:结,相约。成:媾和,和解。⑧质:人质。適(dí)子:嫡子。適,通"嫡"。⑨代:

替代。⑩子圉：惠公之子，即晋怀公。⑪知：掌管。

[译文]

秦穆公得胜后行至王城，聚集诸位大夫商议道："杀掉晋君，或者将他驱逐出晋国，或者把他带回秦国，或者放回晋国，哪一种方式更加有利呢？"公子縶说："杀掉他有利。放逐他恐怕他结交诸侯与秦国结怨，把他带回国就会给秦国留下祸患，放他回国，他们君臣上下合作，恐怕会成为您的忧患，不如杀掉他。"公孙枝说："不行。在原野中让晋国的卿士大夫蒙受了战败之耻，又要杀掉他们的国君以加重这种耻辱，儿子想报杀父之仇，臣子想报杀君之仇。这种情况，不仅秦国，天下诸侯谁不担心呢？"公子縶说："我们怎么能只杀掉晋君就算完呢？我们用公子重耳来代替他。晋君的不讲道义没有人不知道，公子重耳的仁德也是没有人不知道的。战胜强大的晋国，显示了威武。杀掉无道之君改立有道之君，这表现了仁义。战胜晋国，不留后患，这是明智。"公孙枝说："使一个国家的卿士大夫蒙受耻辱，又说我接纳有道的国君来治理你们，这恐怕不行吧？如果行不通，必定会被诸侯嘲笑。战胜敌国反而被诸侯嘲笑，不能说是威武。杀掉弟弟而改立他的哥哥，哥哥如果感激我们却忘了他的亲人，不能说是仁义。假如他不能忘记亲人，那么我们立他为君而他仍不服从，我们的愿望会再次落空，这不能说是明智。"穆公说："既然这样，我们该怎么办呢？"公孙枝说："不如把他带回去，借此促使晋国向我们求和，然后送回他们的国君而以他的嫡子做人质，让他们父子交替呆在秦国，我们就可以没有后患了。"因此放惠公回晋国而以子圉为人质。自此秦国开始管理河东的政事。

吕甥逆惠公于秦

公①在秦三月，闻秦将成，乃使郤乞②告吕甥。吕甥教之言，令国人于朝曰:"君使乞告二三子曰:'秦将归寡人,寡人不足以辱社稷,二三子其改置以代圉③也。'"且赏以悦众,众皆哭,焉作辕田④。

[注释]

①公:指晋惠公。②郤乞:晋国大夫。③改置以代圉:改立其他公子以代替子圉,意思是父子俱避位。④焉:于是。作辕田:废除换土易居、定期重新分配土地的井田制,实行土地私有制。作,通"斫",斩断,废除。辕田,又作"爰田",换土易居。《左传·僖公十五年》杜预注:"分公田之税应入公者,爰之于所赏之众。"

[译文]

晋惠公被拘留在秦国三个月后,听说秦国将准许晋国讲和,就派郤乞转告吕甥。吕甥教给郤乞一番话,让他对聚集在朝门前的臣民说:"国君派我来告诉你们:'秦国将要释放我回来,我不足以再担任国君,让国家蒙受耻辱,你们改立其他公子代替子圉吧。'"又给了臣民们许多赏赐以取悦他们,大家都感动得流泪了,于是晋国作辕田。

吕甥致众而告之曰:"吾君惭焉其亡之不恤①,而群臣是忧,不亦惠乎?君犹在外,若何?"众曰:"何为而可?"吕甥曰:"以韩之病②,兵甲尽矣。若征缮以辅孺子③,以为君援,虽四邻之闻之也,丧君有君,群臣辑睦,兵甲益多,好我者劝,恶我者惧,庶有益乎?"众皆说,焉作州兵④。

[注释]

①惭:羞愧。亡:指惠公被俘在外。恤:忧虑。②病:败。③征:征收赋税。缮:整治。④作州兵:废除只在国人居住的比闾族党州乡征兵的制度,实行国野一体的普遍兵役制。

[译文]

吕甥召集群臣并告诉他们说:"我们国君痛心羞愧,但不忧虑自己被俘在外，而担忧国内群臣的安危，不也很慈惠吗？现在国君还被俘在外，该怎么办呢？"大家说："我们怎么做才能让国君回来呢？"吕甥说："因为韩原之战的失败，我们的兵士武器都丧失了。如果我们征收赋税，修治甲兵，共同辅佐太子，以此作为国君的后援，让四方邻国听到后，知道我们失去了原来的国君又有了新的国君，群臣和睦，兵士武器越来越多，和我们友好的国家就会劝勉我们，和我们不友好的国家就会畏惧我们，这或许有好处吧？"大家都很悦服，于是晋国作州兵。

吕甥逆君于秦，穆公讯之曰："晋国和乎？"对曰："不和。"公曰："何故？"对曰："其小人不念其君之罪，而悼其父兄子弟之死丧者①，不惮征缮以立孺子，曰：'必报雠，吾宁事齐、楚，齐、楚又交②辅之。'其君子思其君，且知其罪，曰：'必事秦，有死无他。'故不和。比③其和之而来，故久。"公曰："而④无来，吾固将归君。国谓君何？"对曰："小人曰不免，君子则否。"公曰："何故？"对曰："小人忌而不思⑤，愿从其君⑥而与报秦，是故云。其君子则否，曰：'吾君之入也，君之惠也。能纳之，则能执之。能执之，则能释之。德莫厚焉，惠莫大焉，纳而不遂，废而不起，以德为怨，君其不然？'"秦君曰："然。"乃改⑦馆晋君，馈七牢焉⑧。

[注释]

①悼其父兄子弟之死丧者：指在韩原之战中丧生的父兄子弟。②交：共同。③比：及，等到。④而：你。⑤忌：怨恨。不思：不思大义。⑥君：指子圉。⑦改：更。起初，秦穆公拘惠公于灵台，此时安排到客馆居住。⑧馈：赠送。七牢：牛羊豕为一牢，馔饩七牢，侯伯之礼。

[译文]

吕甥去秦国迎接惠公回国，穆公问他："晋国内部和睦吗？"吕甥回答说:"不和。"穆公问:"什么缘故呢?"吕甥说:"那些小人不考虑国君的罪过,只悼念在韩原之战中死去的父兄子弟,他们不畏避征收税赋缮治甲兵来拥立太子子圉为新君,说:'一定要报仇,我们宁可侍奉齐国和楚国,让齐国和楚国来共同援助我们。'君子则思念自己的国君,也知道他的罪过,说:'一定要侍奉秦国,至死也不能有二心。'因此不和睦。等到说和了他们以后我才来迎接国君,所以拖了很久。"穆公说:"即使你不来,我也决定送还晋君。晋国人以为晋君会怎样?"吕甥回答说:"小人认为国君不能免难,君子却不这么认为。"穆公问:"什么缘故呢?"回答说:"小人只知怨恨而不知道大义,只希望跟随君主子圉一起报复秦国,因此这么认为。君子不是这样,他们说:'我们国君当初能回国即位,是受了您的恩惠。当初既然能够接纳他让他为君,就也能俘虏他。如今既然能俘获他,也就能够释放他。没有比这更深厚的仁德了,没有比这更大的恩惠了。当初接纳他让他回晋国为君而不善始善终,或者废黜而不再用他,把原来的恩德变为怨恨,您大概不会这样做吧?'"穆公说:"是的。"于是改置惠公的馆舍,并按照诸侯之礼,用七牢来款待他。

晋语四

重耳自狄适齐

文公在狄十二年①,狐偃②曰:"日③,吾来此也,非以狄为荣,可以成事也。吾曰:'奔而易达,困而有资,休以择利④,可以戾⑤也。'今戾久矣,戾久将底⑥。底著滞淫⑦,谁能兴之?盍速行乎!吾不适⑧齐、楚,避其远也。蓄力一纪⑨,可以远矣。齐侯长矣⑩,而欲亲晋。管仲殁⑪矣,多谗在侧。谋而无正⑫,衷⑬而思始。夫必追择前言⑭,求善以终,餍迩逐远⑮,远人入服,不为邮⑯矣。会其季年⑰可也,兹可以亲。"皆以为然。

[注释]

①文公:即晋文公重耳,晋献公庶子,为逃避骊姬的迫害,于鲁僖公五年从蒲逃到狄国,至鲁僖公十六年,已有十二年。狄:国名。②狐偃:晋文公的舅父,字子犯。③日:往日、以前。④休:休息。利:时机。⑤戾:安定。⑥底:停止、沉沦。⑦著:附。滞:停留。淫:久。⑧适:前往。⑨蓄:积蓄。纪:古代记年单位,以岁星绕行一周周期十二年为一纪。⑩齐侯:即齐桓公。长(zhǎng):年老。⑪殁:去世。⑫无正:没有正道。⑬衷:通"中",

中道。⑭前言：指管仲活着时的忠善之言。⑮屡：公序本作"厌"，厌倦、憎恶。迩：近。逐：追求。⑯邮：通"尤"，过失。⑰季年：晚年。季，末。

[译文]

晋文公逃到狄国已经有十二年，子犯对晋文公说："当初我们来狄国，不是为了在这儿安逸享乐，而是为了将来成就重返晋国的大业。当时我说：'逃到狄国容易到达，困乏了可以得到资财，我们可以在这里休息一下以等待有利时机，就暂且在狄国安定下来吧。'现在我们已经安定久了，身体安定过久就会精神消沉，精神消沉过久就会安于现状，那样谁还能让您兴起？为什么不快点儿离开这里！当时我们不去齐国、楚国，是嫌它们太远。现在，我们已经积蓄了十二年的力气，可以远行了。齐桓公年事已高，但想和晋国交好。管仲去世后，不少奸臣在齐桓公身边，他们谋划没有正道，所以齐桓公怀念即位之初的盛况。他肯定会追念管仲的善策良言，求善到死。憎恶近前的奸臣，追念过去的良谋，我们这些远方人去投奔他，这是不会错的。如今正赶上齐桓公晚年，可以和齐国亲近友好。"大家都认为子犯说的对。

乃行，过五鹿①，乞食于野人。野人举块以与之，公子怒，将鞭之。子犯曰："天赐也。民以土服，又何求焉！天事必象，十有②二年，必获此土。二三子志③之。岁在寿星及鹑尾④，其有此土乎！天以命⑤矣，复于寿星，必获诸侯。天之道也，由是始之。有此，其以戊申⑥乎！所以申土也。"再拜稽首，受而载之。遂适齐。

[注释]

①五鹿：卫国的地名，在今河南濮阳市东北。②有：通"又"。③志：记住。④岁：岁星。寿星、鹑尾：星次名。⑤命：告。⑥戊申：记日的干支。

[译文]

于是，重耳等人离开狄国。经过卫国的五鹿时，晋文公派人向乡下人讨吃的。有个乡下人却拿起一块土给他们,重耳很愤怒,要用鞭抽他。子犯制止说:"这是上天的赐予,百姓奉土归顺公子,您还想得到什么呢!上天注定的事发生之前一定先有征兆,十二年后,您会得到这片土地。大家都记住,岁星在寿星和鹑尾之间的位次时,公子得到这块土地!上天用这件事告诉我们,岁星再到寿星的位次时,公子一定会称霸诸侯。天的旨意,就从这件事开始。公子得到这块土地,应该是在戊申这一天!戊申就是扩展土地的意思。"重耳朝天跪拜叩头,接受了这块土并将它放在车上。于是重耳等人继续前行往齐国去。

齐姜劝重耳勿怀安

齐侯妻之①,甚善焉。有马二十乘②,将死于齐而已矣。曰:"民生安乐,谁知其他?"桓公卒,孝公③即位,诸侯叛齐。子犯知齐之不可以动④,而知文公之安齐而有终焉之志也,欲行,而患之,与从者谋于桑下。蚕妾⑤在焉,莫知其在也。妾告姜氏⑥,姜氏杀之,而言于公子曰:"从者将以子行,其闻之者吾以除之矣。子必从之,不可以贰⑦,贰无成命⑧。《诗》云:'上帝临女,无贰尔心。'⑨先王其知之矣,贰将可乎?子去晋难而极于此⑩。自子之行,晋无宁岁,民无成⑪君。天未丧晋,无异公子⑫,有晋国者,非子而谁?子其勉之!上帝临子,贰必有咎⑬。"

[注释]

①妻之:指齐桓公把宗室之女嫁给重耳。②乘(shèng):古代一乘为一车四马。③孝公:齐桓公的儿子齐孝公姜昭,公元前642年至前633年在位。④动:指请求齐国护送返回晋国。⑤蚕妾:采桑养蚕的女奴。⑥姜氏:重耳的

妻子。⑦贰：有二心，犹豫。⑧成命：成就天命。⑨"上帝"二句：语出《诗经·大雅·大明》，是周武王誓师时对将士说的话。临，下临、监视。女，汝，你们，指参加誓师的各路军队。⑩晋难：指骊姬发难杀太子申生逐群公子。极：至、到。⑪成：稳定的。⑫无异公子：晋惠公有九个儿子，现只有重耳还活着。⑬咎：灾难。

[译文]

齐桓公把宗室之女嫁给重耳，待他很好。重耳有二十辆车、八十匹马，打算一直到死都呆在齐国，他说："人生来就只图个安乐，谁还顾及其他？"齐桓公死后，齐孝公即位。诸侯背叛齐国。子犯知道在这种情况下不可以向齐国提出护送回晋的请求，并知道重耳安于留在齐国，并有老死齐国的想法。子犯想要返回晋国，但又担心重耳不肯走，于是他就在桑树下和重耳的其他随从商量。当时，有个采桑女正在树上，子犯等人都不知道。采桑女把听到的话告诉了重耳的妻子姜氏，姜氏杀了采桑女，而后对重耳说："您的随从要带您返回晋国，那个听到此事的人已经被我杀了。您一定要听从他们的建议，不可以犹豫，犹豫就不能成就天命。《诗经》上说：'上天保佑您，您不可以有二心。'周武王知道天命不可怀疑，如果有疑，他能得到天下吗？您逃离国难来到这里，自从您离开后，晋国就没有安宁的时候，百姓没有固定的国君。上天没有让晋国灭亡，现在晋国没有别的公子，能得到晋国的人，不是您是谁？您可要努力呀！上天保佑您，您再犹豫而不顺从天命，一定会有灾难。"

公子曰："吾不动矣，必死于此。"姜曰："不然。《周诗》曰：'莘莘征夫，每怀靡及。'①夙夜征行，不遑启处②，犹惧无及。况其顺身纵欲怀安，将何及矣！人不求及③，其能及乎？日月不处，人谁获安？《西方之书》有之曰：'怀与安，实疚大事。'④《郑诗》云：'仲可怀也，人之多言，亦可畏也。'⑤昔管敬仲⑥有言，小妾闻之，曰：'畏威如疾，民之上也。从怀如流，民之下也。见怀思威，民之中也。畏威如疾，乃能威民。威在民上，弗畏有刑。从怀如流，去威远矣，故谓之下。其在辟也，吾从中也。《郑诗》之言，吾其从之。'此大夫管仲之所以纪纲齐国，裨辅⑦先君而成霸者也。子而弃之，不亦难乎？齐国之政败矣，晋之无道久矣，从者之谋忠矣，时日及矣，公子几⑧矣。君国可以济百姓，而释⑨之者，非人也。败不可处，时不可失，忠不可弃，怀不可从，子必速行。吾闻晋之始封也，岁在大火⑩，阏伯⑪之星也，实纪商人。商之飨国三十一王⑫。《瞽史之纪》曰：'唐叔⑬之世，将如商数。'今未半⑭也。乱不长世，公子唯子⑮，子必有晋。若何怀安？"公子弗听。

[注释]

①"莘莘"两句：语出《诗经·小雅·皇皇者华》。莘莘，众多。征夫，行人。每，经常。怀，担心。靡及，不及。②遑：闲暇。启处：安居休息。③求及：求及时。④西方：指周。疚：败坏。⑤"仲可"三句：语出《诗经·郑风·将仲子》。⑥管敬仲：即管仲，名夷吾，字仲，谥敬。⑦裨（bì）辅：辅助。⑧几：近。⑨释：通"舍"，舍弃、放弃。⑩岁：岁星。大火：星名，属于心宿。⑪阏伯：帝尧时火正官，住在商丘，主持祭祀大火星。⑫飨国：指帝王在位统治天下。飨，通"享"。三十一王：指商代从汤到纣共三十一个君主。⑬唐叔：晋的始祖唐叔虞，周武王的儿子，封于唐。⑭未半：不到一半。自唐叔至晋惠公共十四世，不到商朝三十一君的一半。⑮公子唯子：指晋国的诸位公子现在只有重耳一个人还活着。

[译文]

重耳说："我不想再走了，决定老死在这里。"姜氏说："不能这样。《周诗》说：'那些风尘仆仆的行人，时常惦念着自己要办的事，唯恐来不及把事情办好。'早晚赶路，没有闲暇停下来，这样还唯恐来不及，何况您现在完全听从感官的需要，放纵自己的欲望,贪图安逸,这样怎么能达到目的呢!人如果不求及时,怎么能够成功?太阳、月亮都不停下来,人哪能贪图安逸?《西方之书》有这样的话:'留恋妻室和贪图安逸,会败坏大事。'《郑诗》有言:'仲子令我思念,外人的闲话也可畏啊。'以前管仲说的话,小妾也曾听到过。他说:'如果一个人像害怕疾病一样敬畏天威,是上等人。只知道眷恋私欲随大流,是下等人。看到可眷恋的事物,就想起天威的可畏,是中等人。只有敬畏天威如害怕疾病一样,才能树立权威,统治人民。天威在民之上,对天威无所畏惧,则将受到惩罚。只知贪恋私欲随大流,那离建立声威就很远了,因此说是下等人,下等人在治罪受罚之列。我是愿做中等人的。《郑诗》上所说的话,我是愿意遵从的。'这就是管仲治理齐国,辅助齐桓公成为霸主的思想。您如果抛弃它,难道不会使自己处于困难的境地吗?齐国政治已经衰败了,晋国不行正道也已经很久,您的随从竭诚为您考虑,时机到了,您得到晋国的日子近了。您治理国家可以救百姓,您如果放弃,这不是聪明人应有的做法。齐国政治已经出现危机,不可久留,您回晋国的时机不可丢失,忠诚的随从不可抛弃,贪图安逸的想法不可放纵,您一定要赶快走!我听说晋国刚刚得到封国的时候,岁星在大火星的位置,也就是阏伯星的位置,它实际主纪殷商的吉凶。商代治理天下的有三十一位国君,《瞽史之纪》预言:'唐叔的世系将和商代的国君数目一样多。'迄今为止,晋国的国君还不到商代的一半。叛乱终究会平息的,现在您是晋国唯一的公子,您一定会得到晋国的。您为什么还贪恋安逸?"重耳不听姜氏的劝告。

齐姜与子犯谋遣重耳

姜与子犯谋,醉而载之以行。醒,以戈逐子犯,曰:"若无所济①，吾食舅氏之肉，其知餍②乎！"舅犯走，且对曰："若无所济，余未知死所，谁能与豺狼争食？若克有成，公子无亦晋之柔嘉③是以甘食。偃之肉腥臊，将焉用之？"遂行。

[注释]

①济：成功。②餍：满足。③柔嘉：美味的食物。

[译文]

姜氏与子犯私下里商量，将重耳灌醉然后用车载着离开齐国。重耳酒醒后，拿戈追着子犯打，说："如果不能成功，我会吃你的肉，吃个够！"子犯边躲避边回答说："如果不能成功，我不知道会死在什么地方，谁能和豺狼争夺食物呢？如果能成功，您就会吃到晋国香甜美味的食物。我的肉腥臊，哪里还能用得着呢？"于是继续往前走。

楚成王以周礼享重耳

遂如①楚，楚成王②以周礼享之，九献③，庭实旅百④。公子欲辞，子犯曰："天命也，君其飨之。亡人而国荐⑤之，非敌⑥而君设之，非天，谁启之心！"既飨，楚子⑦问于公子曰："子若克复晋国，何以报我？"公子再拜稽首对曰："子女玉帛，则君有之。羽旄齿革⑧，则君地生焉。其波及晋国者，君之余也，又何以报？"王曰："虽然，不穀⑨愿闻之。"对曰："若以君之灵，得复晋国，晋、楚治兵，会于中原，其避君三舍⑩，若不获命，其左执鞭弭⑪，右属櫜鞬⑫，以与君周旋。"

[注释]

①如：去、到。②楚成王：楚国国君熊颎，一作熊恽，楚文王的儿子，公元前671年至前626年在位。③九献：献酒共九次。④庭实：周礼，诸侯间

互相访问,把礼物陈列在中庭,称为庭实。旅:众多。百:指数以百计。⑤荐:进献。⑥敌:匹敌。⑦楚子:即楚成王。楚国属于子爵国家,所以称楚王为楚子。⑧旄:旄牛尾。齿:象牙。革:犀、兕的皮革。⑨不穀:君主自称,谦辞。穀,善。⑩三舍:九十里。古代行军三十里后驻扎,称一舍。⑪弴:没有缘饰的弓。⑫櫜:盛箭的袋子。鞬:盛弓的袋子。

[译文]

　　重耳等人到楚国去,楚成王用周王室规定的招待诸侯的礼节款待他,宴会上献酒九次,在中庭陈列的酒肴礼器数以百计。重耳想要推辞,子犯说:"这是上天的意志,您还是接受吧。对一个逃亡在外的人,竟用国君的礼节招待。身份地位不对等,楚成王却像接待国君那样陈设礼物,若不是上天有灵,谁会使他有这样的想法呢?"宴会之后,楚成王问重耳:"您如果能够回到晋国当国君,用什么来报答我呢?"重耳再拜叩头说:"美女、玉石和丝帛,您有的是。鸟羽、旄牛尾、象牙和犀牛皮,本来就是贵国土地上出产。那些流散到晋国的,已经是君主多余的,我还能用什么来报答您呢?"楚成王说:"虽然这样,我还是想听听您怎样报答我。"重耳回答说:"要是托您的福,我能够回到晋国,将来万一晋、楚两国兴兵,在中原一带交战,我愿避开君主后退九十里。要是这样还得不到您退兵的命令,那么我只好左手拿起马鞭和宝弓,右边披挂上箭袋与弓囊,和您较量一番。"

　　令尹子玉曰①:"请杀晋公子。弗杀,而反②晋国,必惧楚师。"王曰:"不可。楚师之惧,我不修也。我之不德,杀之何为! 天之祚楚,谁能惧之? 楚不可祚,冀州③之土,其无令君乎? 且晋公子敏而有文,约而不谄④,三材⑤侍之,天祚之矣。天之所兴,谁能废之?"子玉曰:"然则请止狐偃。"王曰:"不可。《曹诗》曰:'彼己之子,不遂其媾。'⑥邮⑦之也。夫邮而效之,邮又甚焉。效邮,非礼也。"于是怀公⑧自秦逃归。秦伯⑨召公子于楚,楚子厚币以送公子于秦。

[注释]

①令尹:官名,为楚国的最高官职,掌军政大权。子玉:名成得臣,是楚国若敖的曾孙。②反:通"返"。③冀州:古代九州之一,包括今山西、河北一带,春秋时代晋国据有这些地方。④约:穷困。谄:谄谀。⑤三材:三位具有卿相之才的人,指狐偃、赵衰、贾佗。⑥"彼己"二句:语出《诗经·曹风·候人》。遂,终。媾,厚。⑦邮:通"尤",过失。⑧怀公:晋怀公子圉,晋惠公之子。⑨秦伯:指秦穆公。

[译文]

令尹子玉说:"请杀掉晋公子重耳。不杀的话,一旦他回到晋国,必然会造成楚军忧惧。"楚成王说:"不行。楚军有忧惧,那是我们自己不修德的缘故。我们自己不修德,杀了他又有什么用?如果上天保佑楚国的话,谁又能使楚国忧惧呢?如果上天不保佑楚国,那么晋国的土地上,难道就不会出现贤明的国君吗?而且晋公子重耳为人通达又富于文辞,处在困境之中,却不肯逢迎谄谀,又有三位卿相之材侍奉他,这是上天在保佑他啊。天意要他复兴,谁能够毁掉他呢?"子玉说:"那么就请把狐偃扣留起来。"楚成王说:"不行。《曹诗》上说:'那个人呀,不能久享优厚的待遇。'这是指责一个人的过失。如果明知是错的还去仿效,那就错上加错了。仿效错的,这不符合礼啊。"正在这时晋怀公从秦国逃回了晋国。秦穆公派人到楚国来召请公子重耳,楚成王便用厚礼把重耳送到了秦国。

秦伯享重耳以国君之礼

他日,秦伯将享公子,公子使子犯从。子犯曰:"吾不如衰①之文也，请使衰从。"乃使子余从。秦伯享公子如享国君之礼，子余相如宾。卒事，秦伯谓其大夫曰："为礼而不终，耻也。中不胜貌，耻也。华而不实，耻也。不度而施②，耻也。施而不济，耻也。耻门不闭，不可以封。非此，用师则无所矣。二三子敬乎！"

[注释]

①衰：赵衰，字子余。②度：忖度，估量。施：施恩。

[译文]

一天，秦穆公将设宴隆重招待公子重耳，重耳叫子犯随从。子犯说："我不如赵衰那样善于辞令，请让赵衰同您去吧。"于是，重耳便叫赵衰随从前往。秦穆公用款待国君的礼节来招待重耳，赵衰做傧相，完全按照宾礼进行。宴会结束后，秦穆公对大夫们说："举行礼仪而不能够善始善终，是耻辱。内在的思想感情和外部的动作面貌不一致，是耻辱。形式华丽而没有实际内容，是耻辱。不估量自己的能力而施恩德，是耻辱。施德于人而不能助人成功，是耻辱。不关闭这些羞耻之门，不足以立国。不这样，对外用兵就会一无所成。你们在这方面必须恭敬谨慎从事啊！"

明日宴，秦伯赋《采菽》①，子余使公子降拜。秦伯降辞。子余曰："君以天子之命服②命重耳，重耳敢有安志，敢不降拜？"成拜卒登，子余使公子赋《黍苗》③。子余曰："重耳之仰君也，若黍苗之仰阴雨也。若君实庇荫膏泽之，使能成嘉谷，荐在宗庙，君之力也。君若昭先君之荣，东行济河，整师以复强周室，重耳之望也。重耳若获集德而归载④，使主晋民，成封国，其何实不从。君若恣志以用重耳，四方诸侯，其谁不惕惕以从命！"秦伯叹曰："是子将有焉，岂专在寡人乎！"秦伯赋《鸠飞》⑤，公子赋《河水》⑥。秦伯赋《六月》⑦，子余使公子降拜。

秦伯降辞。子余曰："君称所以佐天子匡⑧王国者以命重耳，重耳敢有惰心，敢不从德。"

[注释]

①《采菽》：《诗经·小雅·采菽》，这是周天子赐诸侯命服时奏的乐歌。②命服：天子赐予贵族的仪式用品，如车马、旌旗、冕服、弓矢等，不同爵位的人赐予不同的命服。③《黍苗》：即《诗经·小雅·黍苗》。④载：祭祀。⑤《鸠飞》：指《诗经·小雅·小宛》之首章。⑥《河水》：当指《诗经·小雅·沔水》。⑦《六月》：指《诗经·小雅·六月》。⑧匡：正。

[译文]

在第二天举行的宴会上，秦穆公朗诵了《采菽》这首诗，赵衰让重耳下堂拜谢。秦穆公也下堂辞谢。赵衰说："您要把天子赐予诸侯的路车乘马赠给重耳，重耳怎敢有苟安的想法，又怎敢不下堂拜谢呢？"拜谢完毕后又登堂，赵衰让公子朗诵《黍苗》这首诗。赵衰说："重耳仰赖您，就像久旱的黍苗仰赖上天的雨水一样。如果承蒙您庇护滋润，使他能成长为好谷子，奉献给宗庙，那完全出于您的大力支持啊。您如果能发扬光大先君秦襄公的荣耀，东渡黄河，整顿军队使周王室再度强大起来，这是重耳所盼望的。重耳如果能得到您的这些恩惠而归祀宗庙，成为晋国百姓的君主，得到封国，那他一定会相从的。您如果能放心大胆地任用重耳，四方的诸侯，谁还敢不小心翼翼地听从您的命令呢？"秦穆公叹息道："他这个人将会全部获得这些东西，哪里是单靠我呢！"秦穆公朗诵了《鸠飞》这首诗，重耳朗诵了《河水》这首诗。秦穆公又朗诵《六月》，赵衰让公子重耳下堂拜谢。秦穆公也下堂辞谢。赵衰说："您把辅助周天子、匡正诸侯的使命交付给重耳，重耳怎敢有怠惰之心，怎敢不遵从有德者的命令呢？"

寺人勃鞮求见文公

初,献公使寺人勃鞮伐公于蒲城①,文公逾垣,勃鞮斩其袪②。及入,勃鞮求见,公辞焉,曰:"骊姬之谗,尔射余于屏③内,困余于蒲城,斩余衣袪。又为惠公从余于渭滨④,命曰三日,若宿而至⑤。若干二命⑥,以求杀余。余于伯楚⑦屡困,何旧怨也?退而思之,异日见我。"对曰:"吾以君为已知之矣,故入;犹未知之也,又将出矣。事君不贰是谓臣,好恶不易是谓君。君君臣臣,是谓明训。明训能终,民之主也。二君之世,蒲人、狄人,余何有焉?除君之恶,唯力所及,何贰之有?今君即位,其无蒲、狄乎?伊尹放太甲而卒以为明王⑧,管仲贼桓公而卒以为侯伯⑨。乾时⑩之役,申孙之矢集于桓钩⑪,钩近于袪,而无怨言,佐相以终,克成令名。今君之德宇,何不宽裕也?恶其所好,其能久矣?君实不能明训,而弃民主。余,罪戾之人也,又何患焉?且不见我,君其无悔乎!"

[注释]

①寺人勃鞮(dī):寺人披,字伯楚。寺人,宫内的侍卫小臣,即后世的宦官。蒲城:晋邑名,在今山西隰县西北。②袪(qū):袖口。③屏:当门的小墙,也叫塞门。④惠公:晋惠公。渭:渭水,位于陕西中部。⑤若:你。宿:一夜。⑥干:干犯、违背。二命:指晋献公和晋惠公的命令。⑦伯楚:勃鞮的字。⑧伊尹:商初大臣。太甲:商代国王,商汤的孙子。即位后不理国政,被伊尹放逐。三年后太甲悔过,又被接回复位。⑨"管仲"句:指管仲参与齐国公子纠与公子小白争夺君权的斗争,支持公子纠,箭射公子小白,中其衣带钩。公子小白即后来的齐桓公。⑩乾时:齐地名,在今山东临淄西南。⑪申孙之矢:箭名。桓钩:桓公的衣带钩。

[译文]

　　起初,晋献公派寺人勃鞮到蒲城去行刺公子重耳,重耳跳墙逃走,被勃鞮砍断了衣袖。等到重耳返国即位,勃鞮来求见,晋文公拒绝接见他,说:"以前骊姬进谗言陷害我的时候,你从屏墙内向我射箭,还到蒲城陷我于困境,砍断了我的衣袖。又为晋惠公追踪我到渭水岸边来谋杀我,惠公命令你三天到达,可是你隔一夜就来了。你两次干犯君命,想要杀我。我屡次遭到你的逼迫,我和你又有什么旧怨呢?你回去好好想想,改日再来见我。"勃鞮回答说:"我以为您已经懂得了君臣之道,因此才得以返回晋国,原来您到现在还不懂得,您将又要失去君位了。侍奉君主忠心不二,才叫做人臣;不因私人好恶而改变原则,才算做君主。君要像君,臣要像臣,这是历来圣明的教诲。能始终守住这一教诲,才可成为民众的君主。在献公、惠公的时候,您只是蒲人和狄人,您对我来说有什么恩义呢?铲除国君所痛恨的人,尽全力去完成,怎么能说是怀有二心呢?如今君主即位以后,难道说就没有像蒲人、狄人这样讨厌的人了吗?商代的伊尹流放了太甲,却终于让他成为贤明的君主。齐国的管仲用箭射过齐桓公,最终他却使桓公称霸于诸侯。当初的乾时之战,管仲用申孙之箭射中了桓公的衣带钩,他射中的衣带钩可比我斩下的衣袖口更接近身体要害,而桓公却没有怨言,任命他为国相,一直到死,终于成就美名。如今您的德量气度,为什么不能宽大些呢?憎恶您应该喜爱的忠臣,您的君位还能保持长久吗?您实在是不能恪守前人的教诲,抛弃了做君主的道理。我只是一个有罪的阉人,又有什么可担心的呢?您不接见我的话,您将会后悔啊!"

　　于是吕甥、冀芮畏逼,悔纳文公,谋作乱,将以己丑焚公宫,公出救火而遂杀之。伯楚知之,故求见公。公遽出见之,曰:"岂不如女①言,然是吾恶心也,吾请去之。"伯楚以吕、郤之谋告公。公惧,乘驲②自下,脱会秦伯于王城③,告之乱故,及己丑,公宫火,二子求公不获,遂如河上,秦伯诱而杀之。

[注释]

①女:通"汝",你。②驲:古代驿站的专用车。③秦伯:指秦穆公。王城:秦地名,在今陕西大荔东。

[译文]

这时吕甥、冀芮害怕受到晋文公的迫害,后悔当初接纳晋文公,阴谋作乱,打算在己丑那天焚烧文公的宫室,趁文公出来救火的时候加以杀害。勃鞮知道这一阴谋,因此来求见晋文公。文公马上出来接见,说:"难道不正像你所说的那样吗?确实是因我怨恨在心,我请从此改过。"勃鞮就将吕甥、冀芮的阴谋告诉了文公。文公很害怕,乘着驿车走小道,脱身跑到王城会见了秦穆公,向秦穆公报告了吕、冀作乱的阴谋。等到己丑那天,文公的宫室果然起火,吕甥、冀芮两人没有捉到文公,于是一直寻到黄河边上,秦穆公诱杀了他们。

文公遽见竖头须

文公之出也,竖头须①,守藏者也,不从。公入,乃求见,公辞焉以沐②。谓谒者③曰:"沐则心覆④,心覆则图反,宜吾不得见也。从者为羁绁⑤之仆,居者为社稷之守,何必罪居者!国君而雠匹夫,惧者众矣。"谒者以告,公遽⑥见之。

[注释]

①竖头须:又叫里凫须,晋文公的小臣。②沐:洗头发。③谒者:为国君掌管传达、通报的人。④覆:颠倒。⑤羁绁:指马络头、马缰绳之类的东

西。⑥遽：仓促、急忙。

[译文]

晋文公出逃的时候，侍臣竖头须是负责管理库藏的，没有跟从流亡。文公回国后，他便去求见，文公推托说正在洗头而拒绝接见。竖头须对传达的人说："洗头的时候心就会倒过来，心倒过来的话所想的就会反过来，难怪我不能被接见了。跟从流亡的人是为他牵马坠镫效劳的仆人，留在国内的人是为他守护国家的卫士，何必要怪罪留在国内的人呢！身为国君而跟一个普通人为仇，那害怕的人就多了。"传达的人把这番话转告给文公，文公赶紧接见了他。

文公修内政纳襄王

元年春，公及夫人嬴氏至自王城。①秦伯纳卫三千人，实纪纲之仆。公属②百官，赋职任功，弃责薄敛③，施舍分寡。救乏振滞，匡困资无。轻关易道，通商宽农④。懋⑤穑劝分，省用足财、利器明德，以厚民性。举善援能，官方定物，正名育类。昭旧族，爱亲戚，明贤良，尊贵宠，赏功劳，事耇老，礼宾旅，友故旧。胥、籍、狐、箕、栾、郤、柏、先、羊舌、董、韩，实掌近官⑥。诸姬之良，掌其中官⑦。异姓之能，掌其远官⑧。公食贡，大夫食邑，士食田，庶人食力，工商食官，皂隶食职，官宰食加⑨。政平民阜，财用不匮。

[注释]

①元年：晋文公在位第一年，即公元前636年。嬴氏：即晋文公夫人文嬴。②属：聚会。③责：通"债"。敛：收赋税。④宽农：指不夺农时。⑤懋：劝勉。穑：农耕。⑥近官：朝廷近臣。⑦中官：朝内官。⑧远官：指边邑的官。⑨官宰：家臣。加：大夫的加田。

[译文]

晋文公元年春天，文公和夫人嬴氏从王城返回晋国，秦穆公派卫士三千人护送，都是得力的仆从。文公召会百官，按照功劳大小授予官职，废除旧的债务，减免赋税，布施恩惠，分财给劳力少的家庭，救济贫困，起用有才德而长期没升迁的人，资助没有财产的人。减轻关税，修治道路，便利通商，宽免农民的劳役。鼓励发展农业，提倡互相帮助，节省费用，积累财富，改良劳动工具，宣扬道德教化，以培养百姓的淳朴德性。推举贤良，任用有才能的人，按组织规章设置官员职位，依照法规处理各种事务，确立上下尊卑名分，培育忠孝慈爱美德。昭显有功勋的旧族，惠爱亲戚，表彰贤良，尊宠贵臣，奖赏有功劳的人，敬事老人，礼待宾客，亲近旧日的友人。胥、籍、狐、箕、栾、郤、柏、先、羊舌、董、韩等十一族，都担任朝廷近臣。姬姓中贤良的人，担任朝廷内务官。异姓中有才能的人，担任边远地方的官。王公享用贡赋，大夫收取采邑的租税，士受禄田，一般平民自食其力，工商之官领受官廪，皂隶按其职务领取口粮，家臣的俸禄取自大夫的加出。于是政治清明，民生丰足，财用不缺。

冬，襄王避昭叔之难①，居于郑地氾②。使来告难，亦使告于秦。子犯曰："民亲而未知义也，君盍纳王以教之义。若不纳，秦将纳之，则失周矣，何以求诸侯？不能修身而又不能宗③人，人将焉依？继文之业，定武之功④，启土安疆，于此乎在矣！君其务之。"公说，乃行赂于草中之戎与丽土之狄⑤，以启东道。

[注释]

①襄王：周襄王姬郑，公元前651年至前619年在位。昭叔：周襄王的弟弟太叔带，封于甘，谥为昭，称昭叔、甘昭公等。昭叔之难指昭叔和周襄王

的王后狄隗私通,襄王废狄后隗氏,狄人攻打周,襄王逃到郑国避难。②氾:郑邑名,在今河南襄城南。③宗:尊。④文:指晋文侯姬仇,曾辅助周平王东迁。武:指重耳的祖父晋武公,有统一晋国之功。⑤草中之戎与丽土之狄:晋国东边的两个少数民族邦国。

[译文]

　　这年冬天,周襄王为躲避昭叔之难,住到郑国的氾地,派人到晋国告急,又派人到秦国求援。子犯说:"民众亲近君主,但还不知道道义,您何不送周襄王回国,以此来教导民众懂得道义呢?如果您不送,秦国就会送襄王回国,那就会失去侍奉周天子的机会,还凭什么来向周天子求取诸侯盟主的地位呢?如果不能修养品德,又不能尊奉周天子,别人怎么会依附呢?继承晋文侯的业绩,安定晋武公的功德,开拓国土,安定疆界,就在于这次行动了,请您努力做好这件事。"文公听了很高兴,于是就贿赂草中之戎人和丽土之狄人,打开东进的道路。

文公出阳人

　　二年①春,公以二军下②,次于阳樊③。右师取昭叔于温,杀之于隰城④。左师迎王于郑。王入于成周,遂定之于郏⑤。王飨醴,命公胙侑⑥。公请隧⑦,弗许,曰:"王章也,不可以二王,无若政何。"赐公南阳阳樊、温、原、州、陉、䤿、组、攒茅之田⑧。阳人不服,公围之,将残其民,仓葛⑨呼曰:"君补王阙,以顺礼也。阳人未狎⑩君德,而未敢承命。君将残之,无乃非礼乎!阳人有夏、商之嗣典,有周室之师旅,樊仲之官守焉,其非官守,则皆王之父兄甥舅也。君定王室而残其姻族,民将焉放⑪?敢私布⑫于吏,唯君图之!"公曰:"是君子之言也。"乃出阳人。

[注释]

①二年：晋文公二年，公元前635年。②二军：左、右二军。下：东行。③阳樊：今河南济源曲阳城，因西周时属于樊仲山父之封邑而称为阳樊。④昭叔：周襄王的弟弟太叔带。温：在今河南温县。隰城：在今河南武陟境内。⑤成周：周朝的东都，今河南洛阳东。郏：周王城所在，在今河南洛阳。⑥胙侑：酬酢，饮酒时相互敬献，并互赠礼物以宥酒尽欢。⑦隧：打通隧道下葬，属于天子专用葬仪。⑧南阳：今河南北部沁阳一带地方，因在黄河之北，太行山之南，故称南阳。原：在今河南济源北。州：在今河南沁阳东南。陉：在今河南沁阳西北。䅩：在今河南沁阳西南。组：在今河南滑县东。攒茅：在今河南修武西北。⑨仓葛：人名，阳樊人。⑩狎：习惯。⑪放：依。⑫布：陈。

[译文]

晋文公二年的春天，文公率领左军、右军东下，驻扎在阳樊。右军在温地俘虏了昭叔，在隰城把他杀死。左军去郑国迎接周襄王。襄王返回了周的东都，在郏城安定下来。襄王特设飨醴款待文公，破例命文公向自己劝酒。文公请求死后像天子一样打通隧道下葬，襄王没有允许，说："这是天子下葬所用的典章，国家不可以有两个天子，否则无法实施政令。"赐给文公南阳地区所属的阳樊、温、原、州、陉、䅩、组、攒茅等八邑的田地。阳樊人不愿归服，文公派军队包围了阳樊，准备屠杀阳樊的民众。仓葛在城上向晋君喊话说："您帮助周襄王恢复王位，是为了遵循周礼呀。阳樊人由于不熟悉您的德教，而不接受您的命令。您如果屠杀他们，这不是又违反了周礼吗？阳樊人存有夏、商遗留下来的法典，有周王室的各级官吏，他们担任的都是西周时代樊仲山甫所设置的官职。即使不是官员，也都是王室的父兄甥舅。您安定周王室却屠杀周的亲族，民众怎么会依附呢？我私下斗胆向军吏陈说此情，请您仔细地考虑考虑！"晋文公说："这是君子所说的话啊。"于是就下令放阳樊的民众出城。

文公伐原

文公伐原①,令以三日之粮。三日而原不降,公令疏②军而去之。谍出曰:"原不过一二日矣!"军吏以告,公曰:"得原而失信,何以使人?夫信,民之所庇③也,不可失。"乃去之,及孟门④,而原请降。

[注释]

①原:姬姓小国,在今河南济源北。②疏:撤退。③庇:庇护、保障。④孟门:原国地名,在原城附近。

[译文]

晋文公出兵讨伐原城,命令携带三天的口粮。到了第三天,原城还不投降,文公就下令晋军撤退,离开原城。这时间谍出城来报告说:"原城最多再能支持一两天了!"军吏将这一情况汇报给晋文公,文公说:"得到原城而失去信义,那又依靠什么来取信人民呢?信义是人民赖以生存的保障,因此不可失信。"于是晋军便撤离了原城,才退到孟门,原城就宣布投降了。

文公救宋败楚于城濮

文公立四年,楚成王①伐宋,公率齐、秦伐曹、卫以救宋。宋人使门尹班②告急于晋,公告大夫曰:"宋人告急,舍之则宋绝。告楚则不许我。我欲击楚,齐、秦不欲,其若之何?"先轸③曰:"不若使齐、秦主楚怨。"公曰:"可乎?"先轸曰:"使宋舍我而赂齐、秦,藉之告楚。我分曹、卫之地以赐宋人。楚爱曹、卫，必不许齐、秦。齐、秦不得其请，必属怨焉，然后用之，蔑④不欲矣。"公说，是故以曹田、卫田赐宋人。

[注释]

①楚成王：楚国国君，名熊頵，公元前671年至前626年在位。②门尹班：宋国大夫。③先轸：晋国的中军主将，因封于原，故又称原轸。④蔑：无。

[译文]

晋文公即位第四年，楚成王出兵攻打宋国。文公率领齐、秦两国的军队征伐曹、卫两国，以解救宋都之围。宋国派门尹班到晋国告急，晋文公对大夫们说："宋国来告急，如果丢下宋国不管，那么宋国就会与我国断交。如果请求楚国退兵解围，楚国也不会答应。我想攻打楚国，齐、秦两国又不愿意，你们看怎么办？"先轸说："不如让齐、秦两国都去怨恨楚国。"文公说："那行吗？"先轸回答说："让宋国舍弃我国，而去给齐国和秦国送财物，通过齐、秦去请求楚国退兵。我国则把所获曹、卫两国土地赐给宋国。楚国喜欢曹国和卫国，必定不答应齐国和秦国的请求。齐、秦两国请求不成，必然因此而怨恨楚国，然后我国再让齐、秦两国参战，两国就不会不愿意了。"晋文公听了很高兴，因此将曹、卫两国的田地赐给了宋国。

令尹子玉使宛春来告曰①："请复卫侯而封曹，臣亦释宋之围。"舅犯愠曰："子玉无礼哉！君取一，臣取二，必击之。"先轸曰："子与之。我不许曹、卫之请，是不许释宋也。宋众无乃强乎！是楚一言而有三施，子一言而有三怨。怨已多矣，难以击人。不若私许复曹、卫以携②之，执宛春以怒楚，既战而后图之。"公说③，是故拘宛春于卫。

[注释]

①令尹：官名，楚国所设置的最高官职，掌军政大权。子玉：楚国的令尹，名成得臣，字子玉。宛春：楚国大夫。②携：离。③说：通"悦"，高兴。

[译文]

楚国的令尹子玉派宛春来传话，说："请你们恢复卫侯的君位，把土地退还曹国，我们也解除对宋国的包围。"子犯发怒说："子玉真无礼啊！晋君只得到一项好处，而子玉却想得到两项好处，一定要攻打他。"先轸说："您应该答应他的请求。我们不答应为曹、卫两国所提的请求，等于不允许解除对宋国的包围，宋国恐怕就要亡国了。这样，楚国一句话对三个国家施了恩，而我们一句话却招了三个国家的怨。怨恨已经多了，很难攻打别人。不如私下允许恢复曹、卫两国，以离间他们与楚国的关系，逮捕宛春来激怒楚国，等战争打起来之后再作打算。"晋文公很高兴，于是把宛春囚禁在卫国。

子玉释宋围，从晋师。楚既陈，晋师退舍，军吏请曰："以君避臣①，辱也。且楚师老矣，必败。何故退？"子犯曰："二三子忘在楚乎？偃也闻之：战斗，直为壮，曲为老。未报楚惠而抗宋，我曲楚直，其众莫不生气，不可谓老。若我以君避臣，而不去，彼亦曲矣。"退三舍避楚。楚众欲止，子玉不肯，至于城濮②，果战，楚众大败。君子曰："善以德劝。"

[注释]

①君：指晋文公。臣：指子玉。晋国由君主领军，而楚成王不在，只有子玉带兵，所以说是"君避臣"。②城濮：卫地名，在今山东甄城西南。一说在今河南开封县陈留附近。

[译文]

子玉解除了对宋国的包围，转而追逐晋军。楚军摆开战阵之后，晋文公下令退却三十里，军吏请求说："作为国君却避开敌国的臣子，是一种耻辱。而且楚军已经疲劳，必然战败，我军为什么要撤退呢？"子犯说："你们都忘记了以前晋文公在流亡楚国时所作的许诺吗？我狐偃听说过，用兵作战，理直才会气壮，理曲士气就会低落。我们尚未报答以前楚国对晋文公的恩惠而来救护宋国，这是我方理曲而楚国理直，楚军士气就旺盛，不可认为他们已经疲劳不堪。如果我方做到以国君避开臣子，而楚军还不撤退，那他们也就理曲了。"于是晋军就撤退九十里，避开楚军。楚军将士都想停止追击，子玉不肯。到了城濮，果然两军大战，结果楚军大败。君子评论说："晋军善于以德义来鼓舞士气。"

箕郑对文公问

晋饥，公问于箕郑①曰："救饥何以？"对曰："信。"公曰："安信？"对曰："信于君心，信于名，信于令，信于事。②"公曰："然则若何？"对曰："信于君心，则美恶不逾。信于名，则上下不干③。信于令，则时无废功。信于事，则民从事有业。于是乎民知君心，贫而不惧，藏出如入，何匮之有？"公使为箕④。及清原之蒐⑤，使佐新上军。

[注释]

①箕郑：即箕郑父，晋国大夫。②信于君心：指国君内心想的和嘴上说的一致。名：指各级官员的爵位、官职高低的名分。令：政令。事：指民事。③干：侵犯。④箕：晋地名，在今山西太谷县东。⑤清原：晋地名，在今山西稷山县东南。蒐：打猎，这里指检阅军队。

[译文]

晋国闹饥荒，文公问箕郑说："怎样救饥荒？"箕郑回答说：

"要靠信用。"文公问:"怎样讲信用?"箕郑回答说:"国君内心要讲信用,尊卑名分要讲信用,实施政令要讲信用,安排民事要讲信用。"文公说:"讲了信用又会怎样?"回答说:"国君内心讲信用,那善恶言行就不会被混淆。尊卑名分讲信用,那上下秩序就不会遭侵凌。实施政令讲信用,那就不会误农时废农功。安排民事讲信用,民众从业就各得其所。这样一来,民众了解国君真实的想法,即使贫困也不害怕,富裕之家拿出收藏的财物用来赈济,如同往自己家里送一样,那又怎么会穷困匮乏呢?"文公便任箕郑为箕地大夫。等到清原阅兵的时候,任箕郑为新上军的副将。

文公任贤与赵衰举贤

文公问元帅于赵衰①,对曰:"郤縠②可,行年五十矣,守学弥惇。夫先王之法志,德义之府也。夫德义,生民之本也。能惇笃者,不忘百姓也。请使郤縠。"公从之。公使赵衰为卿,辞曰:"栾枝贞慎③,先轸有谋,胥臣④多闻,皆可以为辅佐,臣弗若也。"乃使栾枝将下军,先轸佐之。取五鹿⑤,先轸之谋也。郤縠卒,使先轸代之。胥臣佐下军。公使原季⑥为卿,辞曰:"夫三德者,偃之出也。以德纪民,其章大矣,不可废也。"使狐偃为卿,辞曰:"毛⑦之智,贤于臣,其齿⑧又长。毛也不在位,不敢闻命。"乃使狐毛将上军,狐偃佐之。狐毛卒,使赵衰代之,辞曰:"城濮之役,先且居⑨之佐军也善,军伐⑩有赏,善君有赏,能其官有赏。且居有三赏,不可废也。且臣之伦⑪,箕郑、胥婴、先都在。"乃使先且居将上军。公曰:"赵衰三让。其所让,皆社稷之卫也。废让,是废德也。"以赵衰之故,蒐于清原,作五军⑫。使赵衰将新上军,箕郑佐之;胥婴将新下军,先都佐之。子犯卒,蒲城伯[13]请佐,公曰:"夫赵衰三让不失义。让,推贤也。义,广德也。德广贤至,又何患矣。请令衰也从子。"乃使赵衰佐新上军。

[注释]

①赵衰:晋国的卿,字子余,封于原,称原季。②郤縠(hú):晋国大夫。③栾枝:晋国大夫,谥贞,栾共子的儿子。贞慎:正直谨慎。④胥臣:晋国大夫,又名臼季、司空季子。⑤五鹿:卫国地名。⑥原季:即赵衰。⑦毛:狐毛,狐偃的哥哥,晋国大夫。⑧齿:年龄。⑨先且居:先轸的儿子。⑩军伐:军功。⑪伦:同类。⑫五军:晋国原有中军、上军、下军三军。清原阅兵时,又增新上军、新下军二军,共为五军。⑬蒲城伯:即先且居。

[译文]

晋文公问赵衰谁可担任元帅,赵衰回答说:"郤縠可以。他已经五十岁了,还坚守所学得的道德信义,而且愈发敦厚扎实。先王制定的法规典籍,是道德信义的宝库。道德和信义,是教养人民的根本。能够重视的人,是不会忘记百姓的。请让郤縠担任此项职务。"文公采纳了赵衰的建议。文公又任命赵衰为卿,赵衰推辞说:"栾枝这个人忠贞谨慎,先轸足智多谋,胥臣见闻很广,都可以担任辅佐大臣,我不如他们。"于是文公任命栾枝统率下军,由先轸为副将。后来攻取五鹿,便是出于先轸的计谋。郤縠死后,文公派先轸接替郤縠任中军统帅。由胥臣担任下军副将。文公又让赵衰任下卿,赵衰推辞说:"勤王示义、伐原示信、蒐兵示礼,这三桩有功德的事情,都是狐偃出的计谋。用德行来治理人民,成效十分显著,不可不任用他。"文公便任命狐偃为卿,狐偃推辞说:"狐毛的智慧超过我,他的年龄又比我大。狐毛如果不在其位,我不敢接受此项任命。"文公于是派狐毛统率上军,由狐偃为副将辅助他。狐毛死后,文公派赵衰代替他任上军统帅,赵衰又推辞说:"在城濮之战中,先且居辅佐国君治军很好,有军功的应当得到奖赏,以正道帮助君主的应当得到奖赏，能完成自己职责的应当得到奖赏。先且居有这样三种应当得到的奖赏，不可不加重用。而且像我这样的人，箕郑、胥婴、先都等都还在。"文公于是派先且居统率上军。文公说："赵衰三次辞让，他所推让的，都是国家得力的捍卫者。弃置谦让的人不加任用，就是废弃德政。"因为赵衰的缘故，文公到清原阅兵，把原来的三军扩充为五军。任命赵衰为新上军的统帅，由箕郑为副将辅助他；胥婴担任新下军的统帅，先都为副将。狐偃死后，蒲城伯先且居请求委派副将，文公说："赵衰三次推让，都不失礼义。谦让是为了推荐贤人，礼义是为了推广道德。推广道德，贤才就来了，那还有什么可忧虑的呢！请让赵衰随从你做副将。"于是，晋文公便派赵衰担任上军的副将。

文公学读书于臼季

文公学读书于臼季①，三日，曰："吾不能行也咫②，闻则多矣。"对曰："然而多闻以待能者，不犹愈也？"

[注释]

①臼季：即胥臣，晋国大夫。②咫：周制长八寸为咫，这里比喻其短。

[译文]

晋文公向臼季学读书，学了三天，说："书上所说的道理离我不远，可惜我做不到了，但知道的道理倒多了。"臼季回答说："那么，多知道些道理，以等待有才能的人来实行，岂不比不学习好吗？"

郭偃论治国之难易

文公问于郭偃①曰："始也，吾以治国为易，今也难。"对曰："君以为易，其难也将至矣。君以为难，其易也将至焉。"

[注释]

①郭偃：晋国大夫，掌管占卜，也称卜偃。

[译文]

晋文公对郭偃说："当初我以为治理国家很容易，现在才知道是很困难的。"郭偃回答说："您以为容易，那么困难就要来了。您以为艰难，那么容易也就快来了。"

胥臣论教诲之力

文公问于胥臣曰："吾欲使阳处父傅讙也而教诲之①，其能善之乎？"对曰："是在讙也。蘧蒢②不可使俯，戚施③不可使仰，僬侥④不可使举，侏儒不可使援⑤，矇瞍⑥不可使视，嚚瘖⑦不可使言，聋聩不可使听，童昏⑧不可使谋。质将善而贤良赞之，则济可竢。若有违质，教将不入，其何善之为！臣闻昔者大任娠文王不变，少溲于豕牢，而得文王不加疾焉⑨。文王在母不忧，在傅弗勤，处师弗烦，事王⑩不怒，孝友二虢⑪，而惠慈二蔡⑫，刑于大姒⑬，比⑭于诸弟。《诗》云：'刑于寡妻，至于兄弟，以御于家邦。'⑮于是乎用四方之贤良。及其即位也，询于'八虞⑯'，而谘⑰于'二虢'，度于闳夭而谋于南宫⑱，诹于蔡、原而访于辛、尹⑲，重之以周、邵、毕、荣⑳，亿宁百神，而柔和万民㉑。故《诗》云：'惠于宗公，神罔时恫。'㉒若是，则文王非专教诲之力也。"公曰："然则教无益乎？"对曰："胡为㉓！文益其质。故人生而学，非学不入。"公曰："奈夫八疾何！"对曰："官师之所材也，戚施直镈㉔，蘧蒢蒙璆㉕，侏儒扶卢㉖，矇瞍修声㉗，聋聩司火。童昏、嚚瘖、僬侥，官师之所不材也，以实裔土㉘。

夫教者，因体能质而利之者也。若川然有原，以卬浦而后大。㉙"

[注释]

①阳处父：晋国大夫，也称阳子。傅：做师傅。讙（huān）：晋文公的儿子，即后来的晋襄公。②蘧蒢（qú chú）：因患佝偻病而胸骨突出如鸡胸的人，因身有残疾不能俯身。③戚施：因患佝偻病、脊椎炎等而脊柱向后拱起如驼背的人。④僬侥（jiāo yáo）：传说中的矮人国国名，这里指矮人。⑤援：攀缘。⑥矇瞍：瞎子，有瞳仁却看不到东西的称矇，没有瞳仁的称瞍。⑦嚚瘖（yín yīn）：哑巴。⑧童昏：糊涂昏聩的人。⑨大任：周文王的母亲。文王：周文王。少溲：小便。少，小。豕牢：猪圈，这里指厕所。⑩王：指周文王的父亲王季。⑪二虢：指周文王的弟弟虢仲和虢叔。⑫二蔡：周文王的两个儿子。⑬刑：通"型"，榜样。大姒：周文王的妻子。⑭比：亲近。⑮"刑于"三句：语出《诗经·大雅·思齐》。御，治理。⑯八虞：指周代八位曾掌管山泽的官员，即伯达、伯括、仲实、仲忽、叔夜、叔夏、季随、季騧。⑰谘：问、咨询。下文的"度"、"谋"、"诹"与此同义。⑱闳夭：周初大臣。南宫：南宫括，周初大臣。⑲蔡：蔡公。原：原公。辛：辛甲。尹：尹佚。都是周太史。⑳周：周文公旦。邵：邵康公奭。毕：毕公高。荣：荣公。都是周初的大臣。㉑亿：安。柔：安抚。㉒"惠于"二句：语出《诗经·大雅·思齐》。惠，孝顺。宗公，祖庙中的先公。罔，无。恫，哀痛。㉓为：通"谓"，认为。㉔镈：古代一种青铜制的乐器，形状似钟。㉕璆（qiú）：玉磬。㉖扶卢：古代的一种杂技，以攀缘矛戟为表演内容。㉗修声：主管音乐。㉘裔土：指边远地区。㉙原：通"源"。卬：通"御"，治理。浦：河流交汇的地方。

[译文]

晋文公问胥臣说："我想让阳处父做讙的老师来教导他，能教育好吗？"胥臣回答说："这主要取决于讙。鸡胸的人不能让他俯身，驼背的人不能让他仰头，小矮人不能让他举重物，侏儒不能让他攀高，瞎子不能让他看东西，哑巴不能让他说话，聋子不能让他听音，糊涂的人不能让他出主意。本质好而又有贤良的人教导，就可以期待他有所成就。如果天生的资质差，教他，他也听不进去，怎么能使他为善呢！我听说，从前大任怀上周文王时身体没有变化，小便的时候在厕所里生下文王，没有添加任何产子的痛苦。文王在母腹中不给母亲增添忧虑，在太傅面前无需太傅多操心思，接受老师教诲不使老师烦恼，侍奉父王不让他生气，对两个弟弟虢仲和虢叔很友爱，对两个儿子大蔡和小蔡很慈惠，为自己的妻子大姒做出榜样，与同宗的兄弟也很亲近。《诗经》上说：'为自己的妻子做出表率，进而及于兄弟，以此来治理家庭和国家。'这样就能任用天下的贤良之士。到他即位之后，有事就咨询掌管山泽的八虞，与虢仲、虢叔两兄弟商量，听取闳夭、南宫括的意见，咨访蔡公、原公、辛甲、尹佚四位太史，再加上有周文公、邵康公、毕公和荣公的帮助，从而让百神安宁，使万民安乐。因此《诗》说：'孝敬祖庙里的先公，神灵都没有怨恨。'像这样，就说明周文王取得的成就不单单是教诲的作用了。"晋文公说："这样说来，那教育就没有用了吗？"胥臣回答说："怎么这样说呢？要文采是为了使本质更加美好。所以人生下来就要学习，不学习就不能进入正道。"文公说："那对先前所说的八种残疾人怎么办呢？"胥臣回答说："这就要看官师因材而用了，驼背的让他俯身敲钟，直胸的让他抬头击磬，侏儒让他表演杂技，瞎子让他演奏音乐，聋子让他掌管烧火。糊涂蛋、哑巴和小矮人，官师难以择用，就让他们去充实边远的地区。教育，就是根据他内在的潜能、本质加以因势利导的开发，就像河川本来就有它的源头，只要加以疏浚引导，就能让它汇成滚滚洪流。"

文公称霸

文公即位二年，欲用其民，子犯曰："民未知义，盍纳天子^①以示之义?"乃纳襄王于周。公曰:"可矣乎?"对曰:"民未知信,盍伐原以示之信?"乃伐原。曰:"可矣乎?"对曰:"民未知礼,盍大蒐,备师尚礼以示之。"乃大蒐于被庐^②,作三军。使郤縠将中军,以为大政,郤溱^③佐之。子犯曰:"可矣。"遂伐曹、卫,出谷^④戍,释宋围,败楚师于城濮,于是乎遂伯。

[注释]

①天子:周襄王。当时周襄王逃避王子带之难,出居于郑国。②被庐:晋国的地名。③郤溱:人名,任晋中军副将。④谷:齐邑名,在今山东东阿,原被楚国占领,并派兵戍守。

[译文]

晋文公即位的第二年,就想使用他的人民进行征战,子犯说:"人民还不懂得君臣大义,何不把周天子护送回去,以此显示君臣大义呢?"于是文公就派兵护送周襄王返回周都。文公又问:"现在可以了吧?"子犯回答说:"人民还不懂得信用,何不攻打原国,以此显示信用呢?"于是文公就出兵征伐原国,示信于民。文公又问:"现在可以了吧?"子犯回答说:"人民还不懂得礼仪,何不举行一次大规模的阅兵,整顿军队,崇礼尚武,来显示礼仪呢?"于是文公便在被庐举行大规模的阅兵,建立了上、中、下三军。任命郤縠统率中军,执掌国家大政,由郤溱辅佐他。子犯这时才说:"现在可以兴兵征伐了。"于是文公便发兵攻打曹、卫两国,赶走戍守谷地的楚军,解救宋国之围,在城濮之战中打败了楚国军队,最终称霸诸侯。

晋语五

臼季举冀缺

臼季使，舍于冀野。①冀缺耨②，其妻馌③之，敬，相待如宾。从而问之，冀芮之子也，与之归；既复命，而进之曰："臣得贤人，敢以告。"文公曰："其父有罪，可乎？"对曰："国之良也，灭其前恶，是故舜之刑也殛鲧④，其举也兴禹。今君之所闻也。齐桓公亲举管敬子⑤，其贼也。"公曰："子何以知其贤也？"对曰："臣见其不忘敬也。夫敬，德之恪也。恪于德以临事，其何不济！⑥"公见之，使为下军大夫。

[注释]

①臼季：晋大夫胥臣。冀：晋邑名，在今山西河津东。②冀缺：即郤成子，晋国大夫冀芮（即郤芮）的儿子。耨：除草。③馌：给在田里干活的人送饭。④殛：杀死。鲧：大禹的父亲，因治水无功被舜处死。⑤管敬子：即管仲，谥敬。⑥恪：恭敬。济：成。

[译文]

臼季奉命出使，在冀城郊外住了一宿。冀缺正在田中锄草，妻子给他送饭,夫妻俩相敬如宾。白季上前打听,才知道他就是冀芮的儿子,就带他回到国都。白季向文公复命后,又进而向文公推荐冀缺,说:"我得到一个贤能的人,冒昧地向您报告。"文公说:"他的父亲冀芮有罪,可以任用他吗?"白季回答说:"任用国家的贤良之才,应该不计较他前辈的罪恶。因此舜惩治罪人而处死了鲧,后来举拔人才,却起用了鲧的儿子大禹。像您当今所听到的,齐桓公亲自提拔了管仲,那是他的仇敌啊。"文公问道:"你凭什么知道冀缺的贤能呢?"白季回答说:"我见到他们夫妇在田间都不忘恭敬。恭敬有礼是有品德的表现,严守德行而谨慎从事,那还有什么事情干不成功的呢!"文公接见了冀缺,任命他为下军大夫。

赵宣子论比与党

赵宣子言韩献子于灵公①,以为司马②。河曲之役③,赵孟使人以其乘车干行④,献子执而戮之。众咸⑤曰:"韩厥必不没矣。其主朝升之,而暮戮其车,其谁安之!"宣子召而礼之,曰:"吾闻事君者比而不党。夫周以举义,比也;举以其私,党也。⑥夫军事无犯,犯而不隐,义也。吾言女⑦于君,惧女不能也。举而不能,党孰大焉!事君而党,吾何以从政?吾故以是观女。女勉之。苟从是行也,临长⑧晋国者,非女其谁?"皆告诸大夫曰:"二三子可以贺我矣!吾举厥也而中,吾乃今知免于罪矣。"

[注释]

①赵宣子:晋国正卿赵盾,又称赵孟,谥宣,赵衰的儿子。韩献子:名厥,谥献。灵公:晋灵公夷皋,晋文公之孙,公元前620年至前607年在位。②司马:官名,掌军法的大夫。③河曲之役:指鲁文公十二年(前615年),秦、晋两国发生在河曲一带的战役。河曲,晋邑名,在今山西永济。④干:侵

犯。行：军队的队列。⑤咸：全。⑥周：忠信。比：亲近、团结。党：为私利相互勾结。⑦女：通"汝"，你。⑧临长：统管、治理。

[译文]

赵宣子把韩献子推荐给晋灵公，灵公任命他为司马。河曲之战时，赵宣子让人用他乘坐的战车去扰乱军队的行列，韩献子把赶车的人抓起来杀掉了。大家都说："韩厥一定没有好结果。他的主人早晨刚让他升了官，晚上他就杀了主人的车夫，谁还能使他保住这个官位呢？"赵宣子召见了韩厥，并且以礼相待，说："我听说侍奉国君的人以义相交，而不结党营私。出于忠信，为国推举正直的人，这是以义相交。举荐人才而徇私情，这是结党营私。军法是不能违犯的，犯了军法而不包庇，这叫做义。我把你推荐给国君，怕的是你不能胜任。推举的人不能胜任，还有什么结党营私比这更严重的呢！侍奉君主却结党营私，我还凭什么来执政呢？我因此借这件事情来考察你。你努力吧。假如能坚持这样去做，那么将来掌管晋国的，除了你还有谁呢？"赵宣子遍告大夫们说："你们诸位可以祝贺我了！我推荐韩厥非常合适，我现在才知道自己可以不犯结党营私的罪了。"

灵公使鉏麑杀赵宣子

灵公①虐，赵宣子骤②谏，公患③之，使鉏麑贼之④，晨往，则寝门辟⑤矣，盛服将朝，早而假寐⑥。麑退，叹而言曰："赵孟敬哉！夫不忘恭敬，社稷之镇也。贼国之镇不忠，受命而废之不信，享一名于此，不如死。"触庭之槐而死。灵公将杀赵盾，不克⑦。赵穿攻公于桃园⑧，逆公子黑臀而立之⑨，实为成公。

[注释]

①灵公：晋灵公夷皋。②骤：屡次。③患：厌恶。④鉏麑（chú ní）：晋国的大力士。贼：杀。⑤辟：开。⑥假寐：不脱衣帽休息，即打盹儿。⑦克：成功。⑧赵穿：晋国大夫，赵盾的堂弟。桃园：晋灵公的园囿。⑨逆：迎。黑臀：晋文公的儿子，晋襄公的弟弟。

[译文]

晋灵公暴虐无道，赵盾多次劝谏，以致灵公很讨厌他，于是派力士鉏麑去暗杀赵盾。鉏麑清晨到赵府，看见卧室的门已经开了，赵盾把朝服穿得端端正正，正准备上朝，因时间尚早，坐在那里闭目养神。鉏麑立刻退了出来，感叹说："赵盾真恭敬啊！不忘恭敬的人，是国家的栋梁。杀害国家的栋梁，就是不忠；接受了国君的命令而不执行，就是失信。要蒙受不忠、不信两个罪名中的任何一个，还不如自己死了好。"就一头撞死在院子里的槐树上。灵公再次打算谋杀赵盾，也没成功。后来赵穿在桃园杀死了晋灵公，迎回公子黑臀，将他立为国君，这就是晋成公。

张侯御郤献子

靡笄之役①，郤献子②伤，曰："余病喙③。"张侯御④，曰："三军之心，在此车也。其耳目在于旗鼓。车无退表，鼓无退声，军事集焉。吾子忍之，不可以言病。受命于庙，受脤于社⑤，甲胄而效死，戎之政也。病未若死，祗以解志⑥。"乃左并辔，右援枹而鼓之，马逸⑦不能止，三军从之。齐师大败，逐之，三周华不注之山⑧。

[注释]

①靡笄之役：公元前589年，晋军联合鲁、卫、曹之师攻打齐国，战于

鞌笄。鞌笄，山名，即今山东济南附近的千佛山。②郤献子：晋卿郤克，字伯，郤缺之子。③喙：通"瘏"，疲困无力，喘息。④张侯：又称解张，晋国大夫。御：驾车。⑤脤（shèn）：古代祭祀社稷用的生肉。社：土地神。⑥祇：仅。解：通"懈"。⑦逸：狂奔。⑧周：绕。华不注：山名，在今山东济南东北。

[译文]

在鞌笄之战中，郤献子负了伤，说："我喘不过气了。"解张为他驾车，说："三军将士的心，都集中在我们这辆战车上。他们眼睛都盯着我们车上的旗色，耳朵都听着我们车上的鼓声。只要车上不挥撤退的旗帜，不打退兵的鼓点，战事就可以成功。您忍一忍吧，不可以讲受伤了。在国君祖庙接受了出征命令，在土地庙前接受了祭肉，披甲戴盔而为国牺牲，这是军人的职责。虽然负了伤，所幸还没有死，这样叫疼只会松懈我们的斗志。"说完就把马缰绳并持于左手，右手拿起鼓槌击打战鼓，战马狂奔不停，三军将士也都跟着向前冲杀。齐军大败，晋军猛追，环绕华不注山追了三圈。

郤献子等各推功于下

鞌笄之役，郤献子见，公①曰："子之力②也夫！"对曰："克也以君命命三军之士，三军之士用命③，克也何力之有焉？"范文子见，公曰："子之力也夫！"对曰："燮④也受命于中军，以命上军之士，上军之士用命，燮也何力之有焉？"栾武子⑤见，公曰："子之力也夫！"对曰："书也受命于上军，以命下军之士，下军之士用命，书也何力之有焉？"

[注释]

①公：晋景公姬獳，公元前599年至前581年在位。②力：功劳。③用

命：遵奉命令。④燮：范燮，即范文子。⑤栾武子：栾书，在鄢陵战役中任下军的主将。

[译文]

鄢陵之战胜利后，郤献子进见晋景公，景公说："这次获胜是你的功劳啊！"献子回答说："我以君主的命令命令三军将士，三军将士听从命令勇敢战斗，我有什么功劳可言呢？"范文子来朝见晋景公，景公说："这是你的功劳啊！"文子回答说："我从中军元帅那里接受命令，以此命令上军的将士，上军将士服从命令拼命奋战，我又有什么功劳可言呢？"栾武子也来朝见晋景公，景公说："这是你的功劳啊！"武子回答说："我从上军主将那里接受命令，用来命令下军的将士，下军的将士服从命令奋勇杀敌，我又有什么功劳可言呢？"

车者论梁山崩

梁山①崩，以传召伯宗②，遇大车当道而覆，立而辟之，曰："避传。"对曰："传为速也，若俟吾避，则加迟矣，不如捷而行。"伯宗喜，问其居，曰："绛③人也。"伯宗曰："何闻？"曰："梁山崩而以传召伯宗。"伯宗问曰："乃将若何？"对曰："山有朽壤而崩，将若何？夫国主山川，故川涸山崩，君为之降服、出次④、乘缦、不举⑤，策于上帝，国三日哭，以礼焉。虽伯宗亦如是而已，其若之何？"问其名，不告；请以见，不许。伯宗及绛，以告，而从之。

[注释]

①梁山：晋国的山名，在今陕西韩城境内。②传：传车，古代驿站的专用车。伯宗：晋国大夫。③绛：绛城，晋国国都，在今山西翼城东。④降服：

不穿华丽的衣服，只穿朴素的衣服。出次：离开平时住的地方，暂住在郊外。次，住宿。⑤缦：没有彩绘的帛，此指没有彩饰的车。不举：不食荤腥、不听音乐。

[译文]

梁山崩塌，晋景公用驿车召见伯宗，遇见一辆载重的大车在路中间翻了，伯宗站起身来要它让路，说："避开我的驿车。"大车的车夫说："驿车求的是速度快，如果等我这辆大车让路，那反倒慢了，不如从旁边走快。"伯宗听了很惊讶，问车夫是哪里人，车夫说："是绛城人。"伯宗就问："在绛城听到什么情况啊？"车夫回答说："由于梁山崩塌，所以国君用驿车召见伯宗来商量。"伯宗问道："那怎么办好呢？"车夫回答说："梁山因为土壤松了才发生崩塌，又能怎么办呢？国家以山川为主，因此一旦遇到河川干涸山陵崩塌，国君就要损盛服，穿缟素，到郊外去居住，乘坐没有彩饰的车子，取消平日的饮酒作乐，在简策上写文章向上天祈祷，国人要哭三天，以礼祭山川之神。即使是伯宗也只不过如此而已，还能有什么办法呢？"伯宗问他的姓名，车夫不肯讲；想请他一起去见晋景公，车夫也不答应。伯宗到了绛城，就把车夫的话报告给晋景公，景公照办了。

晋语六

赵文子冠

赵文子冠①,见栾武子②,武子曰:"美哉!昔吾逮事庄主③,华则荣矣,实之不知,请务实乎。"

[注释]

①赵文子:即赵武,谥献文,赵盾的孙子。冠:冠礼,古代男子举行的成人礼,结发戴冠。②栾武子:晋卿栾书。③逮:及、赶上。庄主:赵文子的父亲赵朔,谥庄。

[译文]

赵文子举行了加冠典礼后,去拜见栾武子,武子说:"美啊!以前我赶上做你父亲赵庄子的副手,他外表很美,实际上内心却很空虚,请你努力做到内心充实吧!"

见中行宣子①,宣子曰:"美哉!惜也,吾老矣!"

[注释]

①中行宣子:晋国大夫荀庚。

[译文]

赵文子去拜见中行宣子，宣子说："美啊！可惜我老了。"

见范文子①，文子曰："而今可以戒矣。夫贤者宠至而益戒，不足者为宠骄。故兴王赏谏臣，逸王罚之。吾闻古之王者，政德既成，又听于民，于是乎使工②诵谏于朝，在列者献诗使勿兜③，风听胪言④于市，辨祆祥于谣，考百事⑤于朝，问谤誉于路，有邪而正之，尽戒之术也。先王疾是骄也。"

[注释]

①范文子：即范燮。②工：乐师。③兜：迷惑、受蒙蔽。④胪言：传言。⑤百事：百官职事。

[译文]

去拜见范文子，文子说："现在你是成年人了，可以正式训诫你。贤明的人因受到宠爱而更加警戒，智慧不足的人得宠就骄傲起来。所以振兴事业的君主奖赏那些敢于进谏的臣子，而贪图享乐的君主却惩罚他们。我听说古时候的君主，在建立了德政之后，又听取民众的意见，于是让乐师在朝廷上诵读讽谏之言，听取百官献诗，使自己不受蒙蔽，在市井中听商旅的传言，从歌谣中辨别吉凶，在朝廷上考察百官履职行事的情况，在道路上探听对朝政的毁誉，有邪僻的地方就纠正过来，这就是尽力保持警戒的方法。先王讨厌骄傲自大的做法。"

见郤驹伯①，驹伯曰："美哉！然而壮不若老者多矣。"

[注释]

①郤驹伯：晋卿郤锜。

[译文]

去拜见郤驹伯，驹伯说："美啊！但是壮年人不如老年人的地方还多得很啦。"

见韩献子①，献子曰："戒之，此谓成人。成人在始与善。始与善，善进善，不善蔑②由至矣；始与不善，不善进不善，善亦蔑由至矣。如草木之产也，各以其物。人之有冠，犹宫室之有墙屋也，粪除而已，又何加焉。"

[注释]

①韩献子：晋卿韩厥。②蔑：无、没有。

[译文]

去拜见韩献子，献子说："要谨慎警戒啊，这样做才叫做成人。成人的关键在一开始就要亲近善人。一开始就亲近善人，善人再推荐善人，那么，不善的人就没法到自己身边了；一开始接近不善的人，不善的人又引进不善的人，那么，善人也就没法到自己身边了。这就好像草木的生长一样，各以其类聚生一处。人戴上冠冕，就如同宫室有了墙垣配室，只是随时去除污秽、保持清洁罢了，其他还有什么可增益的呢？"

见智武子①，武子曰："吾子勉之，成、宣之后而老为大夫②，非耻乎！成子之文，宣子之忠，其可忘乎！夫成子导前志以佐先君，导法而卒以政，可不谓文乎！夫宣子尽谏于襄、灵③，以谏取恶，不惮死进，可不谓忠乎！吾子勉之，有宣子之忠，而纳之以成子之文，事君必济。"

[注释]

①智武子：晋卿荀䓨。②成：指赵成子赵衰，赵文子的曾祖。宣：指赵宣子赵盾，赵文子的祖父。③襄：晋襄公。灵：晋灵公。

[译文]

去拜见智武子，武子说："你好好努力吧！作为赵成子、赵宣子的后代，如果到老还在做大夫，这不是耻辱吗！赵成子的文才，赵宣子的忠心，难道可以忘记吗！赵成子援引前代的典章来辅佐晋文公，通晓法令，最终升为正卿，担任执政，这能说不是有文德吗！赵宣子在襄公、灵公时尽心谏诤，由于强谏而被灵公所憎恨，还是冒死进谏，这能说不是忠诚吗！你好好努力吧，有了宣子的忠心，同时加上成子的文才，侍奉君主就一定能成功。"

见苦成叔子[1]，叔子曰："抑年少而执官者众，吾安容子。"

[注释]

[1]苦成叔子：即郤犨。

[译文]

去拜见苦成叔子郤犨，叔子说："年轻而想当官的人很多，我怎么安排你呢。"

见温季子[1]，季子曰："谁之不如，可以求之。"

[注释]

[1]温季子：即郤至，晋国的卿。

[译文]

去拜见温季子郤至，季子说："你的才德比不上谁呢？你可以去求得你想要的官职。"

见张老[1]而语之，张老曰："善矣，从栾伯之言，可以滋[2]；范叔[3]之教，可以大；韩子之戒，可以成。物备矣，志在子。若夫三郤[4]，亡人之言也，何称述焉！智子之道善矣，是先主覆露子也[5]。"

[注释]

[1]张老：晋国大夫张孟。[2]栾伯：指栾武子，名书。滋：增益。[3]范叔：

指范文子,名燮。④三郤:即郤驹伯郤锜、苦成叔子郤犨、温叔子郤至。⑤先主:指赵衰和赵盾。覆露:滋润。

[译文]

赵文子去拜见张老,把各位卿大夫的话告诉了他。张孟说:"好呀,听从栾伯的话,可以使自己不断进步;听范叔的教诲,可以恢弘自己的德行;听韩子的告诫,有助于你成就事业。条件都具备了,能否做到就要看你自己的志向了。至于三郤说的,是害人的话,有什么值得称道的呢?智子训导得很好,这是祖先对你的庇护啊。"

范文子不欲伐郑

厉公①将伐郑,范文子不欲,曰:"若以吾意,诸侯皆叛,则晋可为也。唯有诸侯,故扰扰②焉。凡诸侯,难之本也。得郑忧滋长,焉用郑!"郤至曰:"然则王者多忧乎?"文子曰:"我王者也乎哉?夫王者成其德,而远人以其方贿归之③,故无忧。今我寡德而求王者之功,故多忧。子见无土而欲富者,乐乎哉?"

[注释]

①厉公:晋厉公州蒲,晋景公的儿子,公元前580年至前573年在位。②扰扰:纷乱的样子。③方:所在的地方。贿:财货。

[译文]

晋厉公准备讨伐郑国,范文子不愿动用武力,说:"假如按照我的想法,诸侯都背叛晋国,那么我国就可以有所作为了。正因为有些诸侯归附我们,所以搞得纷纷扰扰。这些诸侯,是祸乱的根源。得到了郑国,忧患会更加增多,何必要对郑国用兵呢?"郤至说:"那么,称王天下的君主忧患就多吗?"文子回答说:"我们晋国是称王天下的君主吗？称王天下的君主建功立德，远方的诸侯自会把本地的财货进贡给他，因此没有忧患。如今我们晋国少德，却要求得称王天下的功业，所以有很多的忧患。你看那些没有土地而想谋取财富的人，会有安乐吗？"

范文子论胜楚必有内忧

鄢之役，晋伐郑，荆救之。栾武子将上军，范文子将下军。①栾武子欲战，范文子不欲，曰："吾闻之，唯厚德者能受多福，无德而服者众，必自伤也。称晋之德，诸侯皆叛，国可以少安。唯有诸侯，故扰扰焉，凡诸侯，难之本也。且唯圣人能无外患又无内忧，讵非圣人，不有外患，必有内忧，盍姑释荆与郑以为外患乎！诸臣之内相与，必将辑睦。今我战又胜荆与郑，吾君将伐智而多力②，怠教而重敛，大其私昵③而益妇人田，不夺诸大夫田，则焉取以益此？诸臣之委室而徒退者，将与几人？战若不胜，则晋国之福也；战若胜，乱地之秩者也，其产④将害大，盍姑无战乎！"

[注释]

①"栾武"二句：《左传·成公十六年》为"栾书将中军，士燮佐之"，与《国语》记载不一致，当以《左传》为是。②伐：自夸。力：功劳。③私昵：亲近宠幸的人。④产：结果。

[译文]

鄢陵之战，晋国讨伐郑国，楚国发兵来救。栾武子统率上军，范文子统率下军。栾武子想出战，范文子不同意，说："我听说，只有德行淳厚的人才能享受大福，没有德行却想让众人归附，肯定会对自己造成伤害。衡量晋国的德行，诸侯如果都背叛了，国内或许可以稍微获得安宁。正因为有些诸侯归附我们，所以才纷纷扰扰。这些诸侯，是祸乱的根源。况且只有圣人才能做到既无外患，又无内忧，如果不是圣人，没有外患，必有内忧，我们何不姑且放弃攻击楚国和郑国，把它们作为外患以自警呢！这样，大臣之间相处，肯定会和睦。现在我们如果攻打并且战胜了楚国和郑国，那么我们的国君就将会夸耀自己的智慧和武功，疏忽教化同时加重赋税，增加宠臣俸禄，多赐爱妾田地，那么不夺取诸大夫的田地，又能从哪里获取田地来赏赐给宠臣、爱妾们呢？大臣们肯交出家财且白白引退的人，能有几个呢？如果仗没打胜，那是晋国的福气；如果打胜了，那么就要打乱贵族封地的常规，结果将危害更大，何不姑且别打呢。"

栾武子曰："昔韩之役，惠公不复舍；①邲之役②，三军不振旅；箕之役，先轸不复命。③晋国固有大耻三。今我任晋国之政，不毁晋耻，又以违蛮夷重之④，虽有后患，非吾所知也。"范文子曰："择福莫若重，择祸莫若轻，福无所用轻，祸无所用重，晋国故有大耻，与其君臣不相听以为诸侯笑也，盍姑以违蛮夷为耻乎。"

[注释]

①韩之役：指鲁僖公十五年（前645年）十月秦、晋两国发生在韩原的战役。惠公：晋惠公，在韩原战役中，晋惠公被俘。②邲之役：指鲁宣公十二年（前597年）六月晋、楚两国发生在邲地的著名战役。邲，郑邑名，在今河南荥阳北。③箕之役：指鲁僖公三十三年（前627年）六月晋、狄两国发生在箕地的战役。箕，晋邑名，在今山西蒲县东北。④违：避。蛮夷：指楚国。

[译文]

栾武子说:"以前的韩原之战,晋惠公被俘不能回国;邲之战,晋国三军溃败不成行列;箕之战,主帅先轸不能生还复命。这是晋国原先就有的三大耻辱。现在我主持晋国的大政,不能为晋国洗雪耻辱,反倒再避开楚国来加重耻辱,此战即使有后患,我也顾不了那么远了。"范文子说:"选择福没有谁不拣重的,选择祸没有谁不拣轻的,福不能要轻的,祸不能要重的,晋国本来有奇耻大辱,与其君臣不和导致失败而被诸侯们耻笑,何不姑且选择避开楚国这个小耻呢。"

栾武子不听,遂与荆人战于鄢陵,大胜之。于是乎君伐智而多力,怠教而重敛,大其私昵,杀三郤①而尸诸朝,纳其室以分妇人,于是乎国人不蠲②,遂弑诸翼③,葬于翼东门之外,以车一乘④。厉公⑤之所以死者,唯无德而功烈多,服者众也。

[注释]

①三郤:郤锜、郤犨、郤至。②蠲:通"涓",清洁。③翼:晋国故都,在今山西翼城南。④车一乘:指晋厉公死,只陪葬一辆车。当时规定诸侯死时应陪葬七辆车。⑤厉公:晋厉公。

[译文]

栾武子不听范文子的意见,于是晋军与楚军在鄢陵交战,晋军大获全胜。于是这样一来,国君夸耀自己的智慧和武功,疏忽教化而加重赋税,增加宠臣的俸禄,杀了三郤并陈尸于朝,抢夺了他们的家财分给自己的妻妾。国人都觉得国君污浊肮脏,于是在翼城杀了他,埋葬在翼城的东门外,只用一车四马陪葬。晋厉公之所以死,就是因为他没有德行而战功多,归服的诸侯众多的缘故。

范文子论德为福之基

鄢之役，荆压晋军，军吏患之，将谋。范匄自公族趋过之①，曰："夷灶堙②井，非退而何？"范文子执戈逐之，曰："国之存亡，天命也，童子何知焉？且不及而言，奸③也，必为戮。"苗贲皇④曰："善逃难哉！"既退荆师于鄢，将谷，范文子立于戎马之前，曰："君幼弱，诸臣不佞⑤，吾何福以及此！吾闻之，'天道无亲，唯德是授'。吾庸知天之不授晋且以劝楚乎，君与二三臣其戒之！夫德，福之基也，无德而福隆，犹无基而厚墉⑥也，其坏也无日矣。"

[注释]

①范匄：范文子的儿子，也称范宣子。公族：指公族大夫。②堙：堵塞。③奸：干扰。④苗贲皇：楚令尹斗椒之子，楚庄王灭若敖氏，贲皇奔晋，为晋国大夫，封于苗，称苗贲皇。⑤佞：才干。⑥墉：墙。

[译文]

鄢陵之战，楚军逼近晋军摆开阵势，晋军将士都很担忧，打算谋划如何应战。范匄以公族大夫的身份赶紧走上前说："我军把营地上的炉灶摧毁，把水井填平，就可以原地展开军队了，这与后退布阵不是一样有效吗？"范文子拿起戈来就追打范匄，说："国家的存亡是出于天意，你小孩子懂得什么？而且并未征求你的意见，你就胡乱发言，这是干扰大家，一定要执行刑戮。"苗贲皇说："范文子善于逃避灾难啊！"在鄢陵打败楚军之后，晋军将要吃楚军囤积的军粮，这时范文子站在大队兵马前面说："我们的国君年幼，各位大臣又都没才干，我们凭什么福分能得到这一战果呢？我听说：'天意并不特别亲近哪一个人，只授福给有德的人。'我怎么知道这不是上天授福给晋国并且以此来勉励楚国呢?国君和各位将士应当警惕啊!德是福的基础,没有德业而享的福太多,就好像地基没有打好,却在上面筑起了高墙,不知道哪一天它就倒塌了。"

范文子论私难必作

反自鄢,范文子谓其宗、祝曰①:"君骄泰而有烈②,夫以德胜者犹惧失之,而况骄泰乎?君多私③,今以胜归,私必昭。昭私,难必作,吾恐及焉。凡吾宗、祝,为我祈死,先难为免。"七年④夏,范文子卒。冬,难作,始于三郤⑤,卒于公⑥。

[注释]

①宗:宗人,掌家祭之礼。祝:家祝,祭祀时司告鬼神的人。②骄泰:傲慢奢侈。烈:功劳。③私:私昵,指亲近、宠幸的人。④七年:指晋厉公七年,公元前574年。⑤三郤:郤锜、郤犨、郤至。⑥公:晋厉公。

[译文]

从鄢陵回国以后,范文子对自己族里主持祭祀的宗人、祝史说:"我们国君傲慢奢侈却战胜立功,那些以德行获取胜利的人尚且害怕失掉它,更何况傲慢奢侈的人呢?国君宠幸的人太多,现在获胜归来,必然会重用他宠幸的人。这样做的话,祸难必然要发生,恐怕要轮到我头上。凡是我的宗人、祝史,请你们为我祈死,使我在祸难发作之前死去,以免整个范氏宗族受到我的牵连。"晋厉公七年的夏天,范文子死。同年冬,晋国发生了祸难,先是晋厉公杀三郤,最后厉公也被杀害。

栾书发郤至之罪

既战,获王子发钩①。栾书谓王子发钩曰:"子告君曰:'郤至使人劝王战，及齐、鲁之未至也②。且夫战也，微③郤至王必不免。'吾归子。"发钩告君，君告栾书，栾书曰："臣固闻之，郤至欲为难，使苦成叔④缓齐、鲁之师，已劝君战，战败，将纳孙周，事不成，故免楚王。然战而擅舍国君，而受其问，不亦大罪乎？且今君若使之于周，必见孙周⑤。"君曰："诺。"栾书使人谓孙周曰："郤至将往，必见之！"郤至聘于周，公使觇⑥之，见孙周。是故使胥之昧⑦与夷羊五刺郤至、苦成叔及郤锜，郤锜谓郤至曰："君不道于我，我欲以吾宗与吾党夹而攻之，虽死必败，君必危，其可乎？"郤至曰："不可。至闻之，武人不乱，智人不诈，仁人不党。夫利君之富，富以聚党，利党以危君，君之杀我也后矣。且众何罪，钧之死也，不若听君之命。"是故皆自杀。既刺三郤，栾书弑厉公，乃纳孙周而立之，实为悼公。

[注释]

①发钩：楚公子茷。②齐、鲁之未至：指鄢陵之战前，晋厉公派苦成叔郤犨和栾黡到齐、鲁两国请求出兵，兵还没到的时候。③微：假如没有。④苦成叔：即郤犨。⑤孙周：晋襄公的曾孙，名周，后即位为晋悼公。⑥觇：窥视。⑦胥之昧：即胥童，名之昧，字童。他与夷羊五都是晋厉公的宠臣。

[译文]

鄢陵之战打起来后，晋军活捉了楚国王子发钩。栾书对王子发钩说："你对晋厉公说：'郤至曾私下派人劝说楚王，趁着齐、鲁两国军队还未到来的时候，就和晋国开战。而且在打仗时，如果不是郤至，那楚王一定逃脱不了。'只要你这样说，我就设法放你回国。"发钩就这样对晋厉公说了，厉公告诉了栾书，栾书回答说："我早已听说了，郤至准备作乱，叫郤犨故意延缓齐、鲁两国出兵，自己却劝君主作战，一旦晋军战败，就迎接孙周回国为君，后来事情没有成功，因此故意放楚王逃走。但是在战争中擅自放走楚王，并接受楚王送来的礼物，这不是犯了大罪吗？而且如果现在您派他出使到周朝的话,他肯定要去见孙周。"厉公说:"好。"栾书又派人对孙周说:"郤至将要来了,您一定要去见他!"后来郤至到宗周聘问,晋厉公派人暗中监视,郤至果然去见了孙周。因此厉公便派胥之昧、夷羊五两人去刺杀郤至、郤犨和郤锜,郤锜对郤至说:"晋厉公对我们不讲道义,我想率领我的同族和同党一起攻打他,即使我们死了,国家也肯定败亡,国君也必然会陷入危险。这样可以吗?"郤至说:"不行。我听说,勇武的人不发动叛乱,有智慧的人不采用欺诈手段,讲仁义的人不结党营私。如果利用国君的宠幸和俸禄得以致富,凭借着财富来聚集同党,利用同党去危害国君,那么现在国君派人来杀我们已算晚了。况且众人又有什么罪过?同样是一死,不如听从国君的命令而死。"所以三郤都不抵抗而自杀。在杀了三郤以后,栾书又杀害了晋厉公,于是迎接孙周回国,将他立为新君,即晋悼公。

韩献子不从栾中行召

栾武子、中行献子围公于匠丽氏①,乃召韩献子②,献子辞曰:"弑君以求威,非吾所能为也。威行为不仁,事废为不智,享一利亦得一恶,非所务也。昔者吾畜于赵氏③,赵孟姬之谗④,吾能违兵。人有言曰:'杀老牛莫之敢尸⑤。'而况君乎?二三子不能事君,安用厥也!"中行偃欲伐之,栾书曰:"不可。其身果而辞顺。顺无不行,果无不彻⑥,犯顺不祥,伐果不克,夫以果戾顺行,民不犯也,吾虽欲攻之,其能乎!"乃止。

[注释]

①栾武子:即栾书。中行献子:即中行偃。匠丽氏:晋厉公的嬖臣。②韩献子:即韩厥。③赵氏:指赵盾。④赵孟姬之谗:指鲁成公八年(前583

年）孟姬向晋景公进谗言，杀害赵同、赵括一事。孟姬，赵盾儿子赵朔的妻子，晋景公的姐姐。⑤尸：作主。⑥彻：达到。

[译文]

栾武子、中行献子把晋厉公包围在匠丽氏家，然后召见韩献子，韩献子拒绝说："杀害国君来立威，这是我所不能做的。对国君施威是不仁，办事不成是不明智。虽然得到一种好处，但也得了一个恶名，这我不能干。从前我在赵氏家里长大，赵孟姬进谗言陷害赵氏，我能顶住不出兵。人们有一句俗话说：'即使杀一头老牛，尚且没有人愿意作主。'更何况要杀的是国君呢？你们几位既然不愿侍奉国君，何必要用我韩厥呢！"中行偃准备讨伐韩献子，栾书说："不行。韩厥办事果断，说话有道理。话有道理则没有行不通的，办事果断则没有达不到目的的。违犯了道理不吉祥，讨伐果断的人不会成功。他果断而又顺理行事，百姓不会违犯他，我们虽然想进攻他，能办得到吗？"于是取消讨伐。

晋语七

栾武子立悼公

既弑厉公,栾武子使智武子、彘恭子如周迎悼公①。庚午,大夫逆于清原。②公言于诸大夫曰:"孤始愿不及此③,孤之及此,天也。抑人之有元君,将禀命焉。④若禀而弃之,是焚谷也;其禀而不材,是谷不成也。⑤谷之不成,孤之咎也;成而焚之,二三子之虐也。⑥孤欲长处其愿,出令将不敢不成,二三子为令之不从,故求元君而访⑦焉。孤之不元,废也,其谁怨?元而以虐奉之,二三子之制⑧也。若欲奉元以济大义,将在今日;若欲暴虐以离百姓,反易民常⑨,亦在今日。图之进退,愿由今日。"大夫对曰:"君镇抚群臣而大庇荫之,无乃不堪君训而陷于大戮,以烦刑史⑩,辱君之允⑪令,敢不承业。"乃盟而入。

[注释]

①栾武子:晋卿栾书。智武子:晋卿智䓨。彘恭子:晋大夫士鲂,食邑于彘。悼公:晋悼公姬周,公元前572年至前558年在位。②庚午:鲁成公十八年正月十五。逆:迎。清原:晋国边境之地名,即晋文公八年行蒐之地。

③孤：悼公对自己的谦称。及：至。④元君：贤明的君主。元，善。禀：通"廪"，仓廪。按徐元诰说，"疑当为仓廪之'廪'，盖谓人之有元君，犹有仓廪以资生命也，故下即言谷"。下文"若禀而弃之"、"其禀而不材"中的"禀"皆通"廪"。⑤谷：庄稼和粮食的总称。不材：不可用。不成：谓秕谷。⑥咎：过失，罪过。虐：残暴。⑦访：谋。⑧制：专制。⑨反易：改变。民常：谓下事上。⑩刑史：刑官之史，掌刑书以资治者。徐元诰疑"史"乃"吏"之讹，可存一说。⑪允：信。

[译文]

栾武子杀了晋厉公后，便派智䓪、士鲂到周迎接悼公。庚午日，大夫们都到清原去迎接。悼公对众位大夫说："我开始的心愿是不敢想到这一步的，我现在能回国做国君，这是天命。人们有了贤明的国君，就像有了仓廪来供养生命。如果仓廪建成反而被抛弃了，就好比烧掉了粮谷；如果仓廪建成而不可用，就好比收藏的粮谷是没有长成的秕谷。粮谷没长成，是我的罪过；粮谷长成却被焚烧，就是你们的残暴了。我想长久保持我的愿望，发出的命令不敢不深思熟虑。你们因为民众不听从命令，所以就寻找明君来谋划。我不好，就废掉我，又能怨恨谁呢？如果君主贤明你们却残暴地对待他，那就是你们的专制了。如果想遵奉贤君以成大义，就在今天；如果想用残暴来离散百官，要改变民众侍奉君主的常法，也在今天。你们商量一下，是进是退，希望今天做出决定。"大夫们说："您安抚我们而且大力保护我们，难不成我们还承受不了您的训令而陷于犯罪，以至于麻烦刑官来给我们定罪记过，这就污辱了您的信令，怎敢不遵奉受命呢？"于是就结盟然后进入晋国。

辛巳①，朝于武宫②。定百事，立百官，育门子③，选贤良，兴旧族④，出滞赏⑤，毕故刑⑥，赦囚系，宥间罪⑦，荐积德，逮⑧鳏寡，振废淹⑨，养老幼，恤孤疾，年过七十，公亲见之，称曰王父，敢不承⑩。

[注释]

①辛巳：正月二十六。②武宫：晋武公庙。③门子：大夫之嫡子。④兴：起。旧族：旧臣之子孙。⑤滞赏：谓有功于先君未赏者。⑥毕故刑：不再追究从前触犯过刑法的人的罪责。⑦宥：赦。间罪：刑罚之疑者。⑧逮：及，惠及。⑨振废淹：起用因犯小罪而长久不用的贤才。振，起。淹，久。⑩敢不承：悼公谦辞，谓不敢不承，即不敢不承教于王父。

[译文]

辛巳日，晋悼公到晋武公庙朝祭。议定百事，设立百官，培育大夫们的子弟，选拔贤良，提拔老臣的子孙，补赏有功之臣，不再追究从前触犯过刑法的人的罪责，赦免囚犯，宽赦嫌疑犯。推荐录用积德的人，施恩给鳏夫寡妇，起用因犯小罪而长久不用的贤才，养老抚幼，体恤孤儿残疾，年过七十的老人，悼公亲自接见，称呼为王父，并不敢不向老人承教。

悼公即位

二月乙酉①，公即位。使吕宣子将下军②，曰："邲之役，吕锜佐智庄子于上军，获楚公子榖臣与连尹襄老，以免子羽。③鄢之役，亲射楚王而败楚师，以定晋国而无后，其子孙不可不崇也。④"使巂恭子将新军⑤，曰："武子之季、文子之母弟也⑥。武子宣法以定晋国，至于今是用。文子勤身以定诸侯，至于今是赖。夫二子之德，其可忘乎！"故以巂季屏其宗⑦。使令狐文子佐之⑧，曰："昔克潞之役，秦来图败晋功，魏颗以其身却退秦师于辅氏，亲止杜回，其勋铭于景钟。⑨至于今不育⑩，其子不可不兴也。"

[注释]

①二月：周正二月，夏正十二月。乙酉：初一。②吕宣子：晋大夫吕相，"宣"是谥号。将下军：王引之《经义述闻》卷二十一"使吕宣子佐下军"条校作"将新军"，可从。③邲（bì）之役：指鲁宣公十二年六月晋楚两国邲地之战。邲，郑国地名。吕锜：吕相之父。智庄子：晋大夫荀首，食邑于智，谥庄。吕锜佐智庄子于上军："上"当为"下"。穀臣：楚庄王的儿子。连尹：楚官职名。子羽：智庄子儿子智䓨，字子羽。此处指楚晋邲之战时，子羽被俘，但晋国擒获了楚公子谷臣，射死了连尹襄老。鲁成公三年，晋国用谷臣和襄老的尸体换回了子羽。④鄢之役：指鲁成公十六年，晋楚鄢陵之战。无后：子孙无在显位者。崇：高。⑤彘恭子：晋大夫士鲂，食邑于彘。将新军：当为"佐下军"。⑥武子：晋卿士会，食邑于范，谥武，士鲂的父亲。季：少子。文子：士燮，士鲂的哥哥。母弟：同母的弟弟。⑦彘季：即彘恭子，因他是士会的少子，故又称其为彘季。屏：屏蔽，护卫。⑧令狐：邑名，在今山西猗氏县。文子：魏颗之子魏颉。⑨克：胜。潞（lù）：狄族国名。魏颗：令狐文子的父亲。辅氏：晋国地名。止：获。杜回：秦国的大力士。景钟：大钟。景，大。⑩育：遂，推进、举荐之意。

[译文]

二月乙酉日，晋悼公即位。任命吕宣子为新军元帅，说："晋楚在邲地那次战役，吕锜在下军辅佐荀首，擒获了楚国公子穀臣，射死了连尹襄老，因此才使智䓨免于死难。晋楚在鄢陵那次战役，吕锜亲自射中了楚王的眼睛而使楚军惨败，凭着他的英勇安定了晋国，可是他的后人却没有做高官的，他的子孙不能不提拔啊。"任命彘恭子为下军之佐，说："他是范武子的小儿子，是范文子的同母弟弟。范武子严明了法制，安定了晋国，直到今天还在用他的法令。范文子勤劳国事，稳定了晋国在诸侯中的霸主地位，直到今天还仰赖他的功绩。这两位的功德，难道可以忘记吗？"所以任命彘季为卿以屏卫他的宗室。任命令狐文子为新军副帅，说："战胜潞国那次战役，秦国曾经图谋要打败晋国，魏颗亲自在辅氏击退秦兵，俘获了秦国的力士杜回，他的功勋铭记在大钟上。直到现在也没得到举荐，如今他的儿子不能不起用。"

君知士贞子之帅志博闻而宣惠于教也，使为太傅。①知右行辛之能以数宣物定功也，使为元司空。②知栾纠之能御以和于政也，使为戎御。③知荀宾之有力而不暴也，使为戎右。④

[注释]

①士贞子：晋大夫士渥浊，谥贞，晋卿士穆子之子。帅：循。宣：遍。惠：惠爱。太傅：官职名，傅相太子。②右行辛：晋大夫贾辛。数：计。宣：明。物：事。元：大。司空：官职名，掌管工程建筑等。③栾纠：晋国大夫弁纠。政：军政。戎御：御者之首，为国君驾车。④荀宾：晋大夫。戎右：国君战车右卫。

[译文]

晋悼公知道士贞子志向专一、知识渊博而且在教育方面能竭心尽意，让他做了太傅。知道右行辛擅长统计，懂得物理，能准确判定工程大小及施工进程，让他做大司空。知道栾纠能驾御战车、协调军政，让他做戎御。知道荀宾力气大而且不暴躁，让他做车右。

栾伯请公族大夫①，公曰："荀家惇惠，荀会文敏，黡也果敢，无忌镇静，使兹四人者为之。②夫膏粱③之性难正也，故使惇惠者教之，使文敏者导之，使果敢者谂④之，使镇静者修之。惇惠者教之，则遍而不倦⑤；文敏者导之，则婉⑥而入；果敢者谂之，则过不隐；镇静者修之，则壹⑦。"使兹四人者为公族大夫。

[注释]

①栾伯：正卿栾书，谥武。公族大夫：官名，主管教育公族与世卿子弟。②荀家：晋大夫。荀会：人名，荀家之族。黡（yǎn）：栾书之子桓子。无忌：韩厥之子公族穆子。镇：重。静：安。兹：此。③膏粱：指富贵人家。膏，肉

之肥者。梁，食之精者。④谂（shěn）：劝告，规谏。⑤倦：懈怠。⑥婉：顺。⑦壹：均一，专一。

[译文]

栾伯请求任命几位公族大夫，悼公说："荀家朴实宽厚，荀会文静聪敏，栾黡果敢，无忌镇静，让这四个人当公族大夫。那些富家子弟生性骄横，难以匡正，所以让朴实宽厚的人来教导他们，让文静聪明的人来辅导他们，让果敢的人来规谏他们，让镇静的人来帮助他们。由朴实宽厚的人来教导，他们就会变得考虑事情周密而不懈怠；由文静聪敏的人来教导，他们就会变得柔顺而且明于情理；由果敢的人来规谏，他们就会知过则改毫不隐瞒；由镇静的人来帮助，他们就会变得稳重专一。"晋悼公任命这四个人做了公族大夫。

公知祁奚之果而不淫也，使为元尉。①知羊舌职之聪敏肃给也②，使佐之。知魏绛之勇而不乱也，使为元司马。③知张老之智而不诈也，使为元候。④知铎遏寇之恭敬而信强也，使为舆尉。⑤知籍偃之惇帅旧职而恭给也，使为舆司马。⑥知程郑端而不淫，且好谏而不隐也，使为赞仆。⑦

[注释]

①祁奚：晋大夫，高梁伯之子，字黄羊。元尉：中军尉。元，大，中军尊，故称大。②羊舌职：晋羊舌大夫之子。敏：达。肃：通"速"，敏捷。给：捷，敏捷。③魏绛：魏颗的弟弟。元司马：中军司马。④张老：晋国大夫张孟，名老字孟。元候：中军候奄。候，即候正，军中主管侦探谍报的官。⑤铎遏寇：晋大夫。舆尉：春秋时代的武官名，主持征役。⑥籍偃：晋大夫。舆司马：古官名，上军司马。⑦程郑：晋国大夫。端：正。淫：邪。赞仆：官名，即乘马御，为王侯驾车驭马的仆从。

[译文]

悼公知道祁奚做事情果断而不拖沓，让他做中军尉。知道羊舌职聪明敏捷，让他辅佐祁奚。知道魏绛勇敢而且不乱来，让他做中军司马。知道张老明智真诚，让他做中军候奄。知道铎遏寇恭敬、诚实而又坚强，让他做上军尉。知道籍偃忠于旧职而且恭顺有余，所以让他做上军司马。知道程郑端庄有礼而且勇于进谏，无所隐瞒，让他做了赞仆。

悼公始合诸侯

始合诸侯于虚打①以救宋，使张老延②君誉于四方且观道逆③者。吕宣子④卒，公以赵文子⑤为文也，而能恤大事，使佐⑥新军。三年，公始合诸侯。四年，诸侯会于鸡丘⑦，于是乎布命、结援、修好、申盟而还。令狐文子卒，公以魏绛为不犯，使佐新军。使张老为司马，使范献子为候奄。公誉达于戎⑧。五年，诸戎来请服，使魏庄子⑨盟之，于是乎始复霸⑩。

[注释]

①虚打（chēng）：春秋时宋国地名，在今河南淮阳县西北。鲁成公十八年，宋国的左师鱼石背叛宋国逃到楚国，楚国来攻打宋国，所以晋悼公会合诸侯营救宋国。②延：陈，播扬。③道：顺，指顺命。逆：指逆命。④吕宣子：晋卿吕相。⑤赵文子：赵武，赵盾的孙子。⑥佐：当为"将"。⑦鸡丘：鸡泽，在今河北省境内。⑧戎：诸戎。⑨魏庄子：即魏绛。⑩复霸：继文公之后重新称霸。

[译文]

晋悼公首次在虚打会合诸侯来援救宋国，派张老到各地宣扬晋君的声誉，并且观察诸侯中顺命的和悖乱的。吕宣子死后，悼公认为赵武有文德，而且能顾恤大事，让他当了新军主帅。悼公三年，开始会盟诸侯。悼公四年，在鸡丘主持了诸侯国的会盟，于是发布命令、缔结援助条约，重修旧好，重申旧盟，然后回国。令狐文子死后，悼公认为魏绛能严格执行军纪，让魏绛做了新军副帅。让张老当了中军司马，让范献子当了候奄。悼公的声威达到了诸戎之地。悼公五年，各戎族前来请求归服，晋国派魏绛跟戎族订盟，于是晋国开始重新称霸于诸侯。

四年，会诸侯于鸡丘，魏绛为中军司马，公子扬干乱行于曲梁①，魏绛斩其仆②。公谓羊舌赤曰："寡人属③诸侯，魏绛戮④寡人之弟，为我勿失。"赤对曰："臣闻绛之志，有事不避难，有罪不避刑，其将来辞。"言终，魏绛至，授仆人书而伏剑⑤。士鲂、张老交⑥止之。仆人授公，公读书曰："臣诛于扬干，不忘其死。曰君乏使，使臣狃⑦中军之司马。臣闻师众以顺为武，军事有死无犯为敬，君合诸侯，臣敢不敬，君不说⑧，请死之。"公跣⑨而出，曰："寡人之言，兄弟之礼也。子之诛，军旅之事也，请无重寡人之过。"反役⑩，与之礼食，令之佐新军。

[注释]

①扬干：悼公之弟。乱行（háng）：扰乱了军队的行列。曲梁：晋国地名，在鸡丘附近。②仆：御，指驾车人。③属：聚会。④戮：侮辱，羞辱。⑤仆人：官名，掌传命，即负责紧急奏事。伏剑：拔剑自杀。⑥交：夹，一齐，同时。⑦狃（niǔ）：担任。⑧说：同"悦"，高兴。⑨跣（xiǎn）：光着脚，不穿鞋袜。⑩反役：指从盟会上返国。

[译文]

悼公四年，在鸡丘会盟诸侯，当时魏绛是中军司马，悼公的弟弟扬干在曲梁扰乱了行军的行列，魏绛杀了扬干的车仆。悼公对羊舌赤说："我会盟诸侯，魏绛羞辱我弟弟，替我逮捕他，不能让他跑掉。"羊舌赤说："我了解魏绛的为人，他办事不怕困难，有罪不怕惩罚，他一定会来说明的。"话刚说完，魏绛到，把书信交给传命官就要拔剑自杀,士鲂和张老一齐劝阻他。传命官把信交给悼公,悼公读信,信上说:"我责罚了扬干,不敢忘记自己这是犯下了死罪。往日国君缺少使唤的人,让我担任了中军司马。我听说在军队里服从军纪叫武,战场上宁死不违犯军纪叫敬,君主会合诸侯,我怎敢不敬奉守职?您不高兴我的做法,我请求一死。"悼公顾不得穿鞋,光着脚就跑出来,说:"我的话,讲的是兄弟之礼。你杀了车仆,是执行军队的法纪,请不要加重我所犯的过错。"从盟会回国后,悼公以大夫之礼招待魏绛,任命他为新军副帅。

祁奚荐子午以自代

祁奚辞于军尉①,公问焉,曰:"孰可?"对曰:"臣之子午②可。人有言曰:'择臣莫若君,择子莫若父。'午之少也,婉③以从令,游有乡,处有所,好学而不戏。其壮也,强志而用命④,守业而不淫⑤。其冠⑥也,和安而好敬,柔惠小物,而镇定大事,有直质而无流心,非义不变,非上不举⑦。若临大事⑧,其可以贤于臣。臣请荐所能择而君比义焉⑨。"公使祁午为军尉,殁平公⑩,军无秕政。

[注释]

①祁奚:字黄羊,晋国大夫。晋悼公即位后,拜为中军尉。辞:年老请辞官。②午:祁午,祁奚的儿子。③婉:顺。④志:识。命:父命。⑤业:所学专业。不淫:不放荡。⑥冠:二十岁。古时男子二十岁举行冠礼,表示成人。⑦举:动。⑧大事:军事。⑨比:比类。义:通"仪",度量。⑩殁平公:犹言终平公之世。平公,悼公之子姬彪,公元前557年至前532年在位。

[译文]

祁奚告老请求辞退中军尉的职务,悼公问他说:"谁可以代替你?"回答说:"我的儿子祁午可以。有句俗话说:'了解臣子的能力,没有人赶得上国君;了解儿子的才干,没有人赶得上父亲。'祁午小时候,温顺听话,出外游玩事先禀告去向,外出逗留事先禀告地点,好学不贪玩。长大了,记忆力强而且遵从父命,坚守学业不乱闯。他加冠成人后,温和安详,谦敬有礼,对弱小者仁惠慈爱,能安定大事,正直而不放纵,不合理的事情不能使他改变态度,不是上级与长辈的命令他不轻易行动。如果让他治理军政事务,将会比我强。请允许我推荐我的儿子,让君主比较考虑。"悼公让祁午当了中军尉,一直到晋平公去世,军中没有一点儿失误的政令。

魏绛谏悼公伐诸戎

五年①,无终子嘉父使孟乐因魏庄子纳虎豹之皮以和诸戎②。公曰:"戎、狄无亲而好得③,不若伐之。"魏绛曰:"劳师于戎,而失诸华④,虽有功,犹得兽而失人也,安用之?且夫戎、狄荐处⑤,贵货而易土⑥。予之货而获其土,其利一也;边鄙耕农不儆⑦,其利二也;戎、狄事晋,四邻莫不震动,其利三也。君其图之!"公说⑧,故使魏绛抚诸戎,于是乎遂伯⑨。

[注释]

①五年:晋悼公五年。②无终:山戎之国,在今河北玉田境内。子:爵位。嘉父:无终国国君之名。孟乐:无终国大臣。魏庄子:魏绛。和诸戎:与各部戎人讲和。③无亲:无恩亲。好得:好货财。④失诸华:指用兵于戎,不得存恤诸侯,诸侯必叛,故言失。诸华,华夏,指中原地区。⑤荐:草名,逐水草而居曰荐处。⑥易土:轻视土地,戎狄以迁徙为俗,无恋土之心,故曰易土。易,轻。⑦儆:惊。⑧说:同"悦"。⑨伯:同"霸"。

[译文]

　　晋悼公五年,无终国国君嘉父派孟乐通过魏绛的关系进献给晋君虎豹皮革,请求晋国能和各个戎国和好。悼公说:"戎狄之人不讲恩亲而且贪婪好货,不如讨伐他们。"魏绛说:"对戎人用兵,而失掉对中原各国的控制,即使成功,也好像得了禽兽而失掉了人一样,哪里用得着这些戎人呢?再说戎狄逐水草而居,看重财货而轻视土地。给他们财货可以换得土地,这是第一利;与戎人和好,边疆一带的农夫耕田就不再害怕了,这是第二利;戎狄若归附并侍奉晋国,四邻各国无不震动,这是第三利。希望君主考虑考虑。"悼公听了很高兴,所以就派魏绛安抚戎族各国,于是晋国就称霸天下了。

悼公使韩穆子掌公族大夫

　　韩献子①老,使公族穆子②受事于朝。辞曰:"厉公之乱③,无忌备公族④,不能死。臣闻之曰:'无功庸⑤者,不敢居高位。'今无忌,智不能匡⑥君,使至于难,仁不能救,勇不能死,敢辱君朝以忝⑦韩宗,请退也。"固辞⑧不立。悼公闻之,曰:"难虽不能死君而能让,不可不赏也。"使掌⑨公族大夫。

[注释]

　　①韩献子:晋卿韩厥。②穆子:韩厥长子,名无忌。晋国的公族大夫。③厉公之乱:指鲁成公十八年栾书、中行偃弑晋厉公。④备:居位。公族:本指诸侯的同姓子弟。晋自献公尽逐群公子,无公族。晋成公即位,以卿大夫子弟为公族,设公族大夫为统领。⑤功庸:功劳,成就。国功曰功,民功曰庸。⑥匡:辅佐,辅助。⑦忝(tiǎn):辱,有愧于,常用做谦辞。⑧固辞:古礼

以再次辞让为"固辞",此处指坚决推辞和谦让。⑨掌:主,主管。

[译文]

韩献子告老辞官。晋悼公让公族穆子继承父亲的卿位在朝掌管政事。穆子推辞说:"厉公被弑时,我作为公族大夫,却不能够殉难。我听说:'没有功劳的人,不敢在高位。'现在我论智力不能辅佐君主,反而让他遭到祸难,论仁不能救护君主,论勇不能为君主殉难,我怎敢居于卿位,再使您的朝廷受辱并愧对韩氏宗族呢?请允许我辞退吧。"穆子坚决推辞不就位。晋悼公听到这些,说:"国难发生,虽然不能为君主殉难,但能如此谦让,不能不赏。"就让他去主管公族大夫。

悼公使魏绛佐新军

悼公使张老为卿,辞曰:"臣不如魏绛。夫绛之智能治大官①,其仁可以利公室不忘②,其勇不疚③于刑,其学不废其先人之职,若在卿位,外内必平。且鸡丘之会④,其官不犯⑤而辞顺,不可不赏也。"公五命之,固辞,乃使为司马⑥。使魏绛佐新军。

[注释]

①大官:指卿。②忘:通"亡",断绝。③疚:病。④鸡丘之会:指晋悼公四年,晋侯在鸡丘会盟诸侯。⑤不犯:不违犯军纪,指魏绛执法杀了晋侯弟弟扬干的车仆。⑥司马:指中军司马。

[译文]

晋悼公任命张老为卿,张老推辞说:"我比不上魏绛。魏绛的智慧可以胜任卿的职务,他的仁德可以给公室带来源源不断的利益,他的勇敢不会妨碍于刑法,他的善学不会废弃前辈们的功业。如果他处在卿位,国内外必定和平安定。并且鸡丘会盟时,他担任执法官不违犯军纪，而且言辞和顺，这样的人不能不赏啊。"悼公五次任命张老，都被他坚决推辞了。于是就任命他为中军司马，让魏绛做新军副帅。

悼公赐魏绛女乐歌钟

十二年①，公伐郑，军于萧鱼②。郑伯嘉③来纳女、工、妾三十人，女乐二八④，歌钟二肆⑤，及宝镈⑥，辂车⑦十五乘。公锡⑧魏绛女乐一八、歌钟一肆，曰："子教寡人和诸戎、狄而正诸华，于今八年，七合诸侯，寡人无不得志，请与子共乐之。"魏绛辞曰："夫和戎、狄，君之幸也。八年之中，七合诸侯，君之灵也。二三子之劳也，臣焉得之？"公曰："微⑨子，寡人无以待戎，无以济河，二三子何劳焉！子其受之。"君子曰："能志⑩善也。"

[注释]

①十二年：指晋悼公十二年，鲁襄公十一年，公元前562年。②萧鱼：郑国地名，在今河南许昌附近。③郑伯嘉：郑简公姬嘉，公元前565年至前530年在位。④女乐二八：女伎十六人。二八，即二佾，古乐舞八人一列，叫做一佾。⑤肆：列。音调音阶完备，能演奏乐曲的一列编钟叫一肆。⑥镈(bó)：大钟。⑦辂车：路车。⑧锡：通"赐"。⑨微：无，非。⑩志：识，记住。

[译文]

晋悼公十二年，晋君率军讨伐郑国，军队驻扎在萧鱼。郑伯嘉送来美女、乐师、使女共三十人，女伎十六人，成套编钟两列以及珍贵的特悬大镈钟，路车十五辆。悼公分出女伎八人、歌钟一列赐给魏绛，说："你教我与戎狄各部落和好，整顿中原各国，到现在已有八年了,七次会合诸侯,我没有不如意的,请让我与你共同享用这些。"魏绛辞谢说:"与戎狄交好,是君主的幸运。八年之中,七次会合诸侯,是托君主的福,是靠大家的辛劳,我凭什么得到这些女伎和歌钟呢?"悼公说:"如果没有你,我没有办法对付戎狄,也不能渡过黄河称霸中原,其他人有什么功劳!请你接受这些赏赐吧!"君子说:"晋悼公能记住善行啊。"

司马侯荐叔向

悼公与司马侯①升台而望曰:"乐夫!"对曰:"临下之乐则乐矣,德义之乐则未也。"公曰:"何谓德义?"对曰:"诸侯之为②,日在君侧,以其善行③,以其恶戒,可谓德义矣。"公曰:"孰能?"对曰:"羊舌肸习于春秋④。"乃召叔向使傅太子彪⑤。

[注释]

①司马侯:晋国大夫女叔齐。②为:作为。③行:施行。④羊舌肸(xī):即叔向,名肸,羊舌职之子,故称羊舌肸;封于扬邑,又称扬肸。春秋:指诸侯国史。⑤傅:辅导。太子彪:晋悼公的太子,名彪,即晋平公。

[译文]

晋悼公和司马侯登上高台向远处瞭望,悼公说:"真快乐啊!"司马侯说:"居高临下的快乐已经享受到了,施行德义的快乐还没有达到啊。"悼公说:"什么是德义的快乐?"司马侯回答说:"世上各个诸侯的作为,每天都有人在君主身旁汇报,君主认为好的就采纳,认为不好的就鉴戒,这样就可以算德义了。"悼公说:"谁能这样呢?"回答说:"叔向熟读诸侯国史,能做到这些。"于是就召见叔向让他辅导太子彪。

晋语八

阳毕教平公灭栾氏

平公六年①,箕遗及黄渊、嘉父作乱②,不克而死。公遂逐群贼,谓阳毕③曰:"自穆侯以至于今,乱兵不辍,民志不厌,祸败无已。④离民且速寇⑤,恐及吾身,若之何?"阳毕对曰:"本根犹树⑥,枝叶益长,本根益茂,是以难已也。今若大其柯⑦,去其枝叶,绝其本根,可以少闲⑧。"

[注释]

①平公六年:即晋平公六年,鲁襄公二十一年,公元前552年。平公,晋悼公的儿子,名彪,公元前557年至前532年在位。②箕遗及黄渊、嘉父作乱:箕遗、黄渊和嘉父都是晋国大夫栾盈的同党,栾盈被正卿范宣子驱逐出晋国,于是他的同党就发动叛乱。③阳毕:晋国大夫。④穆侯:晋穆侯费王,公元前811年至前785年在位。近年在曲沃64号墓发掘出土的鼎、簋铭文则称晋穆侯为晋侯邦父,学者李学勤认为费王急读即为邦。穆侯有弟殇叔,有二子仇与成师,其后相互争权,酿成数代大乱。辍:止。厌:满足。已:停止。⑤离:离心。速:召。⑥树:树立。⑦柯(kē):斧柄。⑧少:稍微。闲:

闲暇。

[译文]

晋平公六年，箕遗和黄渊、嘉父几个人作乱，没有成功就死了。平公想驱逐他们的同党，对阳毕说："晋国自穆公以来到现在，兵乱不止，民心不满，祸乱不断。内乱使民众离心并且招来外寇，恐怕灾祸会波及到我身上，怎么办才好呢？"阳毕回答说："祸乱的本根还立在那里，枝叶越长，根就越壮，所以难以制止啊。现在如果挥舞大斧，砍掉它的枝叶，斩断它的本根，就可以稍微休息一会儿了。"

公曰："子实图之。"对曰："图在明训①，明训在威权，威权在君。君抡②贤人之后有常位于国者而立之，亦抡逞志③亏君以乱国者之后而去之，是遂威而远权④。民畏其威，而怀其德，莫能勿从。若从，则民心皆可畜⑤。畜其心而知其欲恶，人孰偷生？若不偷生，则莫思乱矣。且夫栾氏之诬⑥晋国久也，栾书实覆⑦宗，弑厉公以厚其家，若灭栾氏，则民威⑧矣。今吾若起瑕、原、韩、魏之后而赏立之⑨，则民怀矣。威与怀各当其所，则国安矣，君治而国安，欲作乱者谁与？"

[注释]

①明训：明确的教令。训，教。②抡：择取。③逞志：称愿得逞。④遂：成。远权：使权力远及后代。⑤畜（xù）：培养，培植。⑥诬：诬害，欺瞒。⑦覆：灭。⑧威：畏。⑨瑕：瑕嘉。原：原轸。韩：韩献子。魏：毕万。

[译文]

平公说："你好好谋划谋划这件事。"阳毕说："谋划的关键在于有明确的教令，明确的教令在于有权威，权威在国君身上。君主要选择贤人的后代中世世代代有功于国之人，让他们做官，还要挑出那些肆意妄为、对不起国君、扰乱国家的人的后代，革掉他们的官职，这样就能伸展君威，使君权远及后代了。民众畏惧君主的威严，又怀恋君主的德政，就没有谁不服从了。如果服从，那么民心就可以培养教导了。教导民众行善去恶，而且使他们了解自己的欲望好恶，人们谁还敢苟且偷生呢？如果不敢偷生，就没有人想作乱了。再说栾氏诬害晋国已经很久了，栾书实际上已经犯下了灭族之罪，他杀害厉公以加强自己家族的势力，如果灭了栾氏，那么想作乱的人就畏惧了。如今我们若起用瑕嘉、原轸、韩献子、毕万几家的后代，给他们赏赐，让他们为官，那么民众就会感念君主的恩德了。君主树威与施德都很适当，那么国家就可以安定了。您治理国家而国家安定，还有谁想要作乱呢？"

君曰："栾书立吾先君，栾盈不获罪，如何？"①阳毕曰："夫正国者，不可以昵于权②，行权不可以隐于私。昵于权，则民不导；行权隐于私，则政不行。政不行，何以导民？民之不导，亦无君也，则其为昵与隐也，复害矣③，且勤身④。君其图之！若爱栾盈，则明逐群贼，而以国伦数而遣之，厚箴戒图以待之。⑤彼若求逞志而报于君，罪孰大焉，灭之犹少。彼若不敢而远逃，乃厚其外交而勉⑥之，以报其德，不亦可乎？"

[注释]

①先君：指晋悼公。不获罪：没有犯罪。②昵：亲近，偏袒。权：权贵。③复害：反而害国。复，反。④勤身：使身勤，劳苦自身之意。⑤群贼：栾盈之党。国伦：维持国家的君臣之道。数（shǔ）：数说，责备。遣：放逐。厚：重。箴：规劝。戒：戒备，防备。待：备。⑥勉：通"免"。

[译文]

平公说："栾书拥立了先君悼公，栾盈也没有犯罪，怎么办呢？"阳毕说："矫治国家弊病要公正，不可以偏袒权贵；行使国家权力要无私，不可以因为私恩而受蒙蔽。偏袒权贵，那么民众就不能训导；行使权力，为私恩蒙蔽，那么政事就办不成。政事办不成，怎么训导民众呢？民众不能训导，也就像国家没有君主一样。如果国君只顾偏袒权贵、身受蒙蔽，反过来就会危害国家，并且也劳苦了自身。请国君考虑考虑！如果舍不得杀栾盈，就公开驱逐他的同党，再用国家的君臣之道教训他，然后将他放逐，严厉规诫他，认真谋划，全面准备，防备他图谋不轨。如果他肆意妄为要报复您，没有什么罪比这更大了，即使消灭了他还嫌不够。如果他不敢报复而逃亡远方，就给他逃往的国家送些厚礼，免去他的死罪，来报答栾氏曾经的恩德，不也可以吗？"

公许诺，尽逐群贼，而使祁午及阳毕适曲沃①逐栾盈，栾盈出奔楚。遂令于国人曰："自文公以来有力于先君而子孙不立者，将授立②之，得之者赏。"居三年③，栾盈昼入，为贼于绛。范宣子以公入于襄公之宫，栾盈不克，出奔曲沃，遂刺栾盈，灭栾氏。是以没④平公之身无内乱也。

[注释]

①曲沃：地名，栾盈的食邑。②授立：授予爵位任命官职。③居三年：后三年。④没(mò)：终，尽。

[译文]

平公同意了阳毕的意见，把栾盈的同党全部驱逐，然后派祁午和阳毕到曲沃去驱逐栾盈，栾盈逃奔到楚国。于是向国人下令说："自从文公以来，历代先君的有功之臣，其子孙还没有做官的人，将授予爵位任命官职，能寻访到功臣子孙的人给以奖赏。"过了三年，栾盈白天回国，攻入绛都，要杀平公。范宣子领着平公进入襄公庙里避难，栾盈没有成功，逃到曲沃。于是派兵攻杀了栾盈，灭了栾氏。因此直到平公死，晋国都没有内乱。

辛俞从栾氏出奔

栾怀子之出,执政使栾氏之臣勿从,从栾氏者为大戮施。①栾氏之臣辛俞行②,吏执之,献诸公。公曰:"国有大令,何故犯之?"对曰:"臣顺之也,岂敢犯之?执政曰'无从栾氏而从君',是明令必从君也。臣闻之曰:'三世事家③,君之,再世以下,主之。'事君以死,事主以勤,君之明令也。自臣之祖,以无大援于晋国,世隶于栾氏,于今三世矣,臣故不敢不君。今执政曰'不从君者为大戮',臣敢④忘其死而叛其君,以烦司寇。"公说⑤,固止之,不可,厚赂之。辞曰:"臣尝陈辞矣,心以守志,辞以行之,所以事君也。若受君赐,是堕⑥其前言。君问而陈辞,未退而逆⑦之,何以事君?"君知其不可得也,乃遣之。

[注释]

①栾怀子:栾盈。执政:正卿范宣子。施:陈,指陈尸示众。②辛俞:人名,栾盈的家臣。行:随行,指跟从栾盈。③家:大夫之家。④敢:不敢。⑤说:同"悦"。⑥堕:坏。⑦逆:违反。

[译文]

栾盈出逃时,正卿范宣子下令不准栾氏的家臣随从,随从出逃的人要被杀头陈尸示众。栾氏的家臣辛俞跟着栾盈出逃,被官吏抓住,押送给晋平公。平公问:"国家有令,为什么要违犯呢?"回答说:"我服从命令,怎么敢违犯呢?正卿说'不准跟从栾氏而要服从君主',这是明确命令我必须跟从君主。我听说:'祖孙三代侍奉大夫之家,就要以之为君主;父子两代以下,就要以之为家主。'侍奉君主要不怕死,侍奉家主要勤劳,这是君主的明令。自从我祖辈起,因在晋国没有大的依靠,就世世做家臣,隶属于栾氏,到现在已经三代了,所以不敢不像侍奉君主一样侍奉他。如今正卿说'不从君主者要杀头示众',我怎敢忘掉死而背叛我的君主,来麻烦司法官呢?"平公听了很高兴,坚决阻止他随从栾氏,行不通,就送给他许多财物。辛俞辞谢说:"我已经陈述了自己跟从栾氏的理由,心中坚守志向,言行一致,这就是我侍奉君主的准则。如果接受了您的恩赐,这就毁了我先前说的话。您问我,我陈述了,还没退下来就违反自己所说的,我还怎么事君?"平公知道他不可留,就让他走了。

叔孙穆子论死而不朽

鲁襄公使叔孙穆子来聘①,范宣子②问焉,曰:"人有言曰'死而不朽',何谓也?"穆子未对。宣子曰:"昔丐之祖,自虞以上为陶唐氏③,在夏为御龙氏④,在商为豕韦氏⑤,在周为唐、杜氏⑥。周卑⑦,晋继之,为范氏,其此之谓也?"对曰:"以豹所闻,此之谓世禄⑧,非不朽也。鲁先大夫臧文仲⑨,其身殁矣,其言立于后世,此之谓死而不朽。"

[注释]

①叔孙穆子:鲁国的卿,名豹。聘:访问。②范宣子:晋国正卿,名士匄。③虞:即虞代,中国最早的朝代名,尧、舜皆虞代君主。陶唐氏:即尧。尧最初住在陶,后来封在唐,所以又叫他陶唐氏。④御龙氏:夏后孔甲之世封陶唐氏的后人为御龙氏。⑤豕韦氏:商王武丁封尧的后人为豕韦氏。⑥唐、杜氏:二国名。豕韦氏商末改国号为唐,周成王灭唐,迁唐到杜,谓之杜伯。⑦卑:王室衰微。⑧世禄:世世代代享有禄位。⑨臧文仲:鲁国的贤卿。

[译文]

鲁襄公派叔孙穆子来晋国聘问,范宣子问他说:"人们有句成语说'死而不朽',是什么意思?"穆子没有回答。范宣子说:"过去我的先祖,从虞舜以上叫陶唐氏,在夏代叫御龙氏,在商代叫豕韦氏,在周代叫唐氏、杜氏。周王室衰微,晋国当上盟主后,叫范氏,大概这就是死而不朽吧?"回答说:"根据我所听到的,这叫世禄,不叫死而不朽。鲁国大夫臧文仲,他已经死了,他的言语流传到后世,这可以叫死而不朽。"

范宣子与和大夫争田

范宣子与和大夫争田①,久而无成②。宣子欲攻之,问于伯华③。伯华曰:"外有军,内有事。赤也,外事也,不敢侵官④。且吾子之心有出焉,可征讯也。"问于孙林甫,孙林甫曰:"旅人⑤,所以事子也,唯事是待。"问于张老,张老曰:"老也以军事承子,非戎,则非吾所知也。"问于祁奚⑥,祁奚曰:"公族之不恭,公室之有回⑦,内事之邪,大夫之贪,是吾罪也。若以君官从子之私,惧子之应且憎也。"问于籍偃⑧,籍偃曰:"偃也以斧钺从于张孟,日听命焉,若夫子之命也,何二之有?释夫子而举,是反吾子也。"问于叔鱼⑨,叔鱼曰:"待吾为子杀之。"

[注释]

①范宣子:晋国正卿,名士匄。和大夫:晋国和邑的大夫。和,邑名。争田:争田之疆界。②成:平,讲和。③伯华:即羊舌赤,任晋国中尉佐。④侵官:侵犯他人的职守。⑤旅人:客人。⑥祁奚:晋国元老,晋平公即位后辞去中军尉的职务,做了公族大夫。⑦回:奸邪。⑧籍偃:晋国的上军司马,掌军纪。⑨叔鱼:叔向的弟弟。

[译文]

范宣子跟和大夫争田地的边界,长期不和。范宣子想攻打和大夫，问伯华。伯华说："外有军事，内有政事。我是管军事的，不敢干涉内政。且等您心中有了出兵的决定，再召我商量如何攻打。"问到孙林甫，孙林甫说："我是客居之人，是侍奉您的，只等您的指示办事。"问到张老，张老说："我张老在军事上服从您的指挥，不涉及军事问题，就不是我所知道的了。"问到祁奚，祁奚说："公族中有不恭敬的言行，公室里有奸邪的事情，朝内有了偏差，大夫们贪鄙，这些是我的罪过。如果拿君主赐给我的官职顺从您的私心办事，恐怕您表面应承而实际上要憎恨我。"问到籍偃，籍偃说："我拿着行刑的斧钺跟从张孟，每天听他的命令，如果是他的命令，哪有二话？丢了他的命令而乱动，这实际上也是违反了您的前令。"问到叔鱼，叔鱼说："等我替您杀了和大夫。"

叔向①闻之，见宣子曰："闻子与和未宁②，遍问于大夫，又无决，盍访之訾祏③。訾祏实直而博，直能端辨之，博能上下比之，且吾子之家老也。吾闻国家有大事，必顺于典刑④，而访谘于耇老⑤，而后行之。"司马侯⑥见，曰："闻吾子有和之怒，吾以为不信。诸侯皆有二心，是之不忧，而怒和大夫，非子之任也。"祁午⑦见，曰："晋为诸侯盟主，子为正卿，若能靖端诸侯⑧，使服听命于晋，晋国其谁不为子从，何必和？盍密⑨和，和⑩大以平小乎！"

[注释]

①叔向：即羊舌肸，晋国大夫。②宁：止息。③访：谋。訾祏（zī shí）：范宣子家臣。④典型：常规。⑤访谘（zī）：咨询。谘，同"咨"，征询，商议。耇（gǒu）老：年高有德的贤人。⑥司马侯：晋国大夫。⑦祁午：祁奚的儿子，晋国的中军尉。⑧靖：安定。端：正。⑨密：通"谧"，安定。⑩和：和好，和解。

[译文]

叔向听到这些，来见范宣子说："听说你跟和大夫争田不止，问遍了大夫们，仍没有个决断，何不问问訾祏。訾祏正直而且博学，正直就能公正地分辨事理，博学就能上上下下进行比较，况且他是你的老家臣啊。我听说国家有大事，一定要顺着常规办事，而且要咨询年高有德的贤人，然后才能行动。"司马侯来谒见范宣子，说："我听说您跟和大夫生气，我认为不是真的。诸侯事晋，都有二心，您不忧虑这个，而跟和大夫生气，这不是您该做的事。"祁午来谒见，说："晋国是诸侯的盟主，您是晋国正卿，如果能安定诸侯，让他们顺服听从晋的命令，晋国人谁还能不服从您，又何止是一个和大夫呢？何不安定和大夫，用和好诸侯的大德来平息与和大夫争田的小怨！"

宣子问于訾祏，訾祏对曰："昔隰叔子违周难于晋国①，生子舆为理②，以正于朝，朝无奸官；为司空③，以正于国，国无败绩。世及武子④，佐文、襄为诸侯，诸侯无二心。及为卿，以辅成、景，军无败政。及为成师⑤，居太傅，端刑法，缉训典⑥，国无奸民，后之人可则，是以受随、范⑦。及文子成晋、荆之盟⑧，丰兄弟之国，使无有间隙，是以受郄、栎⑨。今吾子嗣位，于朝无奸行，国无邪民，于是无四方之患，而无外内之忧，赖三子⑩之功而飨其禄位。今既无事矣，而非和，于是加宠，将何治为？"宣子说，乃益和田而与之和。

[注释]

①隰（xí）叔子：杜伯的儿子。周宣王杀了杜伯，隰叔避害逃到晋国。违：避。②子舆：晋国大夫士芳。理：法官。③司空：官名，主管工程建筑等。④世及：父子相继。武子：范武子，名士会。⑤成师：当作"景帅"。景，晋景公；帅，中军帅。⑥缉：同"集"，收集，集合。训典：典章制度之书。⑦随、范：晋国的两个城邑。随，在今山西介休境内。范，今河南范县。⑧文子：范文子，名士燮。晋、荆之盟：鲁成公十二年，晋国派范文子到宋国

的西门之外和楚国结盟。荆，楚国。⑨郇（xún）、栎（lì）：晋国的两个城邑。郇，在今山西省临猗西南。栎，在今河北境内。⑩三子：指士蒍、士会和士燮。

[译文]

范宣子问到訾祏，訾祏回答说："过去您的先祖隰叔子逃难，从周王室到了晋国，生下士蒍，士蒍当了晋国法官，他整顿朝廷，朝廷无奸佞官员；后来当了司空，他整顿全国，晋国没有败坏的事情。传世到范武子士会，他辅佐晋文公、晋襄公称霸诸侯，诸侯没有背叛的。等到他登上卿位，辅佐晋成公、晋景公，治理军队没有弊端。后来当上了景公的中军帅，官至太傅，修正了刑法，辑集整理训典，国中没有奸民，其训典被后人奉为法则，因此受封了随、范二邑。到了范文子士燮时，完成了晋楚弭兵结盟的重任，增加了兄弟之国的利益，使得各国之间没有隔阂，因此又受封了郇、栎二邑。如今您继承卿位，朝廷上没有奸邪行为，国家内没有邪恶的民众，在国外也没有四方诸侯扰乱的忧患，可称天下太平，内外无忧，这是您仰赖着士蒍、士会、士燮三位先辈在享受禄位。现在国家平安无事，您却跟和大夫争是非，如果为此而扩大了您的封地，您还将怎么治理国家呢？"范宣子听了很高兴，于是就扩大了和大夫的封地，跟他和好了。

訾祏死范宣子勉范献子

訾祏死，范宣子谓献子①曰："鞅乎！昔者吾有訾祏也，吾朝夕顾②焉，以相晋国，且为吾家。今吾观女也，专则不能，谋则无与也，将若之何？"对曰："鞅也，居处恭，不敢安易③，敬学而好仁，和于政而好其道，谋于众不以贾④好，私志虽衷⑤，不敢谓是也，必长者之由⑥。"宣子曰："可以免身。"

[注释]

①献子：范宣子的儿子范献子，名鞅。②顾：问。③安易：安逸怠惰。易，简。④贾：谋取、求取。⑤衷：善。⑥由：从。

[译文]

訾祏死后，范宣子对儿子范献子说："鞅啊！过去我有訾祏，早晚有事我都征询他的意见，以辅佐晋君，同时也管理我们的家邑。如今我看你，独自决断事情，你没有那个能力，和人商量，你又没有贤臣，你打算怎么办呢？"范献子说："我啊，平时说话办事恭恭敬敬，不敢安逸怠惰，敬重博学的人，喜爱仁德的人，团结他们一起治理好政事，一切都遵循正道。有事和众人商量，但不讨好他人，自己的想法虽然好，但不敢自以为是，一定听从年长的人的意见。"宣子说："可以免遭祸患了。"

叔向谏杀竖襄

平公射鶠①，不死，使竖襄搏之②，失，公怒，拘将杀之。叔向闻之，夕③，君告之。叔向曰："君必杀之。昔吾先君唐叔射兕于徒林④，殪⑤，以为大甲，以封于晋。今君嗣吾先君唐叔，射鶠不死，搏之不得，是扬吾君之耻者也。君其必速杀之，勿令远闻。"君忸怩⑥，乃趣⑦赦之。

[注释]

①鶠（yàn）：一种小鸟。②竖：宫中的小臣。襄：小臣的名。搏：捉。③夕：旦见曰朝，暮见曰夕，即晚上进宫相见。④唐叔：晋的始祖唐叔虞。兕（sì）：犀牛。徒林：林地名。⑤殪（yì）：一发而死曰殪。⑥忸怩（niǔ ní）：羞愧的样子。⑦趣（cù）：同"促"，急速。

[译文]

晋平公射鷃鸟，没有射死，让小臣襄去捉它，没有捉到。平公大怒，拘押了小臣将要杀他。叔向听说了这件事，晚上进宫见国君，平公告诉他要杀小臣襄。叔向说："君主一定要杀掉他。过去我们先君唐叔在徒林射犀牛，一箭就射死了，用它的皮做了一件大铠甲，因此被封于晋地。今天君主继承先君唐叔，射鷃鸟没有射死，捉又捉不到，这是张扬我们君主的耻辱啊。请君主一定要尽快杀了小臣襄，不要让这件事传到远处。"平公感到羞愧，就赶紧赦免了小臣襄。

叔向论比而不别

叔向见司马侯①之子，抚而泣之，曰："自此其父之死，吾蔑②与比而事君矣！昔者此其父始之，我终之，我始之，夫子终之，无不可。"籍偃③在侧，曰："君子有比乎？"叔向曰："君子比而不别。比德以赞④事，比也；引党以封己⑤，利己而忘君，别也。"

[注释]

①司马侯：晋国大夫。②蔑：无，没有。③籍偃：晋国的上军司马。④赞：佐，辅助。⑤引：取。封：厚。

[译文]

叔向看到司马侯的儿子，一边抚摸他一边哭泣着说："自从他的父亲死后，没有人和我并肩合作来侍奉国君了。过去他父亲在前倡导，我就在后完成；我在前倡导，他就在后完成。没有不可以完成的事情。"籍偃在旁边，说："君子也讲合作吗？"叔向说："君子和人并肩合作却不结成朋党。并肩合作，遇事互相帮助叫比；依恃朋党来让自己富厚，为自己谋利却忘记了君主，这就是别立朋党了。"

叔向与子朱不心竞而力争

秦景公使其弟针来求成①，叔向命召行人子员②，行人子朱曰："朱也在此。"叔向曰："召子员。"子朱曰："朱也当御③。"叔向曰："肸也欲子员之对客也。"子朱怒曰："皆君之臣也，班爵同④，何以黜⑤朱也？"抚剑就之。叔向曰："秦、晋不和久矣，今日之事幸而集⑥，子孙飨⑦之。不集，三军之士暴骨。夫子员导⑧宾主之言无私，子常易⑨之。奸以事君者，吾所能御也。"拂衣从之，人救之。平公闻之曰："晋其庶⑩乎！吾臣之所争者大。"师旷侍，曰："公室惧卑，其臣不心竞而力争。"

[注释]

①针：人名。秦景公的弟弟嬴针，字伯车。成：平定，讲和。②行人：使者，外交官。子员：人名。③当御：值班。④班爵同：级别爵位相同。⑤黜：退，指不用。⑥集：成，成功。⑦飨：同"享"，享受。⑧导：传。⑨易：变。⑩庶：庶几，差不多。

[译文]

秦景公派他弟弟嬴针来晋国求通盟好，叔向命令召唤外交官子员。外交官子朱说："我在这里。"叔向说："召唤子员。"子朱说："我是值班的。"叔向说："我想让子员接待宾客。"子朱生气地说："都是君主的臣子，级别爵位都相同，为什么不用我？"拿着剑就要动武。叔向说："秦、晋不和已经很久了，今天的事情，幸而成功的话，子孙都会享受到好处。如果不成功，也许全军将士都将死在战场。子员传答两国的意见没有私心，你却常常随便改变原意。用邪恶来侍奉君主的人，我是要防备的。"说着提起衣襟就要跟上前去搏斗，人们把他们拉开了。平公听到后说："晋国差不多要兴盛了,我的臣子们所争执的都是国家大事。"师旷侍立在一旁,说:"晋国公室恐怕要衰败了,臣子不能用心智竞争却以武力相斗。"

叔向论忠信而本固

诸侯之大夫盟于宋①,楚令尹子木欲袭晋军②,曰:"若尽晋师而杀赵武③,则晋可弱也。"文子闻之,谓叔向曰:"若之何?"叔向曰:"子何患焉。忠不可暴,信不可犯,忠自中,而信自身,其为德也深矣,其为本也固矣,故不可抈④也。今我以忠谋诸侯,而以信覆之,荆之逆诸侯也亦云,是以在此。若袭我,是自背其信而塞其忠也。信反必毙⑤,忠塞无用,安能害我?且夫合诸侯以为不信,诸侯何望焉。为此行也,荆⑥败我,诸侯必叛之,子何爱于死,死而可以固晋国之盟主,何惧焉?"是行也,以藩为军⑦,攀辇即利而舍⑧,候遮扞卫不行⑨,楚人不敢谋,畏晋之信也。自是没⑩平公无楚患。

[注释]

①盟于宋:鲁襄公二十七年,晋、楚和其他诸侯国为了停止战争在宋国订立盟约。②令尹:楚国执政官名。子木:楚令尹屈建,字子木。袭:偷袭。③赵武:晋国正卿赵文子。④抈(yuè):动摇。⑤毙:倒下。⑥荆:楚国。⑦以藩为军:军营只设藩篱,不设壁垒。藩,篱笆。⑧攀:牵引。辇:辇车。即:就。利:便利。舍:驻扎。⑨候:斥候,瞭望侦查敌情的人员。遮:遮周,盘查阻拦奸闲的人员。扞(gǎn)卫:古代军队于夜间设壁垒、伏弓矢并畜犬以防敌袭击的防御设施。不行:不设。⑩没(mò):终,至。

[译文]

各诸侯国的大夫们到宋国缔结停止战争的盟约,楚国的令尹子木想趁机偷袭晋军,说:"如果能把晋军全部消灭,而且杀了赵武,那么晋国就可以削弱了。"赵武听说了这件事,对叔向说:"怎么办?"叔向说:"您担心什么!忠诚就不怕被侵暴,信义就不怕被侵犯,如果忠诚发自内心,信义出于身体力行,那么他必然道德深厚,根基牢固,因此也无法动摇。现在我们忠心为诸侯谋划停战弭兵,用守信义来证明我们的忠诚。楚国迎接诸侯时也是这么说,所以我们在这里结盟。楚国如果袭击我们,这就是它自己违背了信义而且自绝了忠诚。违反信义肯定要倒台,不讲忠诚,诸侯就不会听从,怎么能加害我们呢?再说会合诸侯而做出不讲信义的事,诸侯还指望什么?如果这次盟会,楚军真偷袭晋军,打败我们,诸侯一定会背叛它,您怎么能舍不得一死,个人死了却可以让晋国的盟主地位巩固,怕什么呢?"这次盟会,晋军营地只设藩篱,拉着车到水草便利的地方扎营,不派侦察兵卒,不设盘查人员,减省防御设施,表示以忠信对待诸侯。楚国不敢图谋晋军,害怕晋军的信义。从这之后直到晋平公都没有楚国造成的外患了。

叔向论务德无争先

宋之盟,楚人固请先歃①。叔向谓赵文子曰:"夫霸王之势,在德不在先歃,子若能以忠信赞②君,而裨诸侯之阙③,歃虽在后,诸侯将载④之,何争于先?若违于德而以贿成事,今虽先歃,诸侯将弃之,何欲于先?昔成王盟诸侯于岐阳⑤,楚为荆蛮,置茅蕝⑥,设望表⑦,与鲜卑守燎⑧,故不与盟。今将与狎⑨主诸侯之盟,唯有德也,子务德无争先,务德,所以服楚也。"乃先楚人。

[注释]

①楚人:楚令尹子木。歃(shà):歃血。②赞:辅佐。③裨:补。阙:

缺。④载：通"戴"，推崇，拥护。⑤岐阳：岐山的南面。阳，山南。⑥置：放置。茅蕝（máo jué）：古代祭祀中用来过滤酒糟的茅草束。⑦望表：古代祭祀山川时所立的木制标志，这里指盟会时的标杆。⑧鲜卑：东方少数民族国家。燎（liáo）：即庭燎，古代庭中照明的火炬。⑨狎（xiá）：更替。

[译文]

　　宋国那次会盟，楚人坚决请求先歃血。叔向对赵文子说："霸主权势的获得，在于施行德政而不在于先歃血，您如果能用忠诚信义辅助君主，补救诸侯的缺失，即使后歃血，诸侯也将会拥戴您，何必争着先歃血呢？如果违背了德行而靠财货来办成事，今天即使先歃血，诸侯也将背弃您，您何必先歃血呢？过去周成王在岐山之阳会盟诸侯，那时楚国还属于荆州之蛮，负责摆放滤酒的茅草束，设立望祭山川的表位，跟鲜卑人一起看守庭中的火炬，还不能参与盟誓。现在竟然能和我们晋国轮流主持诸侯的盟会，是因为它积累了德业。您努力修德不必争先歃血，只有努力修德，才能使楚国服从。"于是让楚国先歃血。

赵文子请免叔孙穆子

　　虢之会①，鲁人食言②，楚令尹围将以鲁叔孙穆子为戮③，乐王鲋④求货焉不予。赵文子谓叔孙曰："夫楚令尹有欲于楚，少懦于诸侯⑤。诸侯之故，求治之，不求致也。⑥其为人也，刚而尚宠，若及，必不避也。子盍逃之？不幸，必及于子。"对曰："豹⑦也受命于君，以从诸侯之盟，为社稷也。若鲁有罪，而受盟者逃，必不免，是吾出而危之也。若为诸侯戮者，鲁诛尽矣，必不加师，请为戮也。夫戮出于身实难⑧，自他及之何害？苟可以安君利国，美恶⑨一心也。"

[注释]

①虢之会：公元前541年，鲁昭公元年，诸侯在东虢国会盟，重温宋之盟，仍然提出要停止战争。②鲁人食言：指鲁国违背了会盟的宗旨，还没散会，季武子就攻伐莒国。莒人向盟主告了鲁国的状。③令尹围：楚恭王的儿子王子围，令尹为其官职。盟会后返楚发动政变，夺取君位，为楚灵王。叔孙穆子：鲁卿叔孙豹，代表鲁国参加虢地会盟。戮：陈尸示众。④乐王鲋：晋国大夫乐桓子。⑤少（shǎo）：稍稍。懦：弱，此处有苟且懒惰之意。⑥故：故事，旧事、成例之意。致：通"至"，极。⑦豹：叔孙穆子名。⑧实：语助词。难：忧患。⑨美恶（è）：好坏，指生死，即活着或者被杀戮。

[译文]

虢地那次会盟时，鲁国违背了会盟的宗旨，楚国的令尹围打算杀掉鲁卿叔孙穆子陈尸示众。晋大夫乐王鲋想向叔孙穆子索取财货而后替他说情，穆子并没有给。赵文子对叔孙穆子说："楚国令尹的志向在于楚国，对诸侯之事稍显懈怠，不很看重。诸侯会盟的成例是只求解决问题，但并不深究。楚令尹为人刚愎自用，又好自我尊宠，如果有事获罪被抓住，必定逃脱不了。你何不逃走呢？万不幸被抓，肯定会对你治罪的。"叔孙穆子回答说："我接受国君的命令，来参加诸侯的会盟，是为了谋求国家的利益。如果鲁国有罪，参加会盟的我却逃走了，鲁国也一定免不了被征讨，这就是说我出逃却危害到了国家。如果我被诸侯杀戮陈尸了，对鲁国的诛戮就没有了，必定不会出师攻伐了，请杀掉我陈尸示众吧。如果出于自身犯罪而被杀戮示众，这确实让人忧心，如果是由于别人犯罪而灾祸累及自身，又怎么会妨害我的名声呢？如果可以使国君平安、对国家有利，活着或者被杀是一样的。"

文子将请之于楚，乐王鲋曰："诸侯有盟未退，而鲁背之，安用齐盟①？纵不能讨，又免其受盟者，晋何以为盟主矣，必杀叔孙豹。"文子曰:"有人不难以死安利其国②,可无爱③乎!若皆恤国如是,则大不丧威,而小不见陵矣。若是道也果④,可以教训⑤,何败国之有!吾闻之曰:'善人在患⑥,弗救不祥;恶人在位,不去亦不祥。'必免叔孙。"固请于楚而免之。

[注释]

①安:岂,怎么。齐(zhāi)盟:盟约,古人盟誓必斋戒,故称斋盟。②不难(nàn)以死安利其国:为了使国君平安国家得利,不忧虑自己的生死。③爱:珍惜,怜惜。④是道:即皆恤国的思想。果:实现。⑤教训:教育训练。⑥患:祸患,祸害。

[译文]

赵文子打算向楚国请求不杀叔孙穆子,乐王鲋说:"诸侯会盟还没散,而鲁国就背叛了盟约,还需要盟誓吗?纵使不能讨伐鲁国,又使会盟的鲁国人免难,晋国还怎么能成为盟主呢?一定要杀了叔孙豹。"文子说:"自己的死使得国君平安国家获利,有人并不把这当做忧患,能不怜惜这样的人吗!如果都能像他这样顾恤国家,那么大国不会丧失威严,小国也不会被欺凌了。如果这种皆恤国的思想能实现,可以教育训练民众,还有什么败亡之国呢!我听说:'好人遭到祸难,不救就不吉祥;坏人在位时,不罢黜他也不吉祥。'一定要免除叔孙穆子的罪责。"文子坚决向楚国请求,楚就赦免了叔孙穆子。

赵文子为室张老谓应从礼

赵文子为室,斫其椽而砻之①,张老夕焉而见之,不谒②而归。文子闻之,驾而往,曰:"吾不善,子亦告我,何其速也?"对曰:"天子之室,斫其椽而砻之,加密石③焉;诸侯砻之;大夫斫之；士首④之。备其物，义也；从其等，礼也。今子贵而忘义；富而忘礼，吾惧不免，何敢以告。"文子归，令之勿砻也。匠人请皆斫之，文子曰："止。为后世之见之也，其斫者，仁者之为也，其砻者，不仁者之为也。"

[注释]

①斫（zhuó）：用刀斧砍劈。椽（chuán）：放在檩上架着屋顶的木条。砻（lóng）：磨。②谒：见。③加密石：以纹理细密之石打磨。④首：椽子的头儿。

[译文]

赵文子家建房子，椽子头砍削后又细磨，张老晚上去看到了，没有谒见赵文子就回去了。文子听到后，驾车去张老家，说："我做得不对，您也该告诉我，为什么这么快就走了呢？"张老说："天子的宫室，椽子头儿砍去后才要打磨，还要用光滑细密的石头打磨；诸侯的宫室则只用粗石打磨椽子头；卿大夫家的椽子头儿要细致地砍削；士的房子只要砍掉椽子头儿就可以了。备物得当，这是义；遵从尊卑的等级，这是礼。现在您显贵了，却忘记了义；富贵了，却忘记了礼。我担心受您牵连不能免祸，怎敢告诉您呢？"赵文子回家，命令不要细磨椽子头儿了。木匠请求全部重新砍削，文子说："不必，让后人看看这些椽子头儿，那些砍削的，是知礼行仁之人所为，那些细磨的，是忘仁背礼之人所为的。"

赵文子称贤随武子

赵文子与叔向游于九原①，曰："死者若可作也，吾谁与归？②"叔向曰："其阳子乎③！"文子曰："夫阳子行廉直④于晋国，不免其身，其知不足称⑤也。"叔向曰："其舅犯⑥乎！"

文子曰:"夫舅犯见利而不顾其君,其仁不足称也。其随武子⑦乎!纳谏不忘其师,言身不失其友,事君不援而进⑧,不阿而退⑨。"

[注释]

①九原:晋国卿大夫墓地,在今山西新绛北。②作:起,指复活。归:返回。③其:助词,表示揣测。阳子:晋太傅阳处父。④廉直:清廉正直。⑤称:称述。⑥舅犯:狐偃,字子犯,晋文公的舅父。⑦随武子:即范武子士会,范文子的父亲。随,邑名,范文子的又一处封邑。⑧进:进贤。⑨阿(ē):曲从,迎合。退:退不肖。

[译文]

赵文子和叔向一起祭扫在九原的墓地时,赵文子说:"如果死了的人可以复生,我跟谁一返回呢?"叔向说:"大概是阳子吧!"文子说:"阳子在晋国可算得清廉正直,却刚而无谋,自身没能免难,他的智慧不值得称述啊。"叔向说:"那么可能是舅犯了!"文子说:"舅犯看到利益就不顾君主了,他的仁德不足称道。应该是随武子吧!他向国君进谏不忘称述老师的教导,他谈到自己的优点不忘夸奖朋友的帮助,他侍奉君主,不为攀援权贵而推贤进士,也不为曲从而辞退不贤之人。"

秦后子谓赵孟将死

秦后子来奔①,赵文子②见之,问曰:"秦君道乎?"对曰:"不识。"文子曰:"公子辱于敝邑,必避不道也。"对曰:"有焉。"文子曰:"犹可以久乎?"对曰:"针闻之,国无道而年谷龢熟③,鲜不五稔④。"文子视日曰:"朝夕不相及,谁能俟⑤五!"文子出,后子谓其徒曰:"赵孟将死矣!夫君子宽惠以恤⑥

后,犹恐不济。今赵孟相晋国,以主诸侯之盟,思长世之德,历远年之数,犹惧不终其身;今忨日而愒岁⑦,怠偷⑧甚矣,非死逮⑨之,必有大咎⑩。"冬,赵文子卒。

[注释]

①秦后子:名针,秦景公的弟弟。奔:逃亡。鲁昭公元年,秦后子从秦国逃到晋国。②赵文子:晋卿赵武,也称赵孟。③年谷:一年一熟的谷物。龢(hé)熟:好收成。龢,同"和"。熟,谷物成熟。④鲜:少。稔(rěn):一年一次的谷物成熟为稔,又指一年。⑤俟:等待。⑥恤:忧虑。⑦忨(wán):贪爱,苟安。愒(hé):旷废。⑧怠偷:懈怠苟安。⑨逮:及。⑩咎:祸灾。

[译文]

秦后子逃到晋国,赵文子见到他,问:"秦君行君道吗?"秦后子回答说:"不知道。"赵文子说:"公子屈尊来到我国,肯定是为躲避无道之君吧。"秦后子回答说:"有这个原因。"文子说:"秦国还可以支撑多久呢?"回答说:"我听说,国君无道但年成好的话,少说也能支持五年。"文子看着太阳的影子说:"太阳的影子早晚都不一样,谁能等五年呢!"文子出去后,秦后子对他的随从说:"赵孟快要死了!君子宽厚仁慈又忧虑将来,还恐怕不成。如今赵孟辅佐晋君治国,主持诸侯间的会盟,应当思考如何建立不朽的功德使自家世系绵长,能经历久远的年代,就这样还怕获罪,不能善终;如今却旷废岁月,懈怠苟安得够厉害了,如果不是死亡降临到他头上,必然有大难来临。"这年冬天,赵文子便死了。

医和视平公疾

平公有疾,秦景公使医和①视之,出曰:"不可为②也。是谓远男而近女,惑以生蛊;非鬼非食,惑以丧志。良臣不生,天命不佑。若君不死，必失诸侯。"赵文子闻之曰："武从二三子以佐君为诸侯盟主，于今八年矣，内无苛慝③，诸侯不二，子胡曰'良臣不生，天命不佑④'？"对曰："自今之谓。和闻之曰：'直不辅曲，明不规闇⑤，拱木⑥不生危，松柏不生埤。'吾子不能谏惑，使至于生疾，又不自退而宠⑦其政，八年之谓多矣，何以能久！"文子曰："医及国家乎？"对曰："上医医国，其次疾人，固医官也。"文子曰："子称蛊，何实生之？"对曰："蛊之慝，谷之飞⑧实生之。物莫伏⑨于蛊，莫嘉⑩于谷，谷兴蛊伏而章明者也。故食谷者，昼选男德以象谷明，宵静⑪女德以伏蛊慝，今君一⑫之，是不飨谷而食蛊也，是不昭谷明而皿蛊也。夫文，'虫'、'皿'为'蛊'，吾是以云。"文子曰："君其几何？"对曰："若诸侯服不过三年，不服不过十年，过是，晋之殃也。"是岁也，赵文子卒，诸侯叛晋，十年，平公薨。

[注释]

①和：人名，秦国的医生。②为：治。③苛慝（tè）：暴虐邪恶。苛，虐，指暴乱。慝，邪恶。④佑：佑助。⑤规：相劝。闇（àn）：昏庸。⑥拱木：两手合围的大树。⑦宠：荣，以……为荣。⑧飞：指谷子扬起的飞尘。⑨伏：藏。⑩嘉：善。⑪静：安静、宁静。⑫一：一样，指昼夜都沉迷女色。

[译文]

晋平公生了病，秦景公派一名叫和的医生给他看病。医和看完后出来说："病已经不能治了。这种病是由于远离男人而亲近女人，被女人迷惑而生的蛊病。生这种病，不是因为鬼神作祟，也不是出于饮食不当，而是由于贪恋女色而丧失了意志所致。国君有这种病，良臣不会出现，上天不会保佑。如果国君不死，就必然要失掉诸侯的拥护。"赵文子听到后，说："我跟着诸位卿大夫辅佐国君成为诸侯的盟主，到如今已八年了，国内没有暴乱邪恶，诸侯同心同德，你为什么说'良臣不会出现，上天也不会保佑'呢？"医和回答说:"我说的是自今以后的情况,我听说:'正直的不能辅佐邪曲的,明智的不能规谏昏庸的,大树不能长在又高又险的地方,松柏不能生长在低洼潮湿的地方。'您不能谏诤君主贪恋女色,以至于使他生了病,又不能自己引退,而以执政为荣,认为八年已够多了,这怎么能长久呢!"文子问:"当医生的能医治国家吗?"医和回答说:"上等的医生能够医治国家,次一等的只会医治病人,这本来就是医生的职守。"文子又问:"你所说的蛊,是从哪里生出来的呢?"医和回答说:"蛊的伤害是从谷子扬起的灰尘中生出来的。物体中没有不隐藏蛊的,也没有比谷子更好的东西,谷子生长旺盛,蛊就隐藏起来,这是章明之道。所以吃五谷的人,白天选择有德的男子亲近,就好像因吃谷子而聪明起来,夜晚与有德的女子一起休息而有节制,才能避免蛊惑。如今君主不分昼夜亲近女人,这就如同不享用谷子而去吃蛊虫,就不可能像吃谷的人那样聪明,而成了养蛊的器皿。从文字的字形看,'虫'和'皿'二字合成'蛊'字,因此我才这么说。"文子说:"那国君还能活多久呢?"医和回答说:"如果诸侯都服从,最多活上三年,诸侯不服,顶多不会超过十年,超过了这个限度,就是晋国的灾难。"这一年,赵文子死了,诸侯都背叛了晋国,十年以后,平公死去。

叔向均秦楚二公子之禄

秦后子来仕,其车①千乘。楚公子干②来仕,其车五乘。叔向为太傅,实赋禄③,韩宣子④问二公子之禄焉,对曰:"大国之卿,一旅之田⑤,上大夫,一卒之田⑥。夫二公子者,上大夫也,皆一卒可也。"宣子曰:"秦公子富,若之何其钧⑦之?"对曰:"夫爵以建事,禄以食爵,德以赋之,功庸以称之,⑧若之何以富赋禄也！夫绛之富商，韦藩木楗以过于朝，唯其功庸少也，而能金玉其车，文错其服，能行诸侯之贿，而无寻尺之禄，无大绩于民故也。⑨且秦、楚匹也，若之何其回⑩于富也。"乃均其禄。

[注释]

①车：从车。②公子干：楚恭王的庶子。鲁昭公元年，楚公子围弑楚王，公子干出奔到晋国。③实：核实，这里意为掌管。赋禄：给予俸禄。④韩宣子：名起，接替赵文子为晋正卿。⑤一旅之田：五百顷。旅，五百人为旅。⑥一卒之田：一百顷。卒，百人为卒。⑦钧：同"均"。⑧事：职事。功庸：功劳，业绩。称：相称。⑨绛：晋国都城。韦藩：皮制的背心。楗：王引之《经义述闻》卷二十一"木楗"条校作"捷（liǎn）"，指扁担。朝：指朝市、早市，此指闹市。文错：文绣，指刺绣华美的丝织品。寻尺：比喻微小之物。寻，八尺为寻。故：缘故。⑩回：曲，这里指回护偏袒。

[译文]

秦公子针来晋国做官，随从的车子有一千辆。楚国的公子干来晋国做官，随从的车子仅有五辆。叔向任太傅，掌管俸禄，韩宣子向叔向询问这二位公子俸禄的情况，叔向回答说："大国的卿，可以享受五百项田赋的俸禄，上大夫可以享受一百项田赋的俸禄。两位公子都是上大夫，享受一百项田赋的俸禄就可以了。"宣子问："秦公子富有，为什么两人都授予同等的俸禄？"叔向回答说："按照爵位高低来任命相应的职务，颁赐禄田以享受与爵位相匹配的待遇；根据德行的高下授予俸禄，使功劳与俸禄相称，怎么能因为富有而给以厚禄呢？国都绛城的富商，只能穿着用皮革制成的背心、挑着担子，来往于闹市，只因为他们没什么功劳。然而他们的财富足以用黄金宝玉来装饰车子，穿上绣花的衣服，用丰厚的礼物与诸侯交往。但这些人并不能得到半点的俸禄，就是因为他们对人民没什么大的功劳啊。况且秦国、楚国是地位相等的国家，怎么能因为富有而加以偏袒呢？"于是授予两位公子相同的俸禄。

叔向论忧德不忧贫

叔向见韩宣子①，宣子忧贫，叔向贺之，宣子曰："吾有卿之名，而无其实，无以从二三子②，吾是以忧，子贺我何故？"对曰："昔栾武子无一卒之田，其宫不备其宗器，宣其德行，顺其宪则，使越于诸侯，诸侯亲之，戎、狄怀之，以正晋国，行刑不疚，以免于难。③及桓子骄泰奢侈，贪欲无艺，略则行志，假贷居贿，宜及于难，而赖武之德，以没其身。④及怀子改桓之行，而修武之德，可以免于难，而离桓之罪，以亡于楚。⑤夫郤昭子，其富半公室，其家半三军，恃其富宠，以泰于国，其身尸于朝，其宗灭于绛。⑥不然，夫八郤，五大夫三卿⑦，其宠大矣，一朝而灭，莫之哀也，唯无德也。今吾子有栾武子之贫，吾以为能其德矣，是以贺。若不忧德之不建，而患货之不足，将吊不暇，何贺之有？"宣子拜稽首焉，曰："起也将亡，赖子存之，非起也敢专承⑧之，其自桓叔以下嘉吾子之赐⑨。"

[注释]

①韩宣子：名起，晋国的正卿。②从：随，随礼。二三子：指晋国的众卿大夫。③栾武子：即栾书，晋国的上卿。一卒之田：一百顷田地。宫：室。宗器：祭器。越：传播，宣扬。怀：归附。不疚：没有弊病。免于难：指免于弑君之难。栾书杀死晋厉公，立悼公，国人因承受过他的恩德，不予追究，所以能免于难。④桓子：栾书的儿子栾黡。无艺：无极，无厌。略：干犯。则：法则。居贿：囤积财物。武：指栾武子。没：同"殁"。⑤怀子：栾黡的儿子栾盈。离：同"罹"，遭受。⑥郤昭子：即郤至，晋国的卿，因居功自傲，想专制朝政，被晋厉公派人杀死，家族被灭。其家半三军：晋国三军中的元帅，郤家人占了一半。三军，指上军、中军、下军的编制。泰：骄纵，傲慢。尸：

陈尸示众。绛：晋国的国都。⑦三卿：即郤至、郤犫、郤锜，晋国的三卿。⑧专承：独自承受。⑨桓叔以下：曲沃桓叔的后代。桓叔，晋穆侯的儿子成师。晋昭侯封叔父成师于曲沃，号为桓叔。桓叔的小儿子名叫万，封邑在韩，故称韩万，所以韩宣子尊桓叔是韩氏之祖。嘉：赞许，这里意为感激。

[译文]

叔向去见韩宣子，宣子正为自己贫困而忧愁，叔向反而祝贺他。韩宣子说："我只有正卿的虚名，却没有正卿的财产，无法和卿大夫们交际往来，我正因此发愁，而你却祝贺我，是什么缘故呢？"叔向回答说："从前栾书没有百顷的田产，家里连祭祀的礼器都不齐全，可是他能宣扬德行，遵循法制，美名传播到各诸侯国，诸侯亲近他，戎、狄归附他，依靠这种德行治理好了晋国，执行法令没有弊病，因而避免了灾难。传到他儿子栾黡，骄傲奢侈，贪得无厌，违法乱纪，任意妄为，借贷牟利，囤积财物，本该遭到祸难，依赖了其先人栾书的余德，才得以善终。到了栾盈，改变了父亲栾黡的行为，发扬祖父栾书的美德，本可以凭此免除祸难，但是遭受到他父亲栾黡罪恶的牵连，因而逃亡到楚国去了。那位郤至，他的财富抵得上晋国公室的一半，他家的人在三军将帅中占了一半，依仗着他的财富和宠荣，在晋国骄横跋扈。结果他自己被杀，在朝廷陈尸示众，他的宗族也在绛城被灭绝。如果不是这样的话，郤氏八人，有五个做大夫，三个做卿，他们受到的宠幸够大了，可是一旦被消灭，没有谁来同情他们，就是因为没有德行啊。如今您像栾书那样清贫，我认为您也能具备他的美德，所以向您道贺。如果您不去忧虑自己不能立德，而只为财物不足而发愁，我恐怕哀悼还来不及，又有什么可以祝贺的呢？"韩宣子下拜叩头，说："我韩起将要灭亡之际，幸亏您保全了我，这不是我韩起一个人敢单独承受的，恐怕从我的祖宗桓叔以后的子孙，都要感激您的恩赐。"

晋语九

中行穆子帅师伐狄围鼓

中行穆子帅师伐狄，围鼓。①鼓人或请以城叛，穆子不受，军吏口："可无劳师而得城，子何不为？"穆子曰："非事君之礼也。夫以城来者，必将求利于我。夫守而二心②，奸之大者也；赏善罚奸，国之宪法也。许而弗予，失吾信也；若其予之，赏大奸也。奸而盈禄，善将若何？且夫狄之憾者③以城来盈愿，晋岂其无？是我以鼓教吾边鄙贰也④。夫事君者，量力而进，不能则退，不以安贾贰。⑤"令军吏呼城，儆将攻之，未傅而鼓降。⑥中行伯既克鼓，以鼓子苑支⑦来。令鼓人各复其所，非僚⑧勿从。

[注释]

①中行穆子：晋卿荀吴，又称中行伯，谥穆。鼓：国名，白狄族所建立的一个国家。②守：指守城的鼓人。二心：指献城叛降。③憾者：恨者，指心怀不满的人。④边鄙：边邑。贰：有二心。⑤进：进攻。安：安逸。贾：买。⑥儆：同"警"，告诫、警告。傅：蚁傅，一种攀爬城墙的攻城方法。⑦苑支：指鼓国国君，又作鸢鞮。⑧僚：指执役服侍的人。

[译文]

中行穆子率领军队讨伐狄人，包围了鼓国。鼓国有人请求献城叛降，穆子不接受。军吏说："可以不兴师动众而得到城邑，您为什么不干？"穆子回答说："这不是侍奉君主的礼节。献城来叛降的人，一定想在我们这里得到好处。守城而怀有二心，这是最奸滑的；奖赏良善，惩罚奸恶，这是国家的大法。如果接受献城投降而不予奖赏，就是我们失信；如果给予奖赏，就是奖赏大奸。奸邪的人能获得优厚的利禄，对那些善良的人我们又将会怎么办呢？况且这些心中怀有不满的狄人以献城来满足他们的愿望，晋国难道就没有这样的人了吗？我这样做，就是用鼓国的例子来教我们边疆的人怀有二心啊。臣子侍奉君主，要量力而行，力量能达到就进攻，达不到就撤退，不能贪图安逸而收买怀有二心的叛降者。"于是就命令军吏向城中呼喊，告诫他们将要进攻，结果还未爬上城墙，鼓人就投降了。中行穆子在攻克鼓国以后，带了鼓国国君苑支返回晋国。命令鼓人各自回到自己的住处，不是鼓君的侍役不准随从。

鼓子之臣曰夙沙釐①，以其帑②行，军吏执之，辞曰："我君是事，非事土也。名曰君臣，岂曰土臣？今君实迁，臣何赖于鼓？③"穆子召之，曰："鼓有君矣，尔心事君，吾定而禄爵。④"对曰："臣委质⑤于狄之鼓，未委质于晋之鼓也。臣闻之，委质为臣，无有二心，委质而策死⑥，古之法也。君有烈名，臣无叛质。敢即私利以烦司寇而乱旧法，其若不虞何！⑦"穆子叹而谓其左右曰："吾何德之务而有是臣也？"乃使行。既献，言于公，与鼓子田于河阴，使夙沙釐相之。⑧

[注释]

①夙沙釐：人名，鼓君的下臣。②帑：妻子与儿女的统称。③实：确实。迁：迁徙。赖：依赖，仰赖。④君：指穆子安排的鼓国新君涉佗。心：公序本

作"止",据改,意为留下。定:安排。而:你。禄爵:俸禄和官爵。⑤委质:向君主献礼,表示献身。质,读为"贽",见面的礼物。⑥委质而策死:向君主献礼表示献身,把名字写到策板上,表示必死之心。⑦敢:谦辞,不敢的简称,冒昧。即:就,追求。烦司寇:如果追求私利就是背叛君主,背叛君主有罪,所以麻烦法官定罪。司寇,掌管司法和纠察的长官。乱旧法:扰乱旧法。旧法,指策死之法。其:指晋国。不虞:意料不到的事。⑧献:献功,指汇报战功。公:晋顷公去疾,昭公之子,公元前525年至前512年在位。河阴:晋国黄河以南的地区。

[译文]

　　鼓国国君的臣子中有个叫夙沙釐的,带着自己的家室跟从鼓君,军吏抓住了他,他说:"我是侍奉君主的,不是侍奉国土的。称做君臣,难道能叫土臣?如今君主迁徙了,我在鼓国还仰赖什么呢?"穆子召见了他,说:"鼓国已有新的国君,你留下来侍奉新君,我安排你俸禄和爵位。"夙沙釐回答说:"我对狄族鼓君献礼称臣,却没有对晋国立的鼓君献礼称臣。我听说,向君主献礼称臣,就不能再有二心,献礼成为臣属,名字写在策书上,就要效忠到死,这是古代的法则。这样做,君主有显赫的名声,臣子没有背叛的恶名。我怎敢追求私利而扰乱旧法来烦劳司寇定罪呢?如果都这样,遇到意料不到的祸患,晋国将怎么办呢?"穆子对其左右的人感叹说:"我应当怎样修德才能得到这样的臣子呢?"于是就让夙沙釐随行。穆子献了战功之后,对晋顷公说了这件事,顷公把黄河以南一带的田地给了鼓君,让夙沙釐辅佐鼓君。

董叔欲为系援

　　董叔将娶于范氏①,叔向曰:"范氏富,盍已乎②!"曰:

"欲为系援③焉。"他日,董祁愬于范献子曰④:"不吾敬也。"献子执而纺于庭之槐⑤,叔向过之,曰:"子盍为我请乎!"叔向曰:"求系,既系矣;求援,既援矣。欲而得之,又何请焉?"

[注释]

①董叔:晋国大夫。范氏:范家。②盍:何不。已:止,罢了。③系援:联系攀援,谓依附求助。④他日:将来的某一天。董祁:董叔的妻子范祁,范祁是范宣子的女儿,范献子的妹妹,范氏祁姓,古代女性婚后在自己的姓前要加上丈夫的姓氏,故范祁又称董祁。愬(sù):同"诉"。⑤执:拘,捆绑。纺:悬吊。

[译文]

董叔将要娶晋卿范献子的妹妹范祁做妻子,叔向说:"范家富有,我看这门亲事就算了吧!"董叔回答说:"我正想借婚姻的联系来攀附范氏家族呢。"婚后一天,范祁向范献子抱怨:"董叔不尊敬我。"献子就把董叔绑来,吊在院子里的槐树上,正巧叔向经过那里,董叔说:"你何不替我去求求情呢?"叔向说:"你过去谋求联系,现在已经系上了;想求攀援,已经攀援上了。你想得到的都已经得到了,还有什么可请求的呢?"

赵简子欲有斗臣

赵简子①曰:"鲁孟献子有斗臣五人②。我无一,何也?"叔向曰:"子不欲也。若欲之,肸也待交捽可也③。"

[注释]

①赵简子:晋卿赵鞅,赵文子之孙,赵景子之子。②孟献子:鲁国大夫。斗臣:捍难之士,犹斗士、勇士。③肸(xī):晋大夫羊舌肸,字叔向。待:预备。交捽(zuó):抵抗、对抗。捽,抵触、冲突。

[译文]

赵简子问道:"鲁国的孟献子有五个勇士,而我却一个也没有,是什么缘故呢?"叔向回答说:"这是因为您不想要啊。如果想要的话,那么我叔向也可以准备去格斗啊。"

阎没叔宽谏魏献子无受赂

梗阳人有狱,将不胜,请纳赂于魏献子,献子将许之。①阎没谓叔宽曰②:"与子谏乎!吾主以不贿闻于诸侯,今以梗阳之贿殃③之,不可。"二人朝,而不退。献子将食,问谁于庭,曰:"阎明、叔褒在。"召之,使佐食④。比已食⑤,三叹。既饱,献子问焉,曰:"人有言曰:唯食可以忘忧。吾子一食之间而三叹,何也?"同辞对曰:"吾小人也,贪。馈⑥之始至,惧其不足,故叹。中食而自咎也,曰:岂主之食而有不足?是以再⑦叹。主之既已食,愿以小人之腹,为君子之心,属餍而已⑧,是以三叹。"献子曰:"善。"乃辞⑨梗阳人。

[注释]

①梗阳:地名,魏氏的封邑。狱:官司。纳赂:行贿。魏献子:晋国正卿魏舒。将:将欲,打算。②阎没:阎明。叔宽:叔褒。这二人都是晋国的大夫。③殃:损害。④佐食:陪同进餐。⑤比:及,到。已:止,停止。⑥馈:指赐予的食物。⑦再:第二次。⑧属:恰值,恰好。餍:饱。已:止。⑨辞:推却不受。

[译文]

有个梗阳人打官司,眼看就要败诉,于是就向魏献子行贿托情,魏献子打算答应下来。他的下属阎没对叔宽说:"我与你一同去劝谏吧!我们的主人一向以不受贿赂闻名于诸侯,现在因为梗阳人行贿而损害了名声,那是万万不可以的。"两人朝见魏献子之后,留在那里不走。魏献子将要吃饭了,问谁还在庭院里,侍从回答说:"阎明、叔宽在。"魏献子叫他俩进来,让他们陪自己一起用膳。两人在吃饭时,先后叹息了三次。吃完后,魏献子问他们这件事,说:"人们常说:'只有吃东西可以忘记忧愁。'你们在吃一顿饭的时间里叹息了三次,是什么原因呢?"两人异口同声地答道:"我们都是小人,贪心不足。食物刚送上来的时候,担心不够吃,因此叹息。吃到一半,不禁私下嘲笑自己说:主人赐给我们食物,哪有不够吃的道理呢?因此二次叹息。等到您吃完了,我们想到,但愿我们小人的胃口,也像君子的心思一样,只要吃饱也就知足了。因此第三次叹息。"魏献子说:"讲得好。"于是推却了梗阳人的贿赂。

赵简子以晋阳为保障

赵简子使尹铎为晋阳①。请曰:"以为茧丝②乎?抑为保鄣乎③?"简子曰:"保鄣哉!"尹铎损④其户数。简子诫襄子曰:"晋国有难,而无以尹铎为少⑤,无以晋阳为远,必以为归⑥。"

[注释]

①尹铎:赵简子的家臣。晋阳:赵氏的封邑,在今山西太原。②茧丝:泛指赋税,因敛赋如抽丝于茧。③抑:还是。保鄣(zhāng):保护、屏障。鄣,同"障"。④损:减少。⑤而:你。少:年少,年轻。⑥以为归:以晋阳为归向的处所,指前往晋阳避难。

[译文]

赵简子派尹铎治理晋阳。尹铎请示说:"是让晋阳提供赋税呢?还是使它成为您可靠的保障?"简子说:"当然是保障!"尹铎便减少了户税的数目。简子告诫他的儿子襄子说:"晋国一旦发生了祸乱,你不要认为尹铎年轻,也不要嫌晋阳距这里太远,一定要前往晋阳避难。"

邮无正谏赵简子无杀尹铎

赵简子使尹铎为晋阳,曰:"必堕其垒培①。吾将往焉,若见垒培,是见寅与吉射也②。"尹铎往而增之。简子如晋阳,见垒,怒曰:"必杀铎也而后入。"大夫辞③之,不可,曰:"是昭④余雠也。"邮无正⑤进,曰:"昔先主文子少衅于难,从姬氏于公宫,有孝德以出在公族,有恭德以升在位,有武德以羞为正卿,有温德以成其名誉,失赵氏之典刑,而去其师保,基于其身,以克复其所。⑥及景子长于公宫,未及教训而嗣立矣,亦能纂修其身以受先业,无谤于国,顺德以学子,择言以教子,择师保以相了。⑦今吾子嗣位,有文之典刑,有景之教训,重之以师保,加之以父兄,子皆疏之,以及此难⑧。夫尹铎曰:'思乐而喜,思难而惧,人之道也。委土可以为师保,吾何为不增?'是以修之,庶曰可以鉴而鸠赵宗乎⑨!若罚之,是罚善也。罚善必赏恶。臣何望矣!"简子说,曰:"微⑩子,吾几不为人矣!"以免难之赏赏尹铎。初,伯乐与尹铎有怨,以其赏如伯乐氏,曰:"子免吾死,敢不归禄。"辞曰:"吾为主图,非为子也。怨若怨焉。"

[注释]

①堕(huī):损坏,毁坏。垒培:壁垒。指公元前497年荀寅、范吉射围攻晋阳时建造的壁垒。②寅:荀寅,邯郸大夫赵午的舅舅。吉射:范吉射,和荀寅是姻亲。鲁定公十一年,赵简子杀了赵午,荀寅和吉射作乱攻赵氏。

③辞：请求，即请不杀尹铎。④昭：明，炫耀。⑤邮无正：晋国大夫，字伯乐，又称邮良伯乐。⑥文子：赵武。衅：遭受。公族：指公族大夫。在位：指在卿位。羞：晋升。典刑：常法。师保：古时担任教导贵族子弟职务的官员。基：始。克：能。⑦景子：赵成，赵文子的儿子，赵简子的父亲。学：教。⑧难：指荀寅、吉射作乱。⑨鉴：鉴戒。鸠：安。⑩微：没有。

[译文]

赵简子派尹铎治理晋阳，说："一定要拆毁荀寅和范吉射建在那里的壁垒。我将要到那儿去，如果看见了壁垒，那就等于又见到了荀寅和范吉射。"尹铎到晋阳后却增高了壁垒。赵简子到晋阳，看见了壁垒，发怒说："一定要杀了尹铎以后我再入城。"大夫们请求不要杀，简子不肯，说："这是为我的仇敌炫耀啊。"邮无正走上前，说："从前先主赵文子年轻时遭受祸难，随从母亲姬氏住在公官里，因为有孝顺之德而做了公族大夫，有恭敬之德而晋升为卿，有勇武之德而担任正卿，有温顺之德而成就美名，虽然他未能继承赵氏世袭的爵位，又没有师保的教养，但是由于自身勤于修养，却能恢复先人的德业。到您的父亲景子，也生长在公官，没有受到师保的教诲，就继承了先主的官爵，他也能加强自身的修养来承受先人的德业，国中没有人说他的坏话，又能顺从道德来教养儿子，选择善言来教育儿子，挑选师保来辅导儿子。现在您继承了爵位，有祖父赵文子的榜样，有父亲赵景子的教诲，再加上有师保的教养，同族父兄的指导，而您却疏忽这些，从而遭受了这场祸难。尹铎曾说：'想到安乐而感到高兴，想到危难而产生恐惧，这是人的常情。壁垒可以作为师保，我为什么不把它增高呢？'所以他修筑增高了壁垒，或许他认为这样做可以作为鉴戒而安定赵氏宗族啊！如果处罚尹铎，那就是处罚好人。处罚好人就必定奖赏坏人，做臣的还有什么指望呢！"简子听了很高兴，说："如果没有你，我几乎不能算是人了！"于是就用免除祸难的军功来奖赏尹铎。起初，邮无正与尹铎有怨仇，尹铎带着奖赏到邮无正那里，说："您救了我的命，怎能不把这奖赏归你呢。"邮无正辞谢说："我是为君主考虑，不是为你。怨仇还是怨仇。"

少室周知贤而让

少室周为赵简子之右①，闻牛谈②有力，请与之戏③，弗胜，致右④焉。简子许之，使少室周为宰⑤，曰："知贤而让，可以训⑥矣。"

[注释]

①少室周：赵简子的家臣。右：戎右，古代战车的陪乘护卫之官。②牛谈：赵简子的家臣。③戏：角力，角斗。④致右：将戎右的位置让给牛谈。⑤宰：家宰，卿大夫家中的宰臣。⑥训：效法的榜样。

[译文]

少室周担任赵简子的车右，听说牛谈力气很大，要求和他比试一番，没有获胜，便要将戎右的位置让给牛谈，赵简子答应了这件事，并委任少室周为采邑的总管，说："知道他人贤能并且主动让位，这是可以作为效法的榜样的。"

史黯论良臣

赵简子曰："吾愿得范、中行之良臣①。"史黯②侍，曰："将焉用之？"简子曰："良臣，人之所愿也，又何问焉？"对曰："臣以为不良故也。夫事君者，谏过而赏善，荐可而替否③，献能而进贤，择材而荐之，朝夕诵善败而纳之。道④之以文，行之以顺⑤，勤之以力，致之以死。听则进，否则退。今范、中行氏之臣不能匡相⑥其君，使至于难，君出在外⑦，又不能定，而弃之，则何良之为⑧？若弗弃，则主焉得之？夫二子之良，将勤营其君，复使立于外，死而后止，何日以来？若来，乃非良臣也。"简子曰："善。吾言实过矣。"

[注释]

①范、中行：指范吉射、中行寅，二人都是赵简子的对手。②史黯：晋国大夫。③荐：进。替：去。④道：通"导"，引导。⑤顺：恭顺。⑥匡相：匡正辅佐。⑦君出在外：指鲁哀公五年，范吉射、中行寅在朝歌叛乱后，又出奔到齐国。⑧为：犹"有"。

[译文]

赵简子说："我希望能得到范吉射、中行寅手下的良臣。"史黯在一旁陪侍，说："用范氏、中行氏的良臣做什么？"简子说："良臣是人所希望的，又有什么可问的呢？"史黯回答说："我认为他们算不上良臣，所以才问的。侍奉君主的人，应当谏正君主的过失，鼓励君主的善行，赞同君主好的主意，去除不好的想法，献进能人、贤人，选择有才能的人加以推荐，早晚讲述善恶成败的事迹给君主听。用文德来引导君主，用恭顺来推动君主，勤心尽力为君主效劳，不惜以生命来捍卫君主。君主能听谏，就入朝任事，不能听谏，就辞官退去。现在范氏、中行氏的臣子，不能匡正辅助他们的君主，以至于使君主遭到祸难；君主出奔到国外，又不能使他获得安定，反而弃君而去，那又算什么良臣呢？倘若他们不抛弃君主的话，您又怎么能得到他们呢？如果真是范氏、中行氏的良臣，就应当辛勤地为君主谋划经营，使君主在国外重新获得土地、爵位，一直到死为止，这样的话，哪一天能到您这儿来呢？倘若来了，那也就算不上是什么良臣了。"赵简子说："讲得好，我的话确实错了。"

赵简子问贤于壮驰兹

赵简子问于壮驰兹①曰:"东方之士孰为愈②?"壮驰兹拜曰:"敢贺!"简子曰:"未应吾问,何贺?"对曰:"臣闻之:国家之将兴也,君子自以为不足;其亡也,若有余。今主任晋国之政而问及小人,又求贤人,吾是以贺。"

[注释]

①壮驰兹:晋国大夫。②愈:病好,这里指贤德。

[译文]

赵简子问壮驰兹说:"东方的人士哪个贤能?"壮驰兹下拜说:"祝贺您!"简子说:"你还没有回答我的问题,祝贺什么呢?"壮驰兹回答说:"我听说:'国家将要兴盛,君子自以为有很多不足之处;国家将要衰亡,便觉得自己很了不起。'现在您掌管晋国的国政,而问及我这样的小人,又寻求贤能之士,我因此祝贺您。"

窦犨谓君子哀无人

赵简子叹曰:"雀入于海为蛤,雉入于淮为蜃。鼋鼍鱼鳖,莫不能化,唯人不能。①哀夫!"窦犨②侍,曰:"臣闻之,君子哀无人③,不哀无贿;哀无德,不哀无宠;哀名之不令,不哀年之不登。④夫范、中行氏不恤庶⑤难,欲擅晋国,今其子孙将耕于齐⑥,宗庙之牺为畎亩之勤⑦,人之化也,何日之有!"

[注释]

①蛤(gé):蛤蜊,介壳类软体动物,壳形卵圆,长寸余,壳色淡褐,

稍有轮纹，内白色，缘边淡紫色，栖浅海沙中，肉可食用。雉：野鸡。蜃(shèn)：大蛤蜊。鼋(yuán)：大鳖。鼍(tuó)：即扬子鳄，爬行动物，吻短，体长二米多，背部、尾部均有鳞甲，穴居江河岸边，皮可以蒙鼓。②窦犨(chōu)：晋国大夫。③人：贤人。④令：善。登：高。⑤庶：众。⑥齐：国名，范氏、中行氏于鲁哀公五年出奔到齐国。⑦牺：宗庙祭祀用的纯色牛牲，这里是暗喻祭主。畎(quǎn)亩：开有沟渠的良田。

[译文]

赵简子感叹说："鸟雀飞进海里变成了蚌蛤，野鸡飞入淮河变成大蛤。癞头鼋、扬子鳄、鱼、鳖，没有不能变化的，只有人不能变化。真悲哀啊！"窦犨在一旁侍奉，说："我听说：君子哀叹没有贤人，不哀叹没有钱财；哀叹没有德行，不哀叹得不到宠爱；哀叹名声不美，不哀叹不能长寿。范氏、中行氏不体恤民众的苦难，想在晋国专擅朝政，如今他们的子孙流落到齐国务农耕地，这就如同原本是供宗庙祭祀的牛牲，现在却变成在田地中辛勤耕作的耕牛。人的变化，何日不在发生呢！"

赵襄子使新稚穆子伐狄

赵襄子使新稚穆子伐狄①，胜左人、中人②，遽人③来告，襄子将食，寻饭有恐色④。侍者曰："狗之事大矣，而主之色不怡⑤，何也？"襄子曰："吾闻之，德不纯而福禄并至，谓之幸。夫幸非福，非德不当雍⑥，雍不为幸⑦，吾是以惧。"

[注释]

①赵襄子：晋国正卿赵无恤，赵简子的儿子。新稚穆子：晋国大夫新稚狗，谥穆。②胜：克，攻克。左人、中人：狄国的两个城邑。③遽(jù)人：驿使，驿站传命的人。遽，传。④寻：据《经义述闻》卷二十一引王念孙校，"寻"当作"抟"，"抟"即古"抟"字。抟饭，把饭抟成团儿。⑤怡：悦，

高兴。⑥雍：和乐。⑦幸：通"倖"，侥幸。

[译文]

赵襄子派新稚穆子去讨伐狄人，攻克了左人、中人二地，驿使来报告此事，赵襄子正准备吃饭，将饭捏成团，脸上露出恐惧的神色。侍者说："新稚狗获胜的事够大了，而您的脸色却露出不高兴的样子，是什么原因呢？"赵襄子答道："我听说：没有淳厚的德行，而福禄两者一齐来到，这叫做侥幸。侥幸不是福，没有德行担当不起和睦快乐，和睦快乐不是靠侥幸获得的，我因此感到恐惧。"

智果论智瑶必灭宗

智宣子将以瑶为后①，智果②曰："不如宵③也。"宣子曰："宵也佷④。"对曰："宵之佷在面，瑶之佷在心。心佷败国，面佷不害。瑶之贤于人者五，其不逮⑤者一也。美鬓长大则贤，射御足力则贤，伎艺毕给则贤⑥，巧文辩惠则贤⑦，强毅果敢则贤⑧。如是而甚不仁。以其五贤陵人，而以不仁行之，其谁能待⑨之？若果立瑶也，智宗必灭。"弗听。智果别族⑩于太史为辅氏。及智氏之亡也，唯辅果在。

[注释]

①智宣子：晋卿荀甲。瑶：晋卿智伯，名瑶，谥襄，智宣子的儿子。②智果：晋国大夫。③宵：智宣子的庶子。④佷（hěn）：倔犟，凶狠。⑤逮：及，赶上。⑥伎艺：手艺或艺术表演等。毕给：犹毕具，齐具、完全具备。⑦巧文：擅长文辞。辩惠：聪慧而富于辩才。⑧强毅：刚强果断有毅力。果敢：当机立断，敢作敢为。⑨待：容忍。⑩别族：脱离智氏宗族，另立为新族。

[译文]

智宣子想要立儿子智瑶为继承人，智果说："不如立智宵。"宣子说:"智宵刚愎凶狠。"智果回答说:"智宵的凶狠在表面,智瑶的凶狠在心里。内心凶狠会败坏国家,表面凶狠并不要紧。智瑶比别人好的地方有五项,赶不上别人的地方有一样。鬓发美观,身材高大是一好;能射箭驾车,力气充沛是一好;各种技艺无不通晓是一好;擅长文辞,聪明而富于辩才是一好;刚强果断有毅力,当机立断、敢作敢为是一好。他有这五项长处,却有一样短处:心地很不仁爱。他用这五种过人之处去欺凌别人,没有了仁爱的约束,谁又能够容忍他呢?如果真的立智瑶为继承人,智氏家族必然灭亡。"智宣子不听。智果于是到太史那里和智氏分族,改姓为辅氏。等到智氏灭亡时,只有辅果一支保全下来。

士茁谓土木胜惧其不安人

智襄子为室美①,士茁夕焉②。智伯曰:"室美夫!"对曰:"美则美矣,抑③臣亦有惧也。"智伯曰:"何惧?"对曰:"臣以秉笔④事君,志⑤有之曰:'高山峻原,不生草木。松柏之地,其土不肥。'今土木胜,臣惧其不安人也。"室成,三年而智氏亡。

[注释]

①智襄子:晋卿智伯,名瑶,谥襄。为:建造。②士茁:智伯的家臣。夕:傍晚时见。③抑:不过。④秉笔:执笔。⑤志:记事的古书。

[译文]

智襄子建造的宫室很华美,士茁晚上到襄子那里。智伯说:"这宫室美吗?"士茁回答说:"美是美极了,但是我也有点担忧。"智伯说:"有什么可担忧的呢?"士茁回答道:"我以掌管文笔的身份来侍奉您。传记上有句话说:'高山陡坡,不生长草木。松树柏树下面的土地,土质不肥。'现在宫室造得太华丽了,我恐怕它不会让人安宁啊。"宫室建成后三年,智氏就灭亡了。

晋阳之围

晋阳之围①,张谈②曰:"先主为重器也,为国家之难也,盍姑无爱宝于诸侯乎?③"襄子曰:"吾无使也。"张谈曰:"地④也可。"襄子曰:"吾不幸有疾⑤,不夷⑥于先子,不德而贿。夫地也求饮⑦吾欲,是养⑧吾疾而干吾禄也。吾不与皆毙⑨。"襄子出,曰:"吾何走乎?"从者曰:"长子⑩近,且城厚完。"襄子曰:"民罢力以完之⑪,又毙死⑫以守之,其谁与⑬我?"从者曰:"邯郸之仓库实。"襄子曰:"浚⑭民之膏泽以实之,又因而杀之,其谁与我?其晋阳乎!先主之所属也,尹铎之所宽也,民必和矣。⑮"乃走晋阳,晋师围而灌之⑯,沉灶产蛙⑰,民无叛意。

[注释]

①晋阳之围:智伯骄横,向赵襄子请求田地,赵襄子不给,智伯便率领韩、魏之兵攻赵,赵襄子守晋阳,三家围之。②张谈:赵襄子的家臣,也称孟谈。③重器:钟鼎之类的宗庙礼器。盍:何不。爱:吝惜。④地:人名,赵襄子的家臣。⑤疾:病,这里指缺失。⑥不夷:指不能赶上。夷:平,及,齐平。⑦饮:徐元诰以为当作"钬(yù)",指满足。⑧养:助长。⑨皆:一起。毙:死。⑩长子:县名,属晋国。⑪罢:通"疲"。完:修筑。⑫毙死:仆倒而死。⑬与:跟随,指同心协力。⑭浚:掘取,榨取。⑮先主:指赵襄子的父亲赵简子。属:同"嘱",指赵简子曾嘱咐襄子,遇到危难可以躲避到晋阳。尹铎:赵简子的家臣。宽:宽厚,指尹铎减少户税的政策。和:和同,指同心。⑯晋师:指智伯和韩、魏的军队。灌之:指晋师掘开汾水来淹晋阳。⑰沉灶产蛙:灶没于水中,产生青蛙,形容水患非常严重。

[译文]

晋阳被围之前。张谈说:"先主铸造各种贵重的礼器,就是为了解救国家危难的，何不姑且不要吝惜这些财宝，用来向诸侯求援呢？"襄子说："我没有合适的使者。"张谈说："地这个人可以做使者。"襄子说："不幸的是我德行有缺失，比不上我的先人，我没有德行却想贿赂诸侯来求援。地这个人只晓得满足我的欲望，这是助长我的过失而求取我的俸禄啊。我不能与他一起败亡。"襄子离开晋都，说："我到何处去呢？"侍从说："长子城距离近，而且城墙厚实完整。"襄子说："民众精疲力竭修筑了它，再要他们卖命守卫它，谁还肯与我同心协力呢？"侍从说："邯郸的仓库很充实。"襄子说："那是榨取了民脂民膏才充实起来的，现在又要使他们的性命受到伤害，谁还肯帮我出力呢？还是到晋阳吧！那是先主赵简子嘱咐过的地方，尹铎待那里的民众又宽厚，人民必定能同心同德。"于是便投奔晋阳。晋军包围了晋阳，又决水灌城，庶民家的炉灶都淹没在水中，生出了蛤蟆，然而人民却毫无背叛的意思。

郑 语

史伯为桓公论兴衰

桓公①为司徒，甚得周众与东土之人，问于史伯曰："王室多故，余惧及焉，其何所可以逃死？"史伯对曰："王室将卑，戎狄必昌，不可偪②也。当成周者，南有荆、蛮、申、吕、应、邓、陈、蔡、随、唐；北有卫、燕、狄、鲜虞、潞、洛、泉、徐、蒲；西有虞、虢、晋、隗、霍、杨、魏、芮；东有齐、鲁、曹、宋、滕、薛、邹、莒；是非王之支子母弟甥舅也，则皆蛮、荆、戎、狄之人也。非亲则顽，不可入也。其济、洛、河、颍之间乎！是其子男之国，虢、郐为大③，虢叔恃势，郐仲恃险，是皆有骄侈怠慢之心，而加之以贪冒。君若以周难之故，寄孥与贿焉④，不敢不许。周乱而弊，是骄而贪，必将背君，君若以成周之众，奉辞伐罪，无不克矣。若克二邑，邬、弊、补、舟、依、𬘘、历、华，君之土也。若前华⑤后河，右洛左济，主芣、騩而食溱、洧，修典刑以守之，是可以少固。"

[注释]

①桓公：郑桓公姬友，宣王二十二年（前806年）初封于郑，周幽王八年（前774年）受命为司徒。②偪：近。③虢：东虢，虢叔之后，在今河南荥阳一带。西周时代，虢有三，有东虢；有西虢，虢文公之后，在今陕西宝鸡；有北虢，虢仲之后，在今河南三门峡一带。郐（kuài）：妘姓诸侯国，在今河南新密东、新郑西。④孥：妻子儿女。贿：财物。⑤华：当为"颍"之误。

[译文]

郑桓公担任王朝司徒，特别受西土周人和东方民众的喜爱。他问史伯说："王室多难，我担心遭祸遇害。有什么地方可以逃脱一死？"史伯回答说："王室将要衰微，西戎北狄一定会强盛起来，不可靠近这一带地区。成周所面对的，南面有荆、蛮、申、吕、应、邓、陈、蔡、随、唐；北面有卫、燕、狄、鲜虞、潞、洛、泉、徐、蒲；西面有虞、北虢、晋、隗、霍、杨、魏、芮；东面有齐、鲁、曹、宋、滕、薛、邹、莒。这些国家的主人不是天子的子侄、兄弟、甥舅，就是蛮、荆、戎、狄之人。不是亲戚就是顽民，不可进入他们的地域。可往的唯有济水、洛水、黄河、颍水之间了！这里的子爵男爵封国，以东虢、郐为最大。虢叔仗恃地势阻固，郐仲依仗地形险要，他们都有骄横奢侈懒惰散漫的毛病，还有贪婪好货的恶习。您现在如果以周室多难为由，将妻子儿女和财物寄存在这里，他们不敢不答应。当周室大乱处境艰难时，这些骄横贪婪的诸侯一定会背叛您。您如果率领成周的王室军队，奉天子之命讨伐罪臣，将会攻无不克。如果攻占了东虢、郐这两个城邑，那么，邬、弊、补、舟、衣、髳、历、华，这些城邑也就是您的国土了。如果您建国于此，前有颍水，后有黄河，右为洛水，左为济水，主祭芣山、騩山，饮用溱水、洧水，修饰先人典图刑法以守护这块土地，这样就可以稍稍稳定了。"

公曰:"南方不可乎?"对曰:"夫荆子熊严生子四人:伯霜、仲雪、叔熊、季䴊。叔熊逃难于濮而蛮,季䴊是立,薳氏①将起之,祸又不克。是天启之心也。又甚聪明和协,盖②其先王。臣闻之,天之所启,十世不替。夫其子孙必光③启土,不可逼也。且重、黎之后也,夫黎为高辛氏火正,以淳耀敦大天明地德④,光照四海,故命之曰'祝融',其功大矣。

[注释]

①薳(wěi)氏:楚大夫。②盖:超过。③光:通"广"。④淳耀:光大。敦大:厚重。

[译文]

郑桓公问:"南方不可以去吗?"史伯回答说:"南方的荆楚国君熊严生了四个儿子:长子伯霜、次子仲雪、三子叔熊、四子季䴊。后来发生了争夺君位的混战,叔熊逃到了濮人之中并接受了蛮人风俗,季䴊立为楚君。楚大夫薳氏想重新立叔熊为国君,遭祸难而未成功。这是上天要为季䴊统治荆楚开路啊。季䴊又非常聪明,能和协臣民之心,功德超过楚国先王。我听说,上天为他清障开路的人,传位十代也不会废灭。季䴊的子孙必将全面开发南方的土地,外人不可进逼南方。并且荆楚国君是重、黎的后裔,黎担任高辛氏的火正,因为能使天之光明淳耀光大,使地之厚德敦厚宽博,光明照耀四海,所以高辛氏称他为祝融氏,祝融的功德是伟大的。

"夫成天下之大功者,其子孙未尝不章,虞、夏、商、周是也。虞幕①能听协风,以成乐物生者也。夏禹能单②平水土,以品处庶类者也。商契能和合五教③,以保于百姓者也。周弃能播殖百谷蔬,以衣食民人者也。其后皆为王公侯伯。祝融亦能昭显天地之光明,以生柔④嘉材者也,其后八姓⑤于周未有侯伯。佐制物于前代者,昆吾为夏伯矣,大彭、豕韦为商伯矣。当周未有。己姓昆吾、苏、顾、温、董，董姓鬷夷、豢龙，则夏灭之矣。彭姓彭祖、豕韦、诸稽，则商灭之矣。秃姓舟人，则周灭之矣。妘姓邬、郐、路、偪阳，曹姓邹、莒，皆为采卫，或在王室，或在夷狄，莫之数也。而又无令闻，必不兴矣。斟姓无后。融之兴者，其在芈姓乎？芈姓，夔、越不足命也⑥。蛮芈蛮矣，唯荆实有昭德，若周衰，其必兴矣。姜、嬴、荆、芈，实与诸姬代相干⑦也。姜，伯夷之后也，嬴，伯翳之后也。伯夷能礼于神以佐尧者也，伯翳能议⑧百物以佐舜者也。其后皆不失祀而未有兴者，周衰，其将至矣。"

[注释]

①虞幕：虞舜的先人幕。②单：通"殚"，彻底。③五教：父义、母慈、兄友、弟恭、子孝。④柔：滋润。⑤八姓：指祝融之后分化为己姓、董姓、彭姓、秃姓、妘姓、曹姓、斟姓、芈姓这八姓。⑥夔：楚子熊绎之后有熊挚，有恶疾，自弃于夔，为楚附庸。夔在今湖北秭归。越：越章国，熊绎封少子执疵为越章王，在今湖北安陆县。⑦干：干犯，冲突。⑧议：使各得其宜。

[译文]

"那些为天下成就了大功的人，他们的子孙没有不显达的，虞、夏、商、周四代的情况就是如此。虞幕听到风声就能辨别和暖的春风何时吹来，从而为育成万物、使其快乐生长创造了条件。夏禹能彻底平治水患，从而使各种事物依其品性长在合适的地方。商契能调和五教，从而使百姓之间和睦安定。周弃能种植加工百谷百蔬，从而使人们有吃有穿。他们的后代都或为王公、或为侯伯。祝融也能使天地间的光明昭彰显耀，从而使五谷材木生长旺盛滋润，他的后代有八姓人，在周朝却没有被封侯封伯的。这八姓中，在前朝辅助天子治理国家得到爵位的，昆吾氏做过夏朝的伯爵，大彭氏、豕韦氏做过商朝的伯爵。在周朝却没有哪一姓得到封爵。己姓的昆吾、苏、顾、温、董诸部，以及董姓的鬷夷氏、豢龙氏，则夏朝灭亡了他们。彭姓的彭祖、豕韦、诸稽各部，则商朝灭亡了他们。秃姓的舟人，则周朝灭亡了他。妘姓的邬、郐、路、偪阳，曹姓的邹、莒，都是周王室采服、卫服的诸侯国，有的任职王室，有的散处夷狄，没有谁统计过他们的情况，这些姓氏又没有好声誉，一定不会振兴了。斟姓没有后人了。祝融后裔的兴起，可能唯有芈姓吧？芈姓的夔、越已不值得提起，蛮中的芈姓已经蛮化，唯独荆楚保有明德，如果周朝衰微，荆楚必定兴起。姜、嬴、荆芈诸姓，将与姬姓诸国世代相互冲突。姜姓为伯夷之后，嬴姓为伯翳之后。伯夷能礼敬神灵，以辅佐唐尧，伯翳能使鸟兽草木各得其宜，以辅佐虞舜。他们的后人都不曾亡国失祀，却也没有兴盛的，周朝衰亡，他们将走向振兴了。"

公曰："谢①西之九州，何如？"对曰："其民沓②贪而忍，不可因也。唯谢、郏之间，其冢君侈骄，其民怠沓其君，而未及周③德；若更君而周训之，是易取也，且可长用也。"

[注释]

①谢：周宣王命召穆公为伯舅申伯所筑的城邑，在今河南南阳。②沓：黩，轻举妄动。③周：忠信。

[译文]

郑桓公问："谢邑西面的九州，怎么样？"史伯回答说："那里的人轻率贪婪残忍，不可倚靠。只有谢邑、郏邑之间的虢、郐之地，那里的封君奢侈骄横，民众对君主怠慢轻率，不具备忠信之德；如果换个君主并以忠信之德教导民众，这里是容易获取且可以长久统治的。"

公曰："周其弊乎？"对曰："殆于必弊者也。《泰誓》曰：'民之所欲，天必从之。'今王弃高明昭显，而好谗慝暗昧①；恶角犀丰盈②，而近顽童穷固③。去和而取同。夫和实生物，同则不继。以他平他谓之和，故能丰长而物归之；若以同裨同，尽乃弃矣。故先王以土与金木水火杂，以成百物。是以和五味④以调口，刚四支以卫体⑤，和六律⑥以聪耳，正七体⑦以役心，平八索⑧以成人，建九纪⑨以立纯德，合十数⑩以训百体。出千品，具万方，计亿⑪事，材兆物，收经入，行姟极。故王者居九畡之田，收经入以食兆民，周训而能用之，和乐如一。夫如是，和之至也。于是乎先王聘后于异姓，求财于有方，择臣取谏工而讲⑫以多物，务和同也。声一无听，物一无文，味一无果，物一不讲。王将弃是类也而与剸同⑬。天夺之明，欲无弊，得乎？

[注释]

①谗：进谗言毁谤他人。慝：行奸邪伤害他人。暗昧：幽暗无光。②角犀：额角入发处隆起的相貌。丰盈：面颊丰满的相貌。③顽童：心智不开、愚蠢。穷固：鄙贱固陋。④五味：酸、苦、甘、辛、咸。⑤刚：强健。四支：四肢，两手两足。⑥六律：决定绝对音高的律管，按阴阳各分六支，黄钟、太簇、姑洗、蕤宾、夷则、无射为六阳律，称六律；大吕、夹钟、中吕、林钟、南吕、应钟为六阴律，称六吕。六律六吕合为十二律。⑦七体：指双眼、双耳、两个鼻孔、一张口共七窍。⑧八索：与八卦相对应的人体部位，乾为首，坤为腹，震为足，巽为股，坎为耳，离为目，艮为手，兑为口。⑨九纪：指心、肝、脾、肺、肾、胃、肠、胆、膀胱九种脏器。⑩十数：王、公、大夫、士、皂、舆、隶、僚、仆、台十等人。⑪亿：十万。⑫讲：考校优劣。⑬与剸同：选择专断雷同。与，择。剸，同"专"。

[译文]

郑桓公问："周朝真的就要衰败了吗？"回答说："已接近必然衰亡了。《泰誓》说：'人民所期待的，上天必将顺从。'现在，天子抛开见识高明德行昭显的臣子不用，却喜欢奸诈阴险说人坏话的人；讨厌相貌堂堂行事正派的人，却亲近愚蠢鄙陋的人。他的政治作为背离了在对立中求统一的和协原则，而只是简单地追求意见相同。和协能促进事物的发展，雷同则会导致事物绝灭。将此物与彼物相整合叫做和，这种统一中的对立使事物内涵丰富生机旺盛，这种对立中的统一又能吸引他物归附。如果以性质相同的东西来相互补益，用尽了就只有抛弃。所以先王把土与金木水火相配合，从而创造出各种新事物。因此调和五味以烹制可口的饮食，锻炼强健四肢以卫护身体健康，调节六律以演奏悦耳的音乐，端正七窍以服从心灵的需要，摆平八体以成就独立人格，健全九藏以树立纯正德性，人分十等以训导百官统属。由此选出一千种行政官员，筹划一万种治国方略，算度十万种政事，裁断百万种物资，接收千万种收入，动用万万种开支。所以天子拥有九州土地，接收千万种收入，养育上百万人民，以忠信教导人民，又能合理地使用民力，天下就和睦安乐如同一家人。像这样做，就实现了最大的和协。于是先王聘娶异姓女子为王后，向各个方国征求贡赋，选取臣僚、谏官，考校各种物事，务求相反相成。一种声调谱不成动听的乐曲，一种颜色绘不成华丽的图案，一种味素调不成合意的口味，一类事物不能考校优劣。太子现在却要抛弃这种和协，选择专断雷同，上天夺走了他的聪明，想让周朝不衰败，能做到吗？

"夫虢石父①谗谄巧从之人也，而立以为卿士，与剸同也；弃聘后而立内妾②，好穷固也；侏儒戚施③，实御在侧，近顽童也；周法不昭，而妇言是行，用谗慝也；不建立卿士，而妖试幸措④，行暗昧也。是物也，不可以久。且宣王之时有《童谣》曰：'檿弧箕服⑤，实亡周国。'于是宣王闻之，有夫妇鬻是器者，王使执而戮⑥之。府之小妾生女而非王子也，惧而弃之。此人也，收以奔褒⑦。天之命此久矣，其又何可为乎？《训语》有之曰：'夏之衰也，褒人之神化为二龙，以同⑧于王庭，而言曰："余，褒之二君也。"夏后卜杀之、与去之、与止之，莫吉。卜请其漦⁹而藏之，吉。乃布币焉而策告之，龙亡而漦在，椟而藏之，传郊之。'及殷、周，莫之发也。及厉王之末，发而观之，漦流于庭，不可除也。王使妇人不帏而譟之⑩，化为玄鼋，以入于王府。府之童妾未既龀⑪而遭之，既笄⑫而孕，当宣王时而生。不夫而育，故惧而弃之。为弧服者方戮在路，夫妇哀其夜号也，而取之以逸，逃于褒。褒人褒姁⑬有狱，而以为入于王，王遂置之，而壁是女也，使至于为后而生伯服。天之生此久矣，其为毒也大矣，将使候淫德而加之焉。毒之酋腊者⑭，其杀也滋速。申、缯、西戎方强⑮，王室方骚⑯，将以纵欲，不亦难乎？王欲杀太子以成伯服，必求之申，申人弗畀，必伐之。若伐申，而缯与西戎会以伐周，周不守矣！缯与西戎方将德申，申、吕方强，其隩爱⑰太子亦必可知也，王师若在，其救之亦必然矣。王心怒矣，虢公从矣，凡周存亡，不三稔⑱矣！君若欲避其难，其速规所矣，时至而求用，恐无及也！"

[注释]

①虢石父：周幽王时卿士。②聘后：从申国聘娶的王后。内妾：内宫小妾褒姒。③侏儒：矮人。戚施：驼背人。④妖：谄媚之人。试：用。幸：佞幸之人。措：安置。⑤檿（yǎn）弧：山桑木制作的弓。箕服：萁草编成的箭袋。⑥戮：问罪。⑦褒：姒姓国，在今陕西褒城。⑧同：聚集。⑨漦（chí）：精液。⑩帏：下裳的正幅。譟：通"噪"，喧哗。⑪龀（chèn）：儿童换牙。⑫笄：女子十五岁盘发插簪表示成年的仪式。⑬褒姁（xū）：褒国国君。⑭酋：久熟的陈酒。腊（xī）：汪远孙以为昔、腊音义同，在《周礼》酒正所辨的三酒之中，昔酒属于老酒，而不是新酿的酒。⑮申：姜姓国，在今河南南阳北。缯：一作鄫、曾。有今山东枣庄的姒姓鄫国和今湖北随州的姬姓曾国，此处的缯与申、西戎接近，似指位于今湖北随州的曾国。⑯骚：骚乱。⑰隩爱：深爱。隩，通"奥"。⑱三稔（rěn）：三次谷物成熟，此处指三年。

[译文]

"虢石父是个毁谤他人、阿谀上级、巧于献媚的小人，天子却把他立为卿士,这是选择了专断雷同的做法;抛弃聘娶的王后却以内官小妾为后,这是喜欢卑贱鄙陋的人;把侏儒、戚施招到身旁调笑取乐,这是亲近愚顽的人;周朝的法制不明白地执行,反而听从一个女人的话办事,这是重用奸邪的人;不任命有德之人为卿士,却将谄媚佞幸的人安置在要害位置,这是举用阴险的人。这些小人物是不可能长久统治国家的。并且周宣王时有《童谣》说:'用山桑木制作硬弓,用萁草编成箭袋,将用它们灭亡周朝。'于是宣王追究这件事,有夫妇二人出售山桑木硬弓和萁草箭袋,宣王派人把他们抓起来问罪。王府里的小妾生了个女婴,却并非天子的骨血,因为害怕就将女婴抛弃,卖桑木弓萁草袋的夫妇捡到这个女婴,带着她逃到了褒国。上天作出灭亡周朝的决定已经很久了,哪里又可能干点什么事就改变命运呢?《训语》有这样的记载:'夏朝要衰亡的时候,褒人之神化身为两条龙,一起住到王宫中,还发话说:"我们是褒国的两位先君。"是杀死他们,赶走他们,还是留下他们,夏朝君主占卜,几种选择都不吉利。再卜让二龙排泄精液加以收藏,却得到吉兆。于是陈设玉帛祭龙,宣读策书告请,二龙离去,精液留下,夏人把精液收集到盒子中藏了起来,郊天大祭时节才专车送往南郊受祭。'一直到殷、周两代,都没有打开过这个盒子。到周厉王末年,打开这个盒子观看,精液从盒子中流出,弄脏了王宫,难以清除,厉王要妇人裸体鼓噪驱逐它。精液变成一只黑鼋进入后宫,后宫中一个还没有换牙的小姑娘遇到了黑鼋,长到十五岁,这个姑娘就未婚而孕,到宣王时才生下孩子。因为是未婚生子,所以很害怕,就抛弃了婴儿。卖桑木弓萁草袋的夫妇正在路边受刑,可怜这个女婴夜间的哭声,就抱起她逃到了褒国。后来,褒君褒姁有罪,就把这个当年的弃婴作为抵偿献给天子,天子于是赦免了褒姁,并宠爱这个女子,以至于让她成为王后,生下伯服。上天为生下这个女子等待的时间太长了,她身上积蓄的毒性非常大,就是要等到一个荒淫无德的天子出现才把她送来。毒性越强的老酒,杀人也越快。申、曾、西戎等正国力强盛,周王室正陷于内乱之中,天子还要放纵私欲,要躲过灾害不也很难吗?天子想杀太子宜臼以成全伯服继位,一定会向申国索要太子,申人不交出太子,天子一定会讨伐申国。如果讨伐申国,曾国与西戎就要会合申国一起攻打周王室,周王室将不能保住权威了!曾国与西戎正与申国交好,申国、吕国正势力强大,他们深爱太子也必可想而知,王室军队如果到了申国城下,这些诸侯国救助申国是必然的。天子对申国心怀愤怒,虢石父也跟从,总计周王室的存亡,不超过三年了!您如果想躲过这场灾难,就要赶快规划逃难的地方,大祸临头之时才寻找避难所,恐怕来不及!"

公曰:"若周衰,诸姬其孰兴?"对曰:"臣闻之,武实昭文之功,文之祚①尽,武其嗣乎!武王之子,应、韩不在,其在晋乎!距②险而邻于小,若加之以德,可以大启。"公曰:"姜、嬴其孰兴?"对曰:"夫国大而有德者近兴,秦仲、齐侯,姜、嬴之隽也,且大,其将兴乎?"公说,乃东寄帑与贿,虢、郐受之,十邑③皆有寄地。

[注释]

①祚:福。②距:据守。③十邑:东虢、郐、邬、弊、补、舟、依、𫄷、历、华十个城邑。

[译文]

郑桓公问:"如果周王室衰亡,在姬姓诸侯国中谁会兴起?"史伯回答说:"我听说,周武王有光大文王事业的功劳,文王的福祚用尽后,武王的福泽将继续护佑其子孙吧!武王的后嗣,应国、韩国不在振兴之列,能兴起的大概是晋国吧!晋国据守险要地形,又与小国为邻,如果施行德政,可以大启疆土。"桓公问:"姜姓、嬴姓国家中谁会兴起？"回答说："那些国土广大又有德政的国家将很快兴起，秦仲、齐侯分别是嬴姓、姜姓中的俊杰，并且秦、齐的国土都很广大，这两个国家将会兴起吧？"郑桓公赞赏史伯的判断，于是带着家人和财物到东方去寄存，东虢国、郐国接受了，邻近十邑都有郑桓公寄存东西的地方。

楚语上

申叔时论傅太子之道

庄王使士亹傅太子箴①,辞曰:"臣不才,无能益焉。"王曰:"赖子之善善之也。"对曰:"夫善在太子,太子欲善,善人将至;若不欲善,善则不用。故尧有丹朱,舜有商均,启有五观,汤有太甲,文王有管、蔡。是五王者,皆有元德②也,而有奸子。夫岂不欲其善,不能故也。若民烦可教训,蛮、夷、戎、狄,其不宾③也久矣,中国所不能用也。"王卒使傅之。

[注释]

①庄王:楚庄王熊旅,公元前613年至前591年在位。士亹(wěi):楚大夫。太子箴:楚太子熊审,后立为楚共王,公元前590年至前560年在位。②元德:大德。③宾:臣服。

[译文]

楚庄王让士亹担任太子箴的师傅,士亹推辞说:"我缺乏才能,不可能带给太子教益。"庄王说:"靠着你的美德诱导,使他学好。"回答说:"能否学好,关键在太子本人,太子想学好,有德行的师长自会到来；如果不想学好，美德诱导也不起作用。所以唐尧有丹朱那样的不肖之子，虞舜有商均那样的不肖之子，夏启有五观那样的不肖之子，商汤有太甲那样的不肖之孙，周文王有管叔、蔡叔那样的不肖之子。这五位帝王，都具备大德，却生下了不肖子孙。难道他们不想让子孙学好吗？只是没有办法罢了。如果百姓乱动，可教导他们。蛮夷戎狄不臣服已经很久了，我们不能任用他们。"庄王最终让士亹教导太子。

问于申叔时①，叔时曰："教之《春秋》，而为②之耸善而抑恶焉，以戒劝其心；教之《世》，而为之昭明德而废幽昏焉，以休惧其动；教之《诗》，而为之导广显德③，以耀明其志；教之礼，使知上下之则；教之乐，以疏其秽而镇其浮；教之《令》，使访物官；教之《语》，使明其德，而知先王之务用明德于民也；教之《故志》，使知废兴者而戒惧焉；教之《训典》，使知族类，行比义焉④。

[注释]

①申叔时：楚大夫。②为：讲解。③导广显德：导德、广德、显德，启导圣人德行、推广圣人德政、赞美圣人德业。④比：比类。义：通"仪"，度量。

[译文]

士亹向申叔时请教如何教导太子，申叔时说："教他读《春秋》，讲明书中褒善贬恶的道理，以此戒其邪念养其善心。教他读《世》，讲明书中明德之君名声显扬、昏庸之君身废名灭的道理，以此促使他反思自己的行为，喜其有德而惧其无德。教他读《诗》，讲明书中以诗歌启导圣人德行、推广圣人德政、赞美圣人德业的道理，以此开拓他的志向。教他练习礼仪，使他精通君臣上下应该恪守的准则。教他演奏音乐，以荡涤其邪秽之念，镇定其浮躁之心。

教他执行《令》，使他能检查讨究百官职掌。教他揣摩《语》，激发他对美德的追求，并懂得先王以美德教化民众的道理。教他学习《故志》，使他明白历代兴衰成败的原因，从而心存鉴戒。教他学习《训典》，让他知道自己的世系和族人，政治活动就能比类从事。

"若是而不从，动而不悛①，则文②咏物以行之，求贤良以翼③之。悛而不摄④，则身勤之，多训典刑以纳之，务慎悖笃以固之。摄而不彻⑤，则明施舍以导之忠，明久长以导之信，明度量以导之义⑥，明等级以导之礼，明恭俭以导之孝，明敬戒⑦以导之事，明慈爱以导之仁，明昭⑧利以导之文，明除害以导之武，明精意以导之罚，明正德以导之赏，明齐肃以耀之临。若是而不济，不可为也。

[注释]

①悛：改。②文：文辞，这里指赋诗。③翼：辅佐。④摄：稳固。⑤彻：通达。⑥义：宜，适宜。⑦敬戒：警戒。⑧昭：通"招"。

[译文]

"如果这样教导太子还不听从，举动有过错却不悔改，就要赋诗咏物以感化他，访求贤良以辅佐他。若有所悔改却不稳定，就要以身教使他勤于改造，经常以法纪规训使他自觉接受改造，务必谨慎地教导他，使他敦厚笃诚的品性稳定下来。若品性稳定却不通达，就要讲明施舍以教导他忠恕的原则，讲明久长以教导他信用的意义，讲明度量以教导他合宜的标准，讲明等级以教导他礼仪的作用，讲明恭俭以教导他孝顺的方式，讲明警戒以教导他做事的要领，讲明慈爱以教导他仁德的价值，讲明求利以教导他文治的目标，讲明除害以教导他武备的用途，讲明精诚情意以教导他断案的诀窍，讲明公正无私以教导他奖赏的规则，讲明虔诚严肃以教导他明了吊临死者的态度。像这样教还不成，这个学生就不可救了。

"且诵诗以辅相之，威仪以先后之，体貌以左右之，明行以宣①翼之，制节义以动行之，恭敬以临监之，勤勉以劝之，孝顺以纳之，忠信以发之，德音②以扬之，教备而不从者，非人也。其可兴乎③！夫子④践位则退，自退则敬，否则赧。"

[注释]

①宣：普遍。②德音：美好的箴言。③其：岂。兴：感发、兴起。④夫子：先生。

[译文]

"而且赋诗咏物以助他明德，展示风度仪态以教他进退，端正体态容貌以导其坐起，显示美好德行以全面辅助他，制定节义以约束他的行动，监督他恭敬，勉励他勤奋，接纳他的孝顺，以忠信启发他，以德音鼓励他，这样全面教导，太子还不听从，就不是一个可教之人了。这样的人哪还可能被打动呢！果真如此，先生就要从师傅的职位上退下来，自己辞职还会受到尊敬，否则只会留下羞愧。"

蔡声子论楚材晋用

椒举娶于申公子牟①，子牟有罪而亡，康王②以为椒举遣之，椒举奔郑，将遂奔晋。蔡声子③将如晋，遇之于郑，飨之以璧侑，曰："子尚良食，二先子④其皆相子，尚能事晋君以为诸侯主。"辞曰："非所愿也。若得归骨于楚，死且不朽。"声子曰："子尚良食，吾归子。"椒举降三拜，纳其乘马，声子受之。

[注释]

①椒举：楚大夫伍举，楚公族斗越椒之后。申公子牟：楚王子牟，担任

申公，称申公子牟。②康王：楚康王熊昭，公元前559年至前545年在位。③蔡声子：蔡国大夫公孙归生，字子家，谥声。④二先子：两位先君，指椒举之先父伍参和蔡声子之先父公子朝。

[译文]

椒举娶申公子牟的女儿为妻，子牟犯罪逃走，楚康王以为是椒举放跑了他，椒举便逃到郑国，并打算逃奔晋国。蔡声子将去晋国访问，在郑国遇到了椒举，就请椒举吃饭并献上玉璧助餐，说："你要多吃点饭，你我死去父亲的在天之灵都会护佑你，希望你能臣事晋君，使他成为诸侯的霸主。"椒举辞谢说："这并不是我椒举的志向。如果能回楚国，死了也光荣。"声子说："你要多吃点饭，我将帮助你重返楚国。"椒举下堂三次拜谢，把四匹马送给声子，声子接受了。

还见令尹子木①，子木与之语，曰："子虽兄弟于晋，然蔡吾甥也，二国孰贤？"对曰："晋卿不若楚，其大夫则贤，其大夫皆卿材也，若杞梓、皮革焉，楚实遗之，虽楚有材，不能用也。"子木曰："彼有公族、甥、舅，若之何其遗之材也？"对曰："昔令尹子元之难②，或谮王孙启于成王③，王弗是④，王孙启奔晋，晋人用之。及城濮之役⑤，晋将遁矣，王孙启与于军事，谓先轸⑥曰：'是师也，唯子玉⑦欲之，与王心违，故唯东宫与西广实来⑧。诸侯之从者，叛者半矣，若敖氏⑨离矣，楚师必败，何故去之！'先轸从之，大败楚师，则王孙启之为也。

[注释]

①子木：楚令尹屈建。②子元之难：令尹子元欲占有楚文王遗孀息妫，被斗班杀死。③谮（zèn）：诬陷。王孙启：令尹子元的儿子。成王：楚成王熊恽，公元前671年至前626年在位。④是：通"諟"，审理、辨察。⑤城濮之役：公元前633年晋楚城濮之战。⑥先轸：晋中军元帅。⑦子玉：楚令尹成

得臣，字子玉。⑧东宫：楚太子的卫队。西广：楚王的王族亲兵左队，另有东广或右广，合称两广。⑨若敖氏：楚君熊鄂之子熊仪任职若敖，后裔号若敖氏，子玉属若敖氏家族，有族兵六卒。

[译文]

蔡声子从晋国回来，又到楚国去，拜见楚国令尹子木。子木与他谈话，说："你们蔡国与晋国为同姓的兄弟之国，但蔡国与楚国又是甥舅之国，在你看来，楚国、晋国哪一个好些？"声子回答说："晋国的卿不如楚国的令尹，但晋国大夫则比楚国大夫贤明，晋国的大夫都具有卿的才干。如同晋国的杞木、梓木、皮革等物资是从楚国运送去的，晋国的大夫也多是从楚国跑去的。楚国虽然人才很多，却没有人任用他们。"子木说："晋国国君有自己的公族子孙、甥舅亲戚，怎么能说是楚国送给晋国人才呢？"回答说："从前楚国发生令尹子元之难，有人在楚成王面前诬陷令尹子元的儿子王孙启与父同罪，成王不辨察是非曲直，王孙启逃奔晋国，晋人重用他。等到城濮之战，晋军将要退兵，王孙启参与军事，他对中军主帅先轸说：'这次楚国出兵，只是令尹子玉想打仗，与楚王的意志相违背，所以只有东宫与西广两支部队来参战。跟从楚军的诸侯，已经有一半背叛，若敖氏族兵也与子玉离心，楚军必败，晋军为什么要退出战斗呢！'先轸听了他的话，大败楚军，这就是王孙启给楚国造成的失败。

"昔庄王①方弱，申公子仪父②为师，王子燮③为傅，使师崇、子孔帅师以伐舒④。燮及仪父施二帅而分其室⑤。师还至，则以王如庐，庐戢黎⑥杀二子而复王。或潛析公臣⑦于王，王弗是，析公奔晋，晋人用之。实谗败楚，使不规东夏⑧，则析公之为也。

[注释]

①庄王：楚庄王熊旅，公元前613年至前591年在位。②申公子仪父：

楚大司马斗克，字子仪，申公斗班之子，父为尊称。③王子燮：楚公子。④师崇：楚太师潘崇。子孔：若敖氏后裔成嘉，字子孔，楚令尹成得臣之子。舒：偃姓诸国，相传为少昊氏之后，有舒庸、舒蓼、舒鸠、舒龙、舒鲍、舒龚等，散布于今安徽舒城、庐江、巢湖一带，史称群舒。⑤施：加罪。分：瓜分。⑥庐戢黎：庐邑长官戢黎。庐，楚邑，在今湖北襄阳西南。⑦析公臣：楚大夫。⑧不规：丢掉了。东夏：蔡国、沈国。

[译文]

"从前楚庄王正当弱冠之年，申公子仪父为师，王子燮为傅，二人设计让师崇、子孔率领军队去攻打群舒，然后加罪于两位将军并瓜分两家的财产。师崇、子孔率军赶回国都，申公子仪与王子燮就劫持庄王跑到庐邑，庐邑长官戢黎杀死二人，并护送庄王返回国都。有人在庄王面前诬陷析公臣参与了叛乱，庄王不辨察是非曲直，析公奔逃到晋国，晋人重用他。这次诬陷赶走析公导致楚军在绕角之战中大败于晋，使楚国丢掉了东夏，这就是析公给楚国造成的损失。

"昔雍子之父兄谮雍子于恭王①，王弗是，雍子奔晋，晋人用之。及鄢之役②，晋将遁矣，雍子与于军事，谓栾书③曰：'楚师可料也，在中军王族而已。若易中下，楚必歆④之。若合而臽吾中⑤，吾上下必败其左右，则三萃以攻其王族，必大败之。'栾书从之，大败楚师，王亲面伤⑥，则雍子之为也。

[注释]

①雍子：楚大夫。恭王：楚恭王熊审，公元前590年至前560年在位。②鄢之役：公元前575年晋楚鄢陵之战。③栾书：晋中军元帅。④歆：贪图。⑤合：接战。臽：陷入。⑥面伤：面部受伤。

[译文]

"从前雍子的同宗长辈在楚恭王面前诬陷雍子，恭王不辨察是非曲直，雍子奔逃到晋国，晋人重用他。等到鄢陵之战，晋军将要退兵，雍子参与军事，他对中军主帅栾书说：'楚军的兵力配置是可以推断的，其主力在中军王族。如果我军对换中军与下军位置，楚军一定会贪图吞食我下军。如果两军接战而楚军陷入我中军的攻击之中，我上军、下军一定能打败楚国的左军、右军，再集中我上军、下军、新军的兵力合攻楚中军王族，一定能大败楚军。'栾书听从他的建议，大败楚军，楚恭王本人眼睛受伤，这就是雍子给楚国造成的失败。

"昔陈公子夏为御叔娶于郑穆公，生子南。① 子南之母乱陈② 而亡之，使子南戮于诸侯。庄王既以夏氏之室赐申公巫臣③，则又畀之子反④，卒与襄老⑤。襄老死于邲，二子争之，未有成。恭王使巫臣聘于齐，以夏姬行，遂奔晋。晋人用之，实通吴、晋。使其子狐庸为行人于吴⑥，而教之射御，导之伐楚。至于今为患，则申公巫臣之为也。

[注释]

①陈公子夏：陈宣公之子公子夏，御叔之父。郑穆公：郑穆公姬兰，公元前627年至前606年在位。子南：御叔与夏姬之子夏征舒，字子南。②乱陈：御叔早死，夏姬色美好淫，陈灵公平国，陈大夫孔宁、仪行父与之私通，夏征舒杀陈灵公。③申公巫臣：楚大夫屈巫，字子灵，曾任职楚申县尹，称申公巫臣。④子反：楚司马公子侧，字子反。⑤襄老：楚连邑之长，称连尹襄老。⑥狐庸：巫臣之子。行人：掌朝觐聘问的外交官。

[译文]

"从前陈公子夏为儿子御叔娶郑穆公的女儿为妻，生下子南。子南的母亲夏姬与陈灵公君臣淫乱，导致陈国灭亡，使儿子子南被诸侯杀死。楚庄王先把夏姬赐给申公巫臣，后来又赏给子反，最终送给襄老。襄老战死于邲，申公巫臣与子反二人争夺夏姬，都没有成功。楚恭王即位,派遣巫臣聘问齐国,巫臣带着夏姬偷偷地出走,于是逃奔晋国。晋人重用他,巫臣为晋国通吴国,又让自己的儿子狐庸在吴国担任行人之职,并教吴兵射箭驾车的技巧,引导吴军攻打楚国,到现在吴国仍然是楚国的大患,这就是申公巫臣给楚国造成的失败。

"今椒举娶于子牟,子牟得罪而亡,执政弗是,谓椒举曰:'女实遣之。'彼惧而奔郑,缅然引领南望,曰:'庶几赦吾罪。'又不图①也,乃遂奔晋,晋人又用之矣。彼若谋楚,其亦必有丰败②也哉。"

[注释]

①图:谋划。②丰败:大败。

[译文]

"现在椒举娶了子牟的女儿,子牟犯罪逃跑,执政大臣不辨察是非曲直,对椒举说:'是你放跑了他。'椒举害怕,逃奔到郑国,伸长脖子远远地南望楚国,说:'希望会赦免我的罪过。'如果楚国再不想办法留住他,椒举就要逃奔晋国了,晋人又将重用他。他如果谋害楚国,大概楚国又会有大败了。"

子木愀然曰:"夫子何如,召之其来乎?"对曰:"亡人得生,又何不来为?"子木曰:"不来,则若之何?"对曰:"夫子不居①矣,春秋相事②,以还轸③于诸侯。若资东阳④之盗使杀之,其可乎?不然,不来矣。"子木曰:"不可。我为楚卿,而赂盗以贼⑤一夫于晋,非义也。子为我召之,吾倍其室。"乃使椒鸣召其父而复之。

[注释]

①居:安居。②事:使。③还轸:坐车往返。轸,车后横木,借指车。

④东阳:今河北邯郸、邢台一带。⑤贼:暗杀。

[译文]

子木忧心地说:"你看该怎么办?派人召唤他,他肯回来吗?"回答说:"逃命的人找到一条活命的路,他又怎么不肯回来呢?"子木说:"椒举实在不回来,又该怎么办?"回答说:"果真如此,您恐怕就不能高枕无忧了。您将会一年到头乘车出使,奔走于诸侯之间,以消除椒举给楚国制造的麻烦了。如果买通东阳盗匪,要他们杀了椒举,大概可以一劳永逸地消除后患吧?不然,椒举是不回来了。"子木说:"不可。我身为楚卿,却收买盗贼到晋国去杀一个人,这是不义之举。你替我召请椒举回国,我将加倍还给他家产。"于是派椒鸣去召请他父亲椒举回国,并恢复了椒举的官职。

伍举论台美而楚殆

灵王为章华之台①,与伍举②升焉,曰:"台美夫!"对曰:"臣闻国君服宠以为美③,安民以为乐,听德以为聪,致远以为明。不闻其以土木之崇高、彤镂为美,而以金石匏竹④之昌大、器庶为乐;不闻其以观大、视侈、淫色以为明,而以察清浊为聪。

[注释]

①灵王:楚灵王熊虔,本楚恭王次子公子围,后弑君篡位,公元前540年至前529年在位。章华:地名,因山筑台为章华台,遗址在今湖北潜江龙湾区放鹰台,公元前537年至前535年楚灵王征集十万工匠修成。②伍举:即椒举。③服:受。宠:奖赏。④金石匏竹:铜钟、石磬、匏笙、竹箫等乐器。

[译文]

楚灵王建好章华台后,与伍举一起登台游赏,说:"这台真壮美啊！"伍举回答说："我听说国君以接受天子嘉奖为美，以使民众安居乐业为美，以听到有德行的言论为耳聪，以招致远人归化为目明。没有听说过国君把土木建筑的宏伟高大、彩绘雕饰精美华丽当做美丽的风景，把金石匏竹材质乐器的众多、声音的喧嚣嘈杂当做动听的音乐，没有听说过把看到阔大的排场、奢侈的摆设、缤纷的颜色当做眼睛亮，把明辨音律当做耳朵灵。

"先君庄王为匏居之台，高不过望国氛①，大不过容宴豆，木不妨守备，用不烦官府，民不废时务，官不易朝常。问谁宴焉，则宋公、郑伯；问谁相礼，则华元、驷騑②；问谁赞事③，则陈侯、蔡侯、许男、顿子，其大夫侍之。先君以是除乱克敌，而无恶于诸侯。今君为此台也，国民罢④焉，财用尽焉，年谷败焉，百官烦焉，举国留⑤之，数年乃成。愿得诸侯与始升焉，诸侯皆距⑥无有至者。而后使太宰启疆⑦请于鲁侯，惧之以蜀之役⑧，而仅⑨得以来。使富都那竖⑩赞焉，而使长鬣之士相焉，臣不知其美也。

[注释]

①氛：因阴阳二气相互攻伐侵夺而生成的妖气，可以预示吉凶。②华元：宋卿。驷騑：郑卿公子騑，字子驷。③赞事：佐助宴会之事，指做陪客。④罢：通"疲"。⑤留：通"镏"，捣筑。⑥距：通"拒"，拒绝。⑦启疆：楚卿薳启疆。⑧蜀之役：公元前589年，楚侵鲁，战于蜀，鲁败，赂以执斲、执针、织纴各百人而求和。⑨仅：勉强。⑩富都那竖：相貌漂亮穿着时髦的年轻人。

[译文]

"先君楚庄王建造匏居之台，高度不过足以观望云气之吉凶，面积不过足以安放杯盘举行宴会，木料用量不妨碍城郭守备的建设，经费用度不烦扰国库供应，征用民工不废弃农时，督工的官员也不改变日常工作的节奏。要问谁在这里参加过宴会,是宋公、郑伯;要问由谁主持礼仪,是华元、驷騑;要问谁在陪客,是陈侯、蔡侯、许男、顿子,随从大夫又各侍从自己的君主。先君因此而铲除祸乱,战胜敌人,却从没有引起诸侯的厌恶。现在您建造这个章华台,国力疲弱,民力倦怠,府库资财耗尽,年年谷米无收,百官烦劳,全国人民参与修筑,花了几年时间才建成。希望有诸侯来参加落成初登的典礼,诸侯却都拒绝,没有谁来。然后派太宰薳启疆邀请鲁侯参加,用楚打败鲁的蜀之战恐吓他,才勉强使鲁侯到来。君王派出长相俊美穿着时髦的少年陪伴客人,让须长发密的人主持礼仪,我却不知道这样做美在何处。

"夫美也者,上下、内外、小大、远近皆无害焉,故曰美。若于目观则美,缩①于财用则匮,是聚民利以自封②而瘠民也,胡美之为?夫君国者,将民之与处;民实瘠矣,君安得肥?且夫私欲弘侈③,则德义鲜少;德义不行,则迩者骚离而远者距违④。天子之贵也,唯其以公侯为官正,而以伯子男为师旅。其有美名也,唯其施令德于远近,而小大安之也。若敛民利以成其私欲,使民蒿⑤焉忘其安乐,而有远心,其为恶也甚矣,安用目观?

[注释]

①缩:取用,消耗。②封:大,肥厚。③弘:大。侈:奢侈。④迩者:近者。骚:愁苦。离:叛离。⑤蒿:消耗。

[译文]

"所谓美,是对上对下、对内对外、对小对大、对远对近都没有妨害,才叫做美。如果把看着漂亮养眼叫做美,耗费资财以图漂亮就会使国库空虚,这是聚敛民众的财富以自肥,却使民众陷于贫穷,有什么美呢?做国君的人,要与民共处;民众贫穷,国君哪里能富有呢?并且私欲膨胀,道德仁义就寡少;道德仁义没有实行,则身边的人会忧愁背叛，远方的人会抗拒违命。天子地位尊贵，源于他以公侯为治理天下的官长，以伯、子、男为军队指挥。天子享有美名，源于他对远近人民都施行美德，使大国小国都获得安定。如果聚敛民众的财富以满足自己的私欲，使民众财富枯竭，失去安乐，从而产生叛离之心，这样做造成的后果是很严重的，怎么能只顾眼睛好看呢？

"故先王之为台榭也，榭不过讲军实，台不过望氛祥。故榭度于大卒之居①，台度于临观之高。其所不夺穑地，其为不匮财用，其事不烦官业，其日不废时务。瘠硗之地，于是乎为之；城守之木②，于是乎用之；官僚之暇，于是乎临之；四时之隙，于是乎成之。故《周诗》曰：'经始灵台，经之营之。庶民攻之，不日成之。经始勿亟，庶民子来。王在灵囿，麀鹿攸伏。'③夫为台榭，将以教民利也，不知其以匮之也。若君谓此台美而为之正，楚其殆矣！"

[注释]

①大卒：王室卫队。居：举，操练。②木：黄丕烈《国语札记》案语"木当是末字之误也"，可从。③"经始"八句：语出《诗经·大雅·灵台》，灵台，天子观察天象的高台。亟，急。麀（yōu）鹿，母鹿。

[译文]

"所以先王建造楼台水榭，榭不过用来讲习军事，台不过用来占望云气吉凶。所以建造榭的大小只需考虑君王卫队操练的需要，建造台的高低只需考虑占望云气的需要。选定的基址不得夺占耕地，建筑费用不得使国家财用匮乏，建设事务不得烦扰官员们的日常工作，修建时间不得耽误农时。贫瘠坚硬的土地，可以在上面修造；城防用剩的材料，可以用在建造台榭上；官员们政事的空闲，可以到台榭的工地上视察；四季农闲，可以在这些时节建成台榭。所以

《周诗》说:'开始建造灵台,测量基址规划方案。庶民一起劳动,不多时日就建成了。开始建造时并没想急着建成,庶民却像儿子来为父亲建房一样积极。文王来到灵囿中,母鹿悠闲地伏卧在草丛中。'建造台榭,将用来教民兴利,我还不知道它会使民众贫困。如果君王说这个台华美,还把它当做正确的看法,楚国就危险了!"

左史倚相儆申公子亹

左史倚相廷见申公子亹①,子亹不出,左史谤之,举伯②以告。子亹怒而出,曰:"女无亦谓我老耄而舍我,而又谤我!"

[注释]

①左史:史官名。廷:王引之《经义述闻》卷二十一"廷见"条:"'迋'与'廷'字相似,故'迋'作'廷'。"迋,往。申公子亹:楚大夫士亹,又称史老。②举伯:楚大夫。

[译文]

左史倚相往见申公子亹,子亹拒不出见,左史倚相公开批评子亹,举伯把倚相的话告诉给子亹。子亹生气地出来找到倚相说:"你不要认为我年老就舍弃我当我不存在了,又在背后指责我!"

左史倚相曰:"唯子老耄,故欲见以交儆子。若子方壮,能经营百事,倚相将奔走承序,于是不给,而何暇得见?昔卫武公①年数九十有五矣,犹箴儆②于国,曰:'自卿以下至于师长士,苟在朝者,无谓我老耄而舍我,必恭恪于朝,朝夕以交戒我;闻一二之言,必诵志而纳之,以训导我。'在舆有旅贲③之规,位宁有官师之典④,倚几有诵训之谏,居寝有亵御⑤之箴,临事有瞽史之导,宴居有师工之诵。史不失书,矇不失诵,以训御之，于是乎作《懿⑥》戒以自儆也。及其没也，谓之睿圣武公。子实不睿圣，于倚相何害。《周书》曰：'文王至于日中昃，不皇暇食。惠于小民，唯政之恭。'⑦文王犹不敢骄。今子老⑧楚国而欲自安也，以御数者⑨，王将何为？若常如此，楚其难哉！"子亹惧，曰："老之过也。"乃骤见左史。

[注释]

①卫武公：卫康叔八世孙姬和，公元前812年至前758年在位。②箴儆：告诫。③旅贲：卫士。④位：中庭左右。宁：门屏之间。⑤亵御：近侍。⑥懿：通"抑"，指《诗经·大雅·抑》。⑦"文王"四句：语出《尚书·无逸》。昃，太阳偏西。皇，通"遑"，空闲。⑧老：元老。⑨御：止。数：数说。

[译文]

左史倚相说："正因为您年纪大了，所以我才想见到您当面告诫提醒您。如果您正在壮年，能处理各种事务，我将接受您的命令奔走效劳，依序办事，还怕忙不过来，哪里有空闲来拜见您呢？从前卫武公年纪有九十五岁了，还告诫国人说：'从卿以下一直到大夫与列士，只要是在朝为官的，不要认为我年老了就舍弃我当我不存在，一定要恭敬谨慎地供职于朝廷，早晚警戒我；听到一句两句指责国政的话，一定要默记在心，汇报给我，用来训导我。'于是，卫武公坐车外出，就有卫士们规谏他；在朝理政，就有官长的行政守则规范他；靠着几案批阅公文，就有工师诵读训谏之言；在寝宫休息，就有近侍进箴言；面对战争、祭祀等国家大事，就有瞽、史作指导；闲暇休憩时节，就有乐师歌咏讽谏的诗章。每天史官不忘书谏，瞽瞍不忘诵谏，以此训导劝谏他，于是卫武公作《懿》诗以自我警戒。等到他死后，被称为睿圣武公。相比之下，您实在还不够英明通达，但这对于我来说又有什么损害呢？《周书》说：'周文王一直工作到太阳偏西，还没有空吃饭。他施惠于小民，恭敬地处理政务。'周文王尚且不敢骄慢，您现在自以为是楚国元老，只想苟且偷安，因而制止数说过失的劝谏者，您作为人臣尚且如此，那么做君王的又将怎么样呢？如果大家都这样做，楚国就难于治理了！"子亹听后，有些害怕，说："我是老糊涂了，犯下这样的过失。"于是赶紧接见左史。

白公子张讽灵王宜纳谏

灵王①虐，白公子张②骤谏。王患之，谓史老③曰："吾欲已子张之谏，若何？"对曰："用之实难，已之易矣。若谏，君则曰：'余左执鬼中④，右执殇宫⑤，凡百箴谏，吾尽闻之矣，宁闻他言？'"

[注释]

①灵王：楚灵王熊虔，本楚恭王次子公子围，后弑君篡位，公元前540年至前529年在位。②白公子张：楚白邑县尹。白邑，在今河南息县东。③史老：申公子亹。④执：抓住，控制，役使。鬼中：鬼身。⑤殇宫：小鬼。宫，通"躬"。

[译文]

楚灵王行事暴虐，白公子张多次进谏，灵王为此烦恼，对史老说："我想制止子张进谏，该怎么办？"回答说："采纳他的谏言很困难，要制止他进谏则很容易。如果他再来进谏，您就说：'我左手役使大鬼，右手役使小鬼，凡是各种箴言谏语，我全部都听说过，哪里还需要听别的劝谏？'"

白公又谏，王如史老之言。对曰："昔殷武丁能耸其德①，至于神明，以入于河，自河徂亳，于是乎三年，默以思道。卿士患之，曰：'王言以出令也，若不言，是无所禀令也。'武丁于是作书，曰：'以余正②四方，余恐德之不类，兹故不言。'如是而又使以象梦旁求四方之贤③，得傅说④以来，升以为公，而使朝夕规谏，曰：'若金，用女作砺。若津水，用女作舟。若天旱，用女作霖雨。启乃心，沃朕心。若药不瞑眩⑤，厥疾不瘳。若跣不视地，厥足用伤。'若武丁之神明也，其圣之睿广也，其智之不疚也，犹自谓未乂⑥，故三年默以思道。既得道，犹不敢专制，使以象旁求圣人。既得以为辅，又恐其荒失遗忘，故使朝夕规诲箴谏，曰：'必交修余，无余弃也。'今君或者未及武丁，而恶规谏者，不亦难乎！

[注释]

①武丁：商代第23位商王，公元前1250年至前1192年在位，共59年。笙：敬。②正：君临。③象梦：梦中贤人的图像。旁：广。④傅说：武丁的梦中贤人，得于今山西平陆的傅岩，任为太宰，封于郑之圜田。⑤瞑眩：头晕目眩。⑥乂：治理。

[译文]

白公又来进谏，灵王就照史老的话说了。白公回答说："从前殷王武丁能敬修明德，通于神明，因而迁于河内，又从河内往亳都，即位三年，沉默不语，思虑治国之道。卿士忧虑，说：'王言是制定政令的依据，君王若不说话，人们就没有政令可以禀承了。'武丁于是写出自己的想法给人看：'把我树为号令四方、治理万民的君王，我担心自己德行不善，所以不说话。'又派人拿着自己梦中贤人的图像到四方广招贤才，找到傅说送来，就升任他为上公，让他在身边随时规诲箴谏，武丁对傅说说：'我好比是一块顽铜，用你作磨砺的砺石。我好比是渡河人，用你作渡船。我好比是旱天的禾苗，用你作救灾甘霖。开启你心中的智慧源泉，来浇灌我干涸的心田。箴规好比药石，如果吃下药不头晕目眩，疾病就没有好彻底。治国好比赤脚走路，如果没人提醒注意地面情况，脚就容易受伤。'像武丁这样与神明相通的君王，他具有广博的圣德和无瑕的智能，却还自称不具备治国的才德，所以要三年沉思治国之道。既懂得治国之道，还不敢独断专行，派人拿着梦中所见贤人的图像广招贤才。既找到贤才作为辅佐，还担心自己疏忽遗忘，所以要让贤人在身边随时规诲箴谏，说：'一定要全面修正我的失误，不要不管我。'现在您或许还赶不上武丁的圣明，却厌恶他人规诲箴谏，要治理好国家不也太难了吗？

"齐桓、晋文，皆非嗣①也，还轸诸侯，不敢淫逸，心类德音②，以德有国。近臣谏，远臣谤，舆人③诵，以自诰④也。是以其入也，四封不备一同⑤，而至于有畿田⑥，以属⑦诸侯，至于今为令君。桓、文皆然，君不度忧于二令君，而欲自逸也，无乃不可乎？《周诗》有之曰：'弗躬弗亲，庶民弗信。'⑧臣惧民之不信君也，故不敢不言。不然，何急其以言取罪也？"

[注释]

①嗣：具有继位权力的嫡长子。②类：率。德音：嘉言善语。③舆人：众人。④诰：警戒。⑤四封：四面封疆之中。一同：方圆百里。⑥畿田：方圆千里的土地。⑦属：会合。⑧"弗躬"二句：语出《诗经·小雅·节南山》，意为不亲自操持，以身作则，庶民就不信任。

[译文]

"齐桓公、晋文公都不是该继承君位的嫡长子，他们乘车奔走在各个诸侯国，不敢追求淫乐安逸，一心遵循嘉言善语，最终凭个人的德行回国为君。近臣规劝君主过失，远臣指责朝政得失，众人传播政治歌谣，齐桓公、晋文公都不禁止，而是以此来自我警戒。因此他们回国后，迅速使自己的国家从疆土不满百里的小国发展成为地方千里的大国，并且主持诸侯盟会，一直到现在仍被称做是贤明的君主。齐桓公、晋文公都是这样取得美名的,现在您不但不考虑为赶不上这两位明君发愁,还想自我放纵逸乐,恐怕不可如此吧?《周诗》有这样的话:'弗躬弗亲,庶民弗信。'我担心民众不信任您,所以不敢不说。不然,我何必急着进谏,以言招祸呢?"

王病之,曰:"子复语。不谷虽不能用,吾憖①置之于耳。"对曰:"赖君用之也,故言。不然,巴浦②之犀、牦、兕、象,其可尽乎,其又以规为瑱③也?"遂趋而退,归,杜门④不出。七月,乃有乾溪之乱⑤,灵王死之。

[注释]

①憖:愿意。②巴浦:巴水之浦。③瑱(tiàn):塞耳的饰物。④杜门:堵塞门户。⑤乾溪之乱:公元前529年楚公子弃疾带兵入郢都,杀太子禄,楚灵王在乾溪自杀,弃疾即位,为楚平王。乾溪,在今安徽亳州东南。

[译文]

楚灵王觉得难受,说:"你继续进谏吧。我虽然不能采纳你的意见,但愿意常常听到这些话。"回答说:"指靠您采纳,我才说这些话。不然,巴浦一带犀、牦、兕、象很多,用它们的牙、角来制作塞耳的瑱,哪里用得完呢?又何必把我的规谏当做瑱来使用呢?"于是快步退下,回到家中,杜门不出。七月,就有乾溪之乱发生,灵王死在这场叛乱中。

楚语下

观射父论绝地天通

昭王问于观射父①,曰:"《周书》所谓重、黎实使天地不通者②,何也?若无然,民将能登天乎?"

[注释]

①昭王:楚昭王熊轸,公元前515年至前489年在位。观射父:楚大夫。②《周书》:指《尚书·周书·吕刑》。重、黎:颛顼高阳氏之后裔。《史记·楚世家》叙其世系为:高阳生称,称生卷章,卷章生重、黎、吴回。重、黎为帝喾高辛氏火正,帝喾命曰祝融。共工氏作乱,帝喾诛重、黎,而以其弟吴回为重、黎后,复居火正,为祝融。实:语助词,加强语气。

[译文]

楚昭王向观射父询问道:"《周书》所说的重、黎使天地不通,这是怎么回事?如果没有这件事,人就能登天吗?"

对曰:"非此之谓也。古者民神不杂。民之精爽不携贰者①,而又能齐肃衷正,其智能上下比义②,其圣能光远宣朗,其明能光照之，其聪能听彻之，如是则明神降之，在男曰觋，在女曰巫。是使制神之处位次主③，而为之牲器时服，而后使先圣之后之有光烈④，而能知山川之号、高祖之主、宗庙之事、昭穆之世、齐敬之勤、礼节之宜、威仪之则、容貌之崇、忠信之质、禋絜之服而敬恭明神者，以为之祝。使名姓之后，能知四时之生、牺牲之物⑤、玉帛之类、采服之仪、彝器之量、次主之度、屏摄之位⑥、坛场之所、上下之神，氏姓之出，而心率旧典者为之宗。于是乎有天、地、神、民、类物之官，是谓五官，各司其序，不相乱也。民是以能有忠信，神是以能有明德，民神异业，敬而不渎⑦，故神降之嘉生⑧，民以物享，祸灾不至，求用不匮。

[注释]

①精爽：精明。携贰：怀有二心。②比：比类。义：通"仪"，度量。③处位次主：神所降临的处所、受祭的坐位、歇息的地方、凭依的神尸。④烈：功勋。⑤物：毛色。⑥屏：屏风。摄：羽扇。⑦渎：轻慢。⑧嘉生：嘉谷。

[译文]

观射父回答说："《周书》说的不是这个意思。古时候治民与事神的职官不混杂。那些头脑精明、信仰专一、不三心二意的人，他们对待神灵态度恭敬，侍奉神灵一视同仁，他们的智慧能对天神地祇加以比配度量，他们的神通能无所不至无所不晓，他的视力能洞察神灵形象，他的听力能通达神灵的声音，像这样的人就会有神明降身附体，降身附体的男人叫做觋，女人叫做巫。巫觋要求人们安排好神所降临的处所、受祭的坐位、歇息的地方、凭依的神尸，并为祀典准备祭牲、祭器和适合时令的祭服。然后从先圣王的后代中，选择那些有功勋、通晓名山大川的嘉名美号、提供高曾祖祢按时应用的各式木主、熟悉二祧五庙依例升迁的事务、懂得子行孙行的排列世序，以及参与祀事虔敬勤勉、进退周旋平稳允当、俯仰动止切合原则、容貌神态庄恭得体，尤其是内心忠诚笃信、外表祭服整洁，显现出对于神明毕恭毕敬的人，任命他为大祝。指派名门旧族的后裔，训练他熟悉不同时令生产供祀的祭品，学会选择毛色纯正的祭牲，了解圭璧玄皴的不同搭配，懂得按爵位确定衣冠裳皴的不同纹饰，参与校正鼎敦尊篚的不同容量，亲自计算帐幄与祭位的不同距离，斟酌安放屏风与羽扇的不同位置，指挥修缮祭坛高台和清除平地道场的所在，用心辨认名在祀典的天神地祇，记住不同姓氏的所出远祖，并且一心遵守祖宗遗制的人，任命他为大宗。按照这种选官原则，就选出了天官、地官、事神之官、治民之官和类物之官，这就是五官。五官各司其职，事务不相混杂。因此，民众能心怀忠诚侍奉神灵，神灵能普施德泽福佑下民，人与神各行其事，人们恭敬而不轻忽，所以神灵降福，五谷丰登。民众把谷物奉献给神灵享用，灾祸就不会发生，财物用度就不会匮乏。

"及少昊①之衰也，九黎②乱德，民神③杂糅，不可方物④。夫人作享，家为巫史，无有要质⑤。民匮于祀，而不知其福。烝享无度，民神同位。民渎齐盟，无有严威。神狎⑥民则，不蠲⑦其为。嘉生不降，无物以享。祸灾荐臻⑧，莫尽其气。颛顼受之，乃命南正重司天以属神，命火正黎司地以属民，使复旧常，无相侵渎，是谓绝地天通。

[注释]

①少昊：古部落首领少昊挚。②九黎：以蚩尤为君长的东夷族，初分布于山东寿张一带，后南迁江汉。③神：指具有神圣血统的人。④方物：辨别颜色。⑤要质：要约凭据。⑥狎：习惯。⑦蠲：洁净。⑧荐臻：重复到来。

[译文]

"到少昊氏衰微的时候，九黎扰乱天下秩序，具有神圣血统的人与庶民混杂在一起，不能加以分别。人人举行祭祀，家家设立巫史,不再需要沟通神灵的要约凭据。人们因为奢靡的祭祀而导致用度匮乏,却不能得到神灵福佑。祭祀没有限度,庶民与具有神圣血统的人使用同样的祭品祭法。庶民轻慢神前的庄严盟誓,对于神灵没有了敬畏。具有神圣血统的人也习惯了庶民的祭法,不再采用原来洁净的祭品祭法。茂盛的庄稼没有了,人们没有东西奉献给神灵。重重灾祸降临,所有生物都不能尽其天年。颛顼取代少昊之后,就命令南正重掌管天上的事情,把群神的命令会集起来,传达下来。又命令火正黎管理地上的群巫,要他们好好地给万民治病和祈福。使过去的秩序又得以恢复,祭祀没有了僭越等级的行为,这就是绝地天通。

"其后,三苗①复九黎之德,尧复育重、黎之后,不忘旧者,使复典之。以至于夏、商,故重、黎氏世叙天地,而别其分主者也。其在周,程伯休父②其后也,当宣王③时,失其官守,而为司马氏。宠神其祖,以取威于民,曰:'重实上天,黎实下地。'遭世之乱,而莫之能御也。不然,夫天地成而不变,何比④之有?"

[注释]

①三苗:南方蛮族。②程伯休父:程国君主休父。程,在今河南洛阳上程聚。③宣王:周宣王姬静,公元前827年至前782年在位。④比:分开。

[译文]

"此后,三苗叛乱,继承了九黎扰乱天下的做法,尧再培养重、黎的后代,起用那些没有忘记先人事业的后裔,让他们世代担任南正、火正职官。这种世袭一直延续到夏代、商代。所以,重氏、黎氏都是世代分掌天政、地政,分别担任神主与民主。到周朝,程伯休父作为重、黎的后代,当周宣王时代,失掉了家族南正、火正的世袭官职,改任司马并以官为氏。司马氏尊崇神化自己的祖先,以此在民众中获取威望，他们说：'重举起了天，黎压沉了地。'恰逢王室动乱，没有谁来制止他们的宣传。不然，天地生成后相互间位置本来就没有变化，又怎么会相互靠近需要有人撑开呢？"

子常问蓄货聚马斗且论其必亡

斗且廷见令尹子常①，子常与之语，问蓄货聚马。归以语其弟，曰："楚其亡乎！不然，令尹其不免乎。吾见令尹，令尹问蓄聚积实②，如饿豺狼焉，殆必亡者也。

[注释]

①斗且：楚大夫。廷：王引之《经义述闻》卷二十一"廷见"条："'廷'亦'迋'之讹。"迋，往。子常：楚平王、昭王时令尹囊瓦，字子常，为楚恭王弟子囊的孙子。②积：储粮。实：珠宝。

[译文]

斗且去见令尹子常，子常与他交谈，问到积聚财富搜求名马的方法。斗且回家后把谈话内容告诉了弟弟，说："楚国大概要亡了吧！不然，令尹子常就难以幸免。我见到令尹，令尹问到如何积聚财富搜求珠宝，就像是饥饿的豺狼一样贪婪，他恐怕一定要亡了。

"夫古者聚货不妨民衣食之利，聚马不害民之财用，国马①足以行军，公马②足以称赋，不是过也。公货足以宾献，家货足以共用，不是过也。夫货、马邮③则阙于民，民多阙则有离叛之心，将何以封④矣。

[注释]

①国马：国家征用的马匹。②公马：公卿畜养的马匹。③邮：超过。④封：立国。

[译文]

"古时候,积聚财富的行为不得妨害民众穿衣吃饭的基本需求,搜求名马的行为不得损害民众财产,不得破坏社会生产,国家征用的马足够用于行军打仗即可,公卿畜养的马足够用来充抵军赋即可,不能超过这个限度。公卿的财货足够用于宾客献酬即可,大夫家的财货足够供给家用即可,不能超过这个限度。财货、马匹的占有超过限度就会损害民众利益,民众利益受损过多就会引发离叛之心,民众离叛还靠什么立国呢?

"昔斗子文三舍令尹①,无一日之积,恤民之故也。成王②闻子文之朝不及夕也,于是乎每朝设脯③一束、糗④一筐,以羞⑤子文。至于今秩⑥之。成王每出子文之禄,必逃,王止而后复。人谓子文曰:'人生求富,而子逃之,何也?'对曰:'夫从政者,以庇⑦民也。民多旷⑧者,而我取富焉,是勤民以自封⑨也,死无日矣。我逃死,非逃富也。'故庄王⑩之世,灭若敖氏,唯子文之后在,至于今处郧⑪,为楚良臣。是不先恤民而后己之富乎?

[注释]

①斗子文:楚成王时令尹斗谷於菟,字子文。舍:辞去。②成王:楚成王熊恽,公元前671年至前626年在位。③脯:干肉。④糗:干粮。⑤羞:进食。⑥秩:常规、惯例。⑦庇:保护。⑧旷:空,贫穷。⑨封:厚、大。⑩庄王:楚庄王熊旅,公元前613年至前591年在位。⑪郧:今湖北安陆。

[译文]

"从前斗子文三次辞去令尹之职,家中没有够吃一天的储粮,这是因为他怜恤民众的缘故。楚成王听说子文吃了早饭没晚饭,于是每天早上准备干肉一束、干粮一筐,用来送给子文。直到如今,朝廷仍然把为令尹提供干肉干粮奉为惯例。楚成王发放子文的俸禄,子文必定辞官逃走,等到成王停止发放然后才回来复职。有人对子文说:'人生的目标是求富,而你却逃富,为什么呢?'回答说:'从政做官,目的是为了保护民众。民众大多贫困,而我占取财富,这是使民众劳苦来为自己谋取厚利,这样做,离死不远了。我是在逃死,不是逃富。'所以楚庄王时,灭若敖氏,唯有子文的后人得以保全,到现在还住在郧邑,世代为楚国良臣。这不是先怜恤民众而后富己的典型吗?

"今子常,先大夫①之后也,而相楚君无令名于四方,民之羸馁,日已甚矣。四境盈垒,道殣②相望,盗贼司③目,民无所放④。是之不恤,而蓄聚不厌,其速怨⑤于民多矣。积货滋多,蓄怨滋厚,不亡何待。

[注释]

①先大夫:指子常的祖父楚恭王弟子囊。②殣:饿死。③司:通"伺",窥伺。④放:依靠。⑤速怨:招怨。

[译文]

"现在的令尹子常是先大夫子囊的后代,他辅佐楚王却没有在四方留下好名声。民众瘦弱饥饿,一天比一天严重。国家四境之内到处是防盗的壁垒,道路上饿死的一个接一个。盗贼侧目窥视,民众找不到依靠。不怜恤民众的这些痛苦,还贪婪无厌地搜刮财物,子常所招聚的民众怨愤已经很多了。积聚的财货越多,蓄积的怨愤越大,不灭亡还等什么呢?

"夫民心之愠①也,若防大川焉,溃而所犯必大矣。子常其能贤于成、灵乎②?成不礼于穆③,愿食熊蹯④,不获而死。灵不顾于民⑤,一国弃之,若遗迹⑥焉。子常为政,而无礼不顾甚于成、灵,其独何力以待之!"期年,乃有柏举之战⑦,子常奔郑,昭王奔随⑧。

[注释]

①愠:通"蕴",蓄积。②贤:优胜。戌:楚戌王。灵:楚灵王熊虔,公元前540年至前529年在位。③穆:楚穆王商臣,公元前625年至前614年在位。④熊蹯:熊掌。⑤灵不顾于民:灵王筑章华台,修筑许、钟离、巢、州、陈、蔡、不羹等城邑,不顾惜民力。⑥迹:脚印。⑦柏举之战:公元前506年吴楚大战于柏举,楚军大败。柏举,今湖北麻城。⑧随:今湖北随州。

[译文]

"民众心中蓄积的怨愤,就好比是用堤坝挡住的江河水,一旦溃决,造成的破坏一定很大。子常的下场会比楚成王、楚灵王好吗?楚成王对儿子穆王商臣不能用太子之礼相待,穆王商臣发动政变,包围王宫,成王想吃了熊掌再自杀都不能实现,被迫自缢。楚灵王不顾惜民力,最后被全国人民抛弃,就好像是抛弃脚印一样毫不在意。子常主政楚国,他处理国事违背礼法、对待民众不加怜恤,比成王、灵王做得还过分,他一个人有什么力量抵御必将降临的灾祸呢?"一年后,就发生了吴楚柏举之战,子常逃奔郑国,楚昭王逃奔随国。

王孙圉论国之宝

王孙圉①聘于晋,定公飨之②,赵简子③鸣玉以相,问于王孙圉曰:"楚之白珩④犹在乎?"对曰:"然。"简子曰:"其为宝也,几何矣?"

[注释]

①王孙圉:楚大夫。②定公:晋定公姬午,公元前511年至前475年在位。飨:在宗庙中站立着举行招待贵宾的享礼,又称立饫。③赵简子:晋正卿赵鞅。④珩:玉佩上部的横玉。

[译文]

王孙圉到晋国访问，晋定公设享礼招待他，正卿赵简子一身盛装，担任享礼司仪，走动的时候，身上的玉佩相互撞击，发出清脆的响声。赵简子问王孙圉说："楚国的白珩还在吗？"回答说："是的。"赵简子说："它作为楚国的国宝，有多久了？"

曰："未尝为宝。楚之所宝者，曰观射父①，能作训辞，以行事于诸侯，使无以寡君为口实②。又有左史倚相，能道训典，以叙百物，以朝夕献善败于寡君，使寡君无忘先王之业；又能上下说③于鬼神，顺道其欲恶，使神无有怨痛于楚国。又有薮曰云连徒洲，金木竹箭之所生也。龟珠角齿皮革羽毛所以备赋④，以戒不虞⑤者也。所以共币帛，以宾享于诸侯者也。若诸侯之好币⑥具，而导之以训辞，有不虞之备，而皇神相之，寡君其可以免罪于诸侯，而国民保焉。此楚国之宝也。若夫白珩，先王之玩也，何宝之焉？

[注释]

①观射父：楚大夫。②口实：借口。③说：通"悦"，取悦。④赋：兵赋。⑤虞：料度。⑥好币：玉帛。

[译文]

王孙圉说："楚国从未把它当做宝贝。楚国当做宝贝的是观射父，他能制作外交辞令，以他的辞令盟会聘问诸侯，使各国没有诋毁我们国君的借口。还有左史倚相，他能讲述训典，按照训典来安排各种政务的轻重缓急，在国君身边早晚进呈历代成败兴衰的经验教训，使我们国君不忘继承先王功业；他还能取悦天地鬼神，引导人们顺其欲而避其恶，使神灵对楚国没有怨恨。楚国又有大泽叫云连徒洲，这里出产金、木、竹箭。龟甲、珍珠、牛角、象牙、兽皮、犀革、鸟羽、牦牛尾，这些物产也是宝贝，可以充作兵赋以戒备意外事件发生；或者供应朝廷当做礼物，在接待诸侯时贡献馈赠。如果奉献给诸侯的礼物储备丰盛，又能用外交辞令疏导与各国的关系，还有戒备意外事件的军用物资，并且大神护佑我国，我们国君大概可以免遭诸侯的指责，使国家与人民得到保全了。这些都是楚国的宝贝。至于白珩，只不过是先王的玩物，有什么值得珍视的价值呢？

"圉闻国之宝六而已。明王圣人能制议百物，以辅相国家，则宝之；玉足以庇荫嘉谷，使无水旱之灾，则宝之；龟足以宪臧否①，则宝之；珠足以御火灾，则宝之；金②足以御兵乱，则宝之；山林薮泽足以备财用，则宝之。若夫哗嚣③之美，楚虽蛮夷，不能宝也。"

[注释]

①宪：表示。臧否：吉凶。②金：金属兵器。③哗嚣：喧哗。

[译文]

"我听说有六种东西能做国宝。明王圣人能规定各种物资的用途，以辅助治理国家，就以之为国宝；祭玉足以护佑五谷生长，使无水旱之灾，就以之为国宝；龟甲足以昭示吉凶，就以之为国宝；珍珠足以避御火灾，就以之为国宝；铜兵器足以抵御兵乱，就以之为国宝；山林湖泽足以储备财用，就以之为国宝。至于会撞击发声的玉佩之类，楚国虽是蛮夷，也不能称它为国宝。"

吴 语

夫差伐齐不听申胥之谏

吴王夫差既许越成①,乃大戒师徒,将以伐齐。申胥②进谏曰:"昔天以越赐吴,而王弗受。夫天命有反,今越王句践③恐惧而改其谋,舍其愆令,轻其征赋,施民所善,去民所恶,身自约也,裕其众庶,其民殷众,以多甲兵。越之在吴,犹人之有腹心之疾也。夫越王之不忘败吴,于其心也侙④然,服士以伺吾间⑤。今王非越是图,而齐、鲁以为忧。夫齐、鲁譬诸疾,疥癣也,岂能涉江、淮而与我争此地哉?将必越实有吴土。

[注释]

①吴王夫差:吴王阖闾之子,公元前495年至前473年在位。成:讲和。②申胥:楚太傅伍奢之子伍员,字子胥,公元前522年逃到吴国,吴王以申为其食邑,故称申胥。③越王句践:越王允常之子,公元前496年至前465年在位。句,一作勾。④侙(chì):警惕。⑤间:隙,漏洞。

[译文]

吴王夫差答应了越国的求和后,于是大规模地训练军队,将要攻打齐国。申胥进谏说："从前上天把越国赐给吴国，您却不接受。天命是会有反复的，现在越王勾践因害怕亡国而改变了他的谋略，废除了错误的政令，减轻了劳役赋税，施行民众称道的政令，去除民众厌恶的政令，他自己生活俭朴，却让民众生活富裕，越国人口增多，军队规模扩大。对于吴国而言，越国就像是人的心腹之患。越王勾践不忘大败吴国的志愿，在他心中时刻警惕，训练将士以窥测我国的可乘之机。现在您不图谋对付越国，反而操心攻打齐、鲁，对于吴国来说，齐国、鲁国的问题就好比是身上长的疥癣，它们难道能渡过长江、淮河来与我国争夺这片土地吗？将来一定是越国占有吴国的土地。

"王其盍亦鉴于人，无鉴于水。① 昔楚灵王不君，其臣箴谏以不入。乃筑台于章华② 之上，阙为石郭③，陂④ 汉，以象帝舜。罢弊楚国，以间陈、蔡。不修方城之内，逾诸夏而图东国，三岁于沮、汾以服吴、越⑤。其民不忍饥劳之殃，三军叛王于乾溪⑥。王亲独行，屏营仿偟于山林之中⑦，三日乃见其涓人⑧ 畴。王呼之曰：'余不食三日矣。'畴趋而进，王枕其股以寝于地。王寐，畴枕王以璞⑨ 而去之。王觉而无见也，乃匍匐将入于棘闱⑩，棘闱不纳，乃入芋尹申亥氏⑪ 焉。王缢，申亥负王以归，而土埋之其室。此志也，岂遽忘于诸侯之耳乎？

[注释]

①"王其"二句：语出《尚书·酒诰》："古人有言曰：'人无于水监，当于民监。'"②章华：地名，因山筑台为章华台，遗址在今湖北潜江龙湾区放鹰台，公元前537年至前535年楚灵王征集十万工匠修成。③阙：通"掘"。郭：通"椁"。④陂：壅塞。⑤沮：沮水，《尚书·禹贡》兖州之地，"雷夏既泽，灉、沮会同"，沮水为灉水支流，在今山东鄄城、菏泽之间，流入雷夏泽，今已湮。汾：通"溢"，溢水今名龙开河，源出江西瑞昌清湓山，东流经

九江湓浦口汇入长江。⑥乾溪：在今安徽亳州东南。⑦屏营：彷徨。仿偟：彷徨，徘徊。⑧涓人：宫中担任洒扫清洁的仆役。⑨墣：土块。⑩棘闱：楚邑，在今河南永城南。⑪芋尹申亥氏：芋尹申无宇之子申亥家。

[译文]

"大王您何不以人为鉴，不要以水为鉴。从前楚灵王不遵守为君之道，不听从臣僚的箴谏，在章华因山筑起高台，挖山建造石椁，导引汉水环绕章华台，以模仿帝舜九嶷山陵墓的形势。还使楚国民力疲惫，以乘机灭亡陈国、蔡国。不治理方城之内的楚国本土，却想跨越诸夏的陈国、蔡国等去图谋东方列国，三年用兵于沮水、汾水之间，以图谋降服吴国、越国。楚国民众不能忍受饥饿劳苦的折磨，三军在乾溪背叛了楚灵王。灵王孤身独行，心中惶恐，在山林之中徘徊，走了三天才见到内侍涓人畴。灵王喊着他的名字说：'我已经三天没有吃过东西了。'涓人畴快步走到灵王身边，灵王枕着畴的大腿躺在地上就睡下了。灵王睡熟后，畴搬块土给他当枕头，自己抽身离去。灵王醒来见不到畴，就爬到了棘闱，棘闱人不接纳，就随着芋尹申无宇的儿子申亥来到他家。灵王自缢，申亥背着灵王的尸体回来，用土块把灵王埋藏在房屋中。这些记录在史书上的事情，难道这么快就被诸侯忘记了吗？

"今王既变鲧、禹之功，而高高下下①，以罢民于姑苏②。天夺吾食，都鄙荐饥。今王将很天③而伐齐。夫吴民离矣，体有所倾④，譬如群兽然，一个负矢，将百群皆奔，王其无方收也。越人必来袭我，王虽悔之，其犹有及乎？"

[注释]

①高高下下：在高处筑高台、在洼地挖池塘。②姑苏：姑苏山，夫差在山上建姑苏台。地在今江苏苏州市。③很天：违背天意。④体：阵势。倾：损伤。

[译文]

"现在，鲧、禹父子治水为民的事业，您已经把它变成了为一己享乐而在高处筑高台、在洼地挖池塘的活动，使吴国民众在姑苏台的建造中疲惫不堪。上天降灾，夺去我国的粮食收成，大都小邑接连发生饥荒。现在您又要违背天意去攻打齐国。吴国民众离心，临阵对敌，稍有挫伤，就会像一群野兽，一只中箭，将会百群皆奔，您也没有办法收拢他们。越国人一定会趁机袭击我国，那时您即使后悔，哪里还来得及挽救呢？"

王弗听。十二年，遂伐齐。齐人与战于艾陵[①]，齐师败绩，吴人有功。

[注释]

①艾陵：齐地，在今山东莱芜市东北。

[译文]

夫差不听。夫差为吴王的第十二年，就出兵伐齐。齐人在艾陵与吴军接战，齐军大败，吴军抓了很多俘虏。

越语上

句践灭吴

越王句践栖于会稽之上,乃号令于三军曰:"凡我父兄昆弟及国子姓,有能助寡人谋而退吴者,吾与之共知①越国之政。"大夫种②进对曰:"臣闻之贾人,夏则资③皮,冬则资䌷,旱则资舟,水则资车,以待乏也。夫虽无四方之忧,然谋臣与爪牙之士,不可不养而择也。譬如蓑笠,时雨④既至必求之。今君王既栖于会稽之上,然后乃求谋臣,无乃后乎?"句践曰:"苟得闻子大夫之言,何后之有?"执其手而与之谋。

[注释]

①知:主持。②大夫种:越国大夫文种,字少禽、子禽、会,楚国南郢人,楚平王时为楚宛令,与宛人范蠡为友,后相随入越为大夫。③资:取,购买。④时雨:应时之雨。

[译文]

越王勾践败退到会稽山上,于是向三军发出号令说:"凡属于我的父辈、兄弟辈以及在众子同姓之列的人,有谁能够帮助我策划使吴国退兵，我将和他一起共同治理越国的政事。"大夫文种上前对答说："我听商人们说过，夏天要积蓄毛皮，冬天要积蓄葛布，天旱要多存舟船，雨涝要多存车马，以待缺货的日子到来。一个国家，即使四方边境没有战争的忧患，然而智谋之士与敢战之人，不能不培养和选拔。好比是蓑衣和斗笠，雨季到来后，一定需要它们。现在，大王已经败退到会稽山上，然后才寻求智谋之士，这不是太晚了吗？"勾践说："若能听到先生您的计谋，哪里算晚呢？"拉住文种的手和他一起商谈解救的办法。

遂使之行成①于吴，曰："寡君句践乏无所使，使其下臣种，不敢彻声闻于天王②，私于下执事曰：寡君之师徒③不足以辱君矣，愿以金玉、子女赂君之辱，请句践女女于王，大夫女女于大夫，士女女于士。越国之宝器毕从，寡君帅越国之众，以从君之师徒，唯君左右④之。若以越国之罪为不可赦也，将焚宗庙，系妻孥，沈金玉于江，有带甲五千人将以致死⑤，乃必有偶。是以带甲万人事君也，无乃即伤君王之所爱乎？与其杀是人也，宁其得此国也，其孰利乎？"

[注释]

①行成：求和。②彻：通。天王：对吴王的尊称。③师徒：军队。④左右：调遣、指挥。⑤致死：拼命。

[译文]

于是派遣文种到吴军中去求和。文种见吴王说："我国君主勾践缺少人才，没有合适的使者可以派出，让小臣文种前来。我不敢向天王通名报姓，陈述来意，私自请求吴国的治事之臣说：我国君主的军队不值得天王亲自讨伐，希望用铜器、玉器、俊男、美女来答谢吴王的屈尊驾临。请求以勾践之女为吴王的婢妾，以越国大夫之女为吴国大夫的婢妾，以越国士之女为吴国士的婢妾。越国宗庙的珍宝器物全部奉献，我国君主亲率越国的军队，跟随大王的军队，接受大王的指挥。如果大王认为越国的罪过是不可赦免的，我们将自己焚毁宗庙，捆上妻子儿女，与铜器玉器一起沉到江中，还有甲士五千人将拼死一战，一人拼命，于是有两个人的功用，五千甲士拼命，这无异于一万精兵与天王作对，这样做，恐怕会对天王钟爱的东西造成巨大的损伤吧？与其在战场上杀掉这些人，不如完整地占有这个国家，二者相比哪一种更有利呢？"

夫差将欲听与之成，子胥谏曰："不可。夫吴之与越也，仇雠敌战之国也。三江①环之，民无所移，有吴则无越，有越则无吴，将不可改于是矣。员闻之，陆人居陆，水人居水。夫上党之国②，我攻而胜之，吾不能居其地，不能乘其车。夫越国，吾攻而胜之，吾能居其地，吾能乘其舟。此其利也，不可失也已，君必灭之。失此利也，虽悔之，必无及已。"

[注释]

①三江：吴淞江、钱塘江、浦阳江。②上党之国：中原陆居国家。

[译文]

夫差将听从越国所提的请求，与文种议和，伍子胥进谏说："不可。吴国与越国是相互攻杀的敌对国家，两国被吴淞江、钱塘江、浦阳江围在中间，两国民众无处迁移，有吴国就没有越国，有越国就没有吴国，吴、越二国势不两立的这种形势是无法改变的。伍员听说过，习惯于陆地生活的人愿意居住在陆地上，习惯于水乡生活的人愿意居住在水乡里，中原陆居国家，我们即使进攻取胜，也不能居其地，不能乘其车。对于越国，我们若进攻获胜，我们能够居有其土地，能够驾乘其舟船。这正是大利所在，不可失去攻占的时机。君王一定要趁机消灭越国。如果错失了这个有利的时机，将来即使后悔，也来不及了。"

越人饰美女八人纳之太宰嚭①，曰："子苟赦越国之罪，又有美于此者将进之。"太宰嚭谏曰："嚭闻古之伐国者，服之而已。今已服矣，又何求焉。"夫差与之成而去之。

[注释]

①太宰嚭（pǐ）：吴国正卿伯嚭，楚大夫伯州犁之孙。

[译文]

越人将盛装打扮的八个美女送到吴太宰伯嚭府上，说："您如果能使越国的罪得以免除，还有比这些更美的女子将送给您。"太宰伯嚭向吴王进谏说："我听说，古时候征讨别国，只是要让别国归服。现在越国已经归服吴国了，我们还要苛求什么呢？"夫差便与文种议和并撤兵离去。

句践说于国人曰："寡人不知其力之不足也，而又与大国执雠①，以暴露百姓之骨于中原②，此则寡人之罪也，寡人请更③。"于是葬死者，问伤者，养生者，吊有忧，贺有喜，送往者，迎来者，去民之所恶，补民之不足。然后卑事夫差，宦④士三百人于吴，其身亲为夫差前马。

[注释]

①执雠：结仇。②中原：原中，原野之中。③更：改错。④宦：宦竖，臣仆。

[译文]

勾践对国人解释说："我不了解自己的力量不够，却又与吴国结仇，因此使我国人民的尸骨暴露于原野之中，这是我的罪过啊，请允许我改正错误。"于是埋葬牺牲的人，慰问受伤的人，抚恤活着的人；家有死丧，派人吊唁；家有喜庆，派人祝贺；有人迁走，予以欢送；有人迁入，予以欢迎。清除人民厌恶的政令，补充人们认为不足的内容。像这样安顿国内以后，勾践又低声下气地侍候夫差，率领三百人如奴仆般到吴国服务，自己亲自担任夫差的马前卒。

句践之地，南至于句无，北至于御儿，东至于鄞，西至于姑蔑，广运百里。①乃致其父母昆弟而誓之曰："寡人闻，古之贤君，四方之民归之，若水之归下也。今寡人不能，将帅二三子夫妇以蕃。"令壮者无取老妇，令老者无取壮妻。女子十七不嫁，其父母有罪；丈夫二十不娶，其父母有罪。将免②者以告，公令医守之。生丈夫，二壶酒，一犬；生女子，二壶酒，一豚。生三人，公与之母③；生二人，公与之饩④。当室者⑤死，三年释其政；支子死，三月释其政。必哭泣葬埋之，如其子。令孤子、寡妇、疾疹、贫病者，纳宦⑥其子。其达士，洁其居，美其服，饱其食，而摩厉⑦之于义。四方之士来者，必庙礼之。句践载稻与脂于舟以行，国之孺子之游者，无不哺也，无不啜也，必问其名。非其身之所种则不食，非其夫人之所织则不衣，十年不收于国，民俱有三年之食。

[注释]

①句无：越国南境地名，今浙江诸暨南有句无亭，即其地。御儿：越国北境地名，今江苏嘉兴南有语溪，即其地。鄞：越国东境地名，今浙江鄞县即其地。姑蔑：越国西境地名，今浙江龙游即其地。广运：东西为广，南北为运。②免：通"娩"，分娩。③母：乳母。④饩：食物。⑤当室者：嫡长子。⑥宦：官府。⑦摩厉：磨砺。

[译文]

勾践的国土，南到句无，北到御儿，东到鄞，西到姑蔑，方圆百里。于是勾践召集越国的父老兄弟发布誓言说："我听说，古代贤明的君主，四方的人民归顺他，就像水流自然流到低洼的地方一样。现在，我不能做到这样好，我将带着各位夫妇增殖人口。"下令于国中，壮年男子不得娶老妻，老年男子不得娶少妻。女子十七岁不嫁人，其父母有罪；男子二十岁不娶妻，其父母有罪。妇女分娩前报告官府，公家派医生守护接生，生了儿子，奖励两壶酒，一只狗；生了女儿，奖励两壶酒，一头猪。生了三胞胎，公家提供乳母；生了双胞胎，公家提供食物。嫡长子死，免除其家三年徭役；庶子死，免除三个月徭役，一定要举行丧葬礼，像自己的儿子死去一样哀哭、埋葬。命令鳏夫、寡妇、患病的人、贫困的人，把他们的子女送交官府养育。对于国内的知名人士，官府为他们维护房屋整洁，提供漂亮的衣服和充足的食物，与他们商议讨论治国之道。对于四方来游的知名人士，一定在庙堂之上接见以示尊重。勾践外出，船上必载有稻米和食油，遇到国中旅行的年轻人，无不请他们吃喝，必问清他们的姓名。不是自己种出来的粮食，勾践不吃；不是妻子织布缝纫的衣服，勾践不穿。官府十年不向人民收税，家家户户都有三年的粮食储备。

　　国之父兄请曰："昔者夫差耻吾君于诸侯之国，今越国亦节①矣，请报之。"句践辞曰："昔者之战也，非二三子之罪也，寡人之罪也。如寡人者，安与②知耻？请姑无庸战。"父兄又请曰："越四封之内，亲吾君也，犹父母也。子而思报父母之仇，臣而思报君之讎，其有敢不尽力者乎？请复战。"句践既许之，乃致其众而誓之曰："寡人闻古之贤君，不患其众之不足也，而患其志行之少耻也。今夫差衣水犀之甲者亿③有三千，不患其志行之少耻也，而患其众之不足也。今寡人将助天灭之。吾不欲匹夫之勇也，欲其旅④进旅退。进则思赏，退则思刑，如此则有常赏。进不用命，退则无耻，如此则有常刑。⑤"果行，国人皆劝⑥，父勉其子，兄勉其弟，妇勉其夫，曰："孰是君也，而可无死乎？"是故败吴于囿，又败之于没，又郊败之。

[注释]

①节：法度、节度。②与：还。③亿：十万。④旅：同。⑤"进则"六句：采用互文见义的修辞手法，赏罚的根据不在于进退，而在于是否遵守命令。⑥劝：勉励。

[译文]

国中父老兄弟请求说："从前夫差使我们的君王在诸侯面前蒙受耻辱，现在越国也确立了法度规范，请求报仇雪耻。"勾践推辞说："从前打仗失败，不是你们各位的过错，而是我的罪过。像我这样的罪人，哪还知道羞耻呢？请暂且不要提打仗的事。"父老兄弟又请求说："越国四境之内，人民亲近我们的君主，就像子女亲近父母一样。孩子想着要为死去的父母报仇，臣民想着要为受辱的国君报仇，哪里有不愿竭尽全力的呢？请与吴再战。"勾践答应再战，于是召集民众，发布誓言说："我听说，古代贤明的君主，不担心兵力不足，而担心战士的思想和行为缺乏羞耻观念。现在，夫差已有穿着水犀牛皮甲的士兵十万三千人，他不担心这些士兵的思想和行为缺乏羞耻观念，仍担心兵力不足。现在我将要助天灭吴。我想要的不是匹夫之勇，而是要大家同进同退，令行禁止。无论进攻还是退却，都想着遵守命令获赏赐，都想着违背命令得处罚，这样做就有常规的赏赐。无论进攻还是退却，不服从命令，不知羞耻，这样做就有法定的刑罚。"军队实际出征，国人都互相勉励，父亲勉励儿子，哥哥勉励弟弟，妻子勉励丈夫，说："谁有恩惠如此的国君，你能不为他拼命吗？"因此，囿之战、没之战、吴都郊外的战斗，连续打败吴国军队，越国三战皆捷。

夫差行成，曰："寡人之师徒，不足以辱君矣。请以金玉、子女赂君之辱。"句践对曰："昔天以越予吴，而吴不受命；今天以吴予越,越可以无听天之命而听君之令乎!吾请达王甬句东①,吾与君为二君乎。"夫差对曰:"寡人礼先壹饭②矣,君若不忘周室,而为弊邑宸宇③,亦寡人之愿也。君若曰:'吾将残汝社稷,灭汝宗庙。'寡人请死,余何面目以视于天下乎!"越君其次也,遂灭吴。

[注释]

①达:送达。甬句东:越国东境地名,又称甬东,在今浙江定海翁山。②壹饭:请一餐饭的小恩惠。③宸宇:屋檐下。

[译文]

夫差遣使求和,说:"我的军队不值得越王亲自讨伐。希望用铜器、玉器、俊男、美女来答谢越王的屈尊驾临。"勾践回答说:"从前上天把越国赐给吴国,吴国却不接受赏赐。现在上天把吴国赐给越国,越国可以不遵从天命而听从吴王的命令吗?请让我把吴王送往甬句之东,我与吴王还像两个国君一样相处吧。"夫差回答说:"我按照伐国问罪灭国存祀之礼,先对越君有恩惠了。君王如果顾及周室犹存,故礼尚在,让吴国成为越国的附庸,接受越国的庇护,这就是我的心愿了。您如果说:'我将毁灭你的国家,毁灭你的宗庙。'我便请死,我还有什么脸面去见天下人啊!"越君占领吴国,于是灭掉吴国。

越语下

范蠡进谏句践持盈定倾节事

越王句践即位三年而欲伐吴,范蠡进谏曰:"夫国家之事,有持盈,有定倾,有节事①。"王曰:"为三者,奈何?"对曰:"持盈者与天,定倾者与人,节事者与地。王不问,蠡不敢言。天道盈而不溢,盛而不骄,劳而不矜其功。②夫圣人随时以行,是谓守时。天时不作,弗为人客③;人事不起,弗为之始。今君王未盈而溢,未盛而骄,不劳而矜其功,天时不作而先为人客,人事不起而创为之始,此逆于天而不和于人。王若行之,将妨于国家,靡④王躬身。"王弗听。

[注释]

①节事:按规矩办事。节,节度、规矩。②"天道"三句:天道是创生万物之道,"盈而不溢,盛而不骄,劳而不矜其功"为天道三德,都是以男性的生殖能力来打比方的。③客:在战争中称守方为主,攻方为客。④靡:损。

[译文]

越王勾践登上王位三年就想兴兵伐吴,范蠡进谏说:"治国的策略分为三种，有保持长盛不衰的策略，有扶危救亡的策略，有按规矩办事的策略。"越王问："实践这三种策略，该怎么办？"回答说："要保持长盛不衰，就需取法天道；要扶危救亡，就需取法人道；要按规矩办事，就需取法地道。大王不问，我不敢说。天道盈亏有常，盈满而不溢，亏损而不灭；天道元气充足，收放自如，盛而不骄，软而不弱；天道运行不息，有创生万物的功劳而不自夸耀其功。圣人顺天时以行人事，这叫做守时。天时不至，不以客犯主发动进攻；人事不起变故，不挑起事端充当祸首。现在君王您国力未盈而野心外露，国势未盛而心思骄纵，治国无功却自吹自擂，天时未至而欲先发动进攻，人事不起变故而欲主动发难，这样做，在上悖逆了天道，在下不和顺于人情。您如果强行发动，将妨害国家，损害您自身。"越王不听。

范蠡进谏曰："夫勇者，逆德也；兵者，凶器也；争者，事之末也。阴谋、逆德，好用凶器，始于人者，人之所卒①也；淫佚之事，上帝之禁也，先行此者，不利。"王曰："无是贰言也，吾已断之矣！"果兴师而伐吴，战于五湖②，不胜，栖于会稽③。

[注释]

①卒：终结。②五湖：太湖东岸的五个小湖，即菱湖、游湖、莫湖、贡湖、胥湖。③会稽：会稽山，在今浙江绍兴市。

[译文]

范蠡再次进谏说："徒逞血气之勇是违背礼让之德的行为，兵器是会害人的凶器，战争是解决事端的最后手段。暗中策划袭击他国，为达目的不讲道德，喜欢用兵器说话而不是用言语沟通，谁敢靠这些恶德兴起，最终这些恶德也会成为他灭亡的原因。放纵嗜血的兽性，这是上天禁止人干的事。首先挑起血战的，上天也会对他不利。"越王说："不要再说这些扰乱军心的话，我已经决定进攻了。"果然起兵攻打吴国，在五湖交战，越军战败，退守会稽山。

王召范蠡而问焉，曰："吾不用子之言，以至于此，为之奈何？"范蠡对曰："君王其忘之乎？持盈者与天，定倾者与人，节事者与地。"王曰："与人奈何？"对曰："卑辞尊①礼，玩好女乐，尊之以名。如此不已，又身与之市②。"王曰："诺。"乃令大夫种行成于吴，曰："请士女女于士，大夫女女于大夫，随之以国家之重器。"吴人不许。大夫种来而复往，曰："请委管钥③，属④国家，以身随之，君王制之。"吴人许诺。王曰："蠡为我守于国。"对曰："四封之内，百姓之事，蠡不如种也。四封之外，敌国之制，立断之事，种亦不如蠡也。"王曰："诺。"令大夫种守于国，与范蠡入宦⑤于吴。

[注释]

①尊：俞樾以为当读如"撙"，与"卑"同义。②市：卖，卖身为奴。③委：归。管钥：锁钥。④属：交付。⑤宦：为臣隶。

[译文]

越王召见范蠡，求教说："我不采纳你的意见，以至于失败到今天这个地步。现在我该如何来收拾这个危局呢？"范蠡回答说："大王您忘掉我从前说过的话了吗？要保持长盛不衰，就需取法天道；要扶危救亡，就需取法人道；要按规矩办事，就需取法地道。"越王说："怎么取法人道啊？"回答说："对待吴王，用卑己顺人的言辞，贬己隆人的礼节去求和，献上古玩珍宝和歌妓舞女，用尊贵的'天王'称号来称呼他。这样做还不能阻止吴军攻击，就要把自身卖给吴王做奴仆。"越王说："好吧。"于是派大夫文种到吴军中去讲和，说："请求以越国士之女为吴国士的婢妾，以越国大夫之女为吴国大夫的婢妾，并以越国宗庙的珍宝器物作为陪嫁。"吴人不答应。大夫文种回国后又前往吴国，说："请求交出越国国库的锁钥，交付越国国政的管理权，越王将以身相随，由天王控制。"吴人答应了。越王说："范蠡留下来，为我守住国家。"回答说："四境之内治理百姓的事情，我赶不上文种。四境之外应对敌国的手段，当机立断的事情，文种赶不上我。"越王说："好吧。"命令大夫文种守护国家，自己和范蠡一起到吴国去做奴仆。

三年，而吴人遣之归。及至于国，王问于范蠡曰："节事奈何？"对曰："节事者与地。唯地能包万物以为一，其事不失。生万物，容畜禽兽，然后受其名而兼其利。美恶皆成，以养其生。时不至，不可强生；事不究①，不可强成。自若以处，以度天下，待其来者而正之，因时之所宜而定之。同②男女之功，除民之害，以避天殃。田野开辟，府仓实，民众殷。无旷③其众，以为乱梯。时将有反，事将有间，必有以知天地之恒制④，乃可以有天下之成利。事无间，时无反，则抚民保教以须之。"

[注释]

①究：穷尽，终极。②同：集中。③旷：荒废。④恒制：常规。

[译文]

三年之后，吴国人放回越王勾践。等回到国都后，越王就问范蠡说："按规矩办事该怎么做？"回答说："按规矩办事要取法地道。只有大地能够包容万物，形成一个整体，任何事物都不遗漏。只有大地能生育万物，畜养禽兽，既得到厚德载物的美名又享有收获万物的大利。只有大地能一视同仁，让好看的、难看的万物都自由生长、成熟，以此养护自然的生机。孕育的时节不到，不可强行催生；事情没有发展到顶点，不可勉强图成。顺从地道，宽容、仁爱、平和地处理政事，分析、预测天下形势，等到时机来临，就能扭转局面，矫正方向，在最合适的机会稳定天下形势。集中男女共同劳动，去除害民的政令，避免上天降祸。

开辟田野多种粮食，使国库充实，人民富裕。不要让民众荒废本业，因为失业会诱使人们攀上叛乱的阶梯。越国的时运会有好转之时，吴国的政事会有可乘之机，必须有掌握天地变化规律的才智，才可以获取天下形势发展结成的果实。如果吴国的政事还没有可乘之机，越国的时运还没有到好转之时，就要抚恤民众，保护、教化民众，以等待时机到来。"

王曰："不谷之国家，蠡之国家也，蠡其图之！"对曰："四封之内，百姓之事，时节三乐①。不乱民功，不逆天时，五谷睦②熟，民乃蕃滋，君臣上下交得其志，蠡不如种也。四封之外，敌国之制，立断之事，因阴阳之恒，顺天地之常，柔而不屈，强而不刚③，德虐④之行，因以为常；死生因天地之刑⑤，天因人，圣人因天；人自生之，天地形之，圣人因而成之。是故战胜而不报⑥，取地而不反，兵胜于外，福生于内，用力甚少而名声章明，种亦不如蠡也。"王曰："诺。"令大夫种为之。

[注释]

①时节三乐：三时节乐，春、夏、秋三季按农时欢快地劳作。②睦：和顺。③刚：粗暴。④德虐：生人之为德，杀人为虐。⑤刑：通"形"，征兆。⑥报：报复。

[译文]

越王说："我的国家，也就是你范蠡的国家。你只管按自己的想法去治理它。"回答说："四境之内治理百姓的事情，春、夏、秋三季让民众安居乐业，不干扰他们劳动，不错过农时，使五谷顺利长成，民众人口繁衍，君臣上下都觉得满意，做这些事我赶不上文种。四境之外应对敌国的手段，当机立断的事情，按照阴阳变化规律，顺从天地运行常道，对待吴国，外表柔顺而心中不屈服，意志坚强而行事不粗暴，怀柔及爵赏、斩伐及黜夺的行动，都以顺应天地为常法。生杀予夺依据天地显示的征兆。上天依据人的德行来福善祸淫,圣人顺应上天显示的征兆成就事业。每个人的行事造成自己的人生祸福,天地的征兆会预示将要对人降祸降福,圣人能依据天地的征兆来对人实行生杀予夺。因此战胜敌国军队后,敌国无法报复;攻取敌国土地后,敌国无法收回。军队在外面打胜仗,国内的人民获得幸福,出力很少,但国家声誉很高、传播很远。做这些事文种赶不上我。"越王说:"好吧。"命令大夫文种治理越国内政。

范蠡乘轻舟以浮于五湖

反至五湖,范蠡辞于王曰:"君王勉之,臣不复入越国矣。"王曰:"不谷疑子之所谓者何也?"对曰:"臣闻之,为人臣者,君忧臣劳,君辱臣死。昔者君王辱于会稽,臣所以不死者,为此事也。今事已济矣,蠡请从会稽之罚。"王曰:"所①不掩子之恶,扬子之美者,使其身无终没于越国。子听吾言,与子分国。不听吾言,身死,妻子为戮。"范蠡对曰:"臣闻命矣。君行制②,臣行意③。"遂乘轻舟以浮于五湖,莫知其所终极。

[注释]

①所:如果。誓言中以"所"引出假设发生的事情。②制:法典。③意:意愿。

[译文]

越军灭吴后凯旋,走到五湖,范蠡辞别越王勾践说:"君王您继续努力吧,我不再返回越国了。"越王说:"你说的话是什么意思?我困惑不解。"回答说:"我听说,作为人臣,君主有忧患,人臣就要为解除忧患尽心尽力;君主受侮辱,人臣就要为洗雪耻辱不惜牺牲。从前君王您在会稽山受到吴国侮辱,我之所以不在那时以死殉国,是为了等待今天的复仇成功。现在,吴国已灭,报仇事了,我请求接受在会稽之辱中该遭受的惩罚。"越王说:"我发誓,如果我不掩盖你的过失、宣扬你的功德,就让我抛骨异乡,不得好死。你要听从我的话,回国后,我会与你分治越国;你不听从我的话,我会杀了你,连你的妻子儿女都杀掉。"范蠡回答说:"我听清您的命令了。不过,君主是依法行事,臣子则按自己的意愿行事。"于是坐着一只小船离去,隐没在五湖之中,没有人知道他的下落。

王命工以良金①写范蠡之状而朝礼之,浃日②而令大夫朝之,环会稽三百里者以为范蠡地,曰:"后世子孙,有敢侵蠡之地者,使无终没于越国,皇天后土、四乡地主正之③。"

[注释]

①良金:青铜。②浃日:十天。③四乡地主:四方土地神。正:证。

[译文]

越王勾践命工匠用青铜浇铸成范蠡的铜像,自己天天礼拜,命令大夫们每十天朝拜一次。把环绕会稽山周围三百里的土地作为范蠡的封地,誓告说:"我后代子孙,有谁敢侵夺范蠡的封地,就把他逐出越国,让他不得好死!皇天后土、四方神灵为我作证。"

主要参考书目

1. 《玉函山房辑佚书补编·国语章句》，东汉郑众撰，清马国翰辑，《续修四库全书》本。
2. 《玉函山房辑佚书补编·国语解诂》，东汉贾逵撰，清马国翰辑，《续修四库全书》本。
3. 《玉函山房辑佚书补编·春秋外传国语虞氏注》，三国吴虞翻撰，清马国翰辑，《续修四库全书》本。
4. 《玉函山房辑佚书补编·春秋外传国语唐氏注》，三国吴唐固撰，清马国翰辑，《续修四库全书》本。
5. 《玉函山房辑佚书补编·春秋外传国语孔氏注》，晋孔晁撰，清马国翰辑，《续修四库全书》本。
6. 《国语》，三国吴韦昭注，北京图书馆出版社中华再造善本，据宋刻宋元递修本仿真影印，2006年。
7. 《国语补音》，北宋宋庠补辑唐人旧本，文渊阁《四库全书》本。
8. 《国语》，《四部丛刊》初编本，据明嘉靖七年（1528）金李刊本影印。
9. 《国语正义》，清董增龄撰，巴蜀书社，1985年。
10. 《国语札记》，清黄丕烈撰，上海书店影印商务印书馆1934年版《国语》附，1987年。

11. 《经义述闻》,清王引之撰,江苏古籍出版社,1985年。
12. 《越缦堂读书简端记》,王利器纂辑,天津人民出版社,1980年。
13. 《国语集解》,徐元诰撰,中华书局,2002年。
14. 《国语选》,傅庚生选注,人民文学出版社,1959年。
15. 《国语韦昭注辨证》,俞志慧撰,稿本。
16. 《国语译注》,薛安勤、王连生译注,吉林文史出版社,1991年。
17. 《国语译注辨析》,董立章撰,暨南大学出版社,1993年。
18. 《国语全译》,黄永堂译注,贵州人民出版社,1995年。
19. 《春秋左传注》(修订本),杨伯峻撰,中华书局,1990年。
20. 《尚书校释译论》,顾颉刚、刘起釪撰,中华书局,2005年。
21. 《经义考》,朱彝尊撰,中华书局影印本,1998年。
22. 《西周史》,杨宽撰,上海人民出版社,1999年。
23. 《春秋史》,顾德融、朱顺龙撰,上海人民出版社,2001年。
24. 《战国史》,杨宽撰,上海人民出版社,1998年。

图书在版编目(CIP)数据

国语/罗家湘注译.—郑州:中州古籍出版社,2010.5
(2013.6 重印)
(国学经典)
ISBN 978-7-5348-3133-1

Ⅰ.①国… Ⅱ.①罗… Ⅲ.①中国-古代史-春秋时代②国语-注释③国语-译文 Ⅳ.①K225.04

中国版本图书馆 CIP 数据核字(2010)第 057707 号

出版社:中州古籍出版社
　　　　(地址:郑州市经五路66号　邮政编码:450002)
发行单位:新华书店
承印单位:河南大美印刷有限公司
开本:640mm×960mm　　1/16　　**印张**:22.25
字数:260 千字　　　　　　　　　**印数**:10 001-13 000 册
版次:2010 年 5 月第 1 版　　　　**印次**:2013 年 6 月第 3 次印刷

定价:28.00 元

本书如有印装质量问题,由承印厂负责调换。